权威·前沿·原创

皮书系列为
"十二五""十三五"国家重点图书出版规划项目

河北蓝皮书

BLUE BOOK OF HEBEI

河北经济发展报告
（2018~2019）

ANNUAL REPORT ON ECONOMIC DEVELOPMENT OF HEBEI
(2018-2019)

主　　编／康振海
执行主编／王亭亭
副 主 编／李会霞

社会科学文献出版社
SOCIAL SCIENCES ACADEMIC PRESS (CHINA)

图书在版编目(CIP)数据

河北经济发展报告.2018~2019/康振海主编.--北京：社会科学文献出版社，2019.3
（河北蓝皮书）
ISBN 978-7-5201-4182-6

Ⅰ.①河… Ⅱ.①康… Ⅲ.①区域经济发展-研究报告-河北-2018-2019 Ⅳ.①F127.22

中国版本图书馆CIP数据核字（2019）第017070号

河北蓝皮书
河北经济发展报告（2018~2019）

主　　编／康振海
执行主编／王亭亭
副 主 编／李会霞

出 版 人／谢寿光
责任编辑／王玉霞
文稿编辑／李惠惠

出　　版／社会科学文献出版社·城市和绿色发展分社（010）59367143
　　　　　　地址：北京市北三环中路甲29号院华龙大厦　邮编：100029
　　　　　　网址：www.ssap.com.cn
发　　行／市场营销中心（010）59367081　59367083
印　　装／天津千鹤文化传播有限公司
规　　格／开本：787mm×1092mm　1/16
　　　　　　印张：19.75　字数：293千字
版　　次／2019年3月第1版　2019年3月第1次印刷
书　　号／ISBN 978-7-5201-4182-6
定　　价／128.00元

本书如有印装质量问题，请与读者服务中心（010-59367028）联系

版权所有 翻印必究

《河北经济发展报告（2018~2019）》
编辑委员会

主　　任　康振海

副 主 任　杨思远　刘　月　彭建强

委　　员　（按姓氏笔画排序）
　　　　　　王文录　王亭亭　李建国　李鉴修　陈　璐
　　　　　　孟庆凯　袁宝东　穆兴增

主　　编　康振海

执行主编　王亭亭

副 主 编　李会霞

主编简介

康振海 中共党员，1982年毕业于河北大学哲学系，获哲学学士学位；1987年9月至1990年7月在中央党校理论部中国现代哲学专业学习，获哲学硕士学位。

三十多年来，康振海同志长期工作在思想理论战线。1982年8月至1984年10月在南和县人事局工作；1984年10月至1987年9月、1990年7月至1990年11月在邢台地委宣传部工作；1990年11月至2016年3月在河北省委宣传部工作，历任干事、主任科员、副处长、调研员、处长、助理巡视员、副巡视员、副部长；2016年3月至2017年6月任河北省作家协会党组书记、副主席；2017年6月至今任河北省社会科学院党组书记、院长。

康振海同志理论学术成果丰硕，在《人民日报》、《光明日报》、《经济日报》、《河北日报》、《河北学刊》、《社会科学论坛》、河北人民出版社等重要报刊和出版社发表、出版论著多篇（部），以及主持并完成"《宣传干部行为规范》可行性研究和草案初拟研究"等多项国家级、省部级立项课题。主要代表作有著作：《中国共产党思想政治工作九十年》《春风化雨——人文关怀和心理疏导读本》《艾思奇传》《恽代英传》《雄安新区经济社会发展报告》等。论文：《以绩效管理推动企业思想政治工作科学化》《在服务群众中加强党的基层建设》《以"塞罕坝精神"再造绿水青山》《新时代：我国发展新的历史方位》《勇于推进实践基础上的理论创新》《试论邓小平的马克思主义观》《努力建设社会主义文化强国》《在新时代继续把改革开放推向前进》《在构建中国特色哲学社会科学中彰显新作为》《习近平新时代中国特色社会主义思想是马克思主义中国化的最新成果——写在马克思诞辰200周年之际》《改革开放——决定当代中国命运的关键一招》等。

王亭亭 现就职于河北省社会科学院经济研究所，研究员，宏观经济与公共政策研究中心首席专家。主要从事宏观区域经济理论与实践、省域宏观经济分析与预测研究。于2005年8月获"河北省第六届哲学社会科学优秀青年专家"称号、2006年8月获"河北省有突出贡献的中青年专家"称号、2008年8月入选"河北省中青年社科专家五十人工程"。曾组织、承担亚洲开发银行技术援助项目、国家社科基金、河北省社科规划、河北省省软科学以及河北省省长圈定、省各级政府委托重大课题研究项目50余项。实现各类科研成果总量百余项。相关成果在《光明日报》、《中国经贸导刊》、《中国经济导报》等报刊均有发表。

摘 要

为准确判断与客观评价河北省当前的宏观大势与经济前景，《河北经济发展报告（2018~2019）》以习近平新时代中国特色社会主义思想为指导，紧紧围绕党的十九大精神，坚持新的发展理念，按照高质量发展要求，在不断深化供给侧改革，进一步落实河北省"三六八九"经济社会发展基本思路，把握好"稳、进、好、准、度"五个关键，统筹推进稳增长、促改革、调结构、惠民生、防风险各项工作的基础上，对河北省宏观经济形势的总体特征、未来走向进行全方位的分析与总结，从而得出与当前经济发展形势相适应的研究结论。

《河北经济发展报告（2018~2019）》是在高度概括与总结2018年河北省宏观经济运行情况前提下，对2019年全省经济宏观前景进行科学判断、预见和展望的年度报告。全书的主体框架由总报告、宏观形势、高质量发展与区域特色四个部分构成，其内涵涉及区域发展、民营经济、实体经济、网络经济、旅游经济、开放经济、营商环境和服务经济等多个领域。本书主要运用经济数据分析、文献调研、实地考察、部门座谈和专家走访等多种形式及定性、定量相结合的方法，对河北省宏观经济进行多角度、立体式和高站位的战略思考与研究，是一项由政府部门、科研机构及高等院校与各领域专家、学者共同完成的科研劳动成果。在重点研究领域，对困扰河北省多年的区域发展失衡、固定资产投资回落及内需起伏不定、民营欠缺活力等亟待破解的重大理论与实践问题，进行了宏观与微观层面的对比分析与综合考量。特别是对近期出现的美国贸易保护主义带来经济摩擦持续升级的不利局势，在应对思路方面也有了一个较为清晰的准确评估与判断，较好体现了本书的权威性、前瞻性、预见性、科学性及其宏观效果。

通过综合因素比较分析，本书认为趋稳且慢的"蜗牛式"爬坡仍是2018年河北经济形势的主基调与底色。总体来看，河北省经济需求增长放缓，经济韧性增强，但受外部变数及内部动能迭代交替等多重因素的深刻影响，仍未完全摆脱宏观经济下行压力的阴影，稳中趋缓、稳中有"变"的宏观大势保持不变，主要经济指标始终处于高低快慢不定、进退优劣互见、喜忧参半的摇摆状态，但值得欣慰的是，经济发展长期向好的趋势并没有实质性改变。鉴于2018年全省宏观大势的趋"稳"表现，本书预测2019年河北GDP增速将在6.5%~7%。在未来宏观的政策措施方面，建议河北省委、省政府着力以2020年全面建成小康社会为目标，积极推进供给侧结构性改革，坚决打好"防范化解金融风险、脱贫攻坚、污染防治"三大攻坚战，努力在区域协调发展、需求结构调整、要素结构调整、产业结构调整等宏观经济层面制定出能够充分体现可行性、可操作的政策与应对措施，为全省经济快速发展创造有利条件与政策环境。

关键词： 宏观形势　高质量发展　河北省

Abstract

With a view to making an exact judgment and objective evaluation of the current macro-situation and economic prospect of Hebei Province, *Annual Report on Economic Development of Hebei* (2018 – 2019), guided by Xi Jinping's Thoughts on Socialism with Chinese Characteristics for a New Era, closely centering around the spirits of the CPC 19th National Congress, and following the new development philosophies, conducts an all-directional analysis and summarization of overall features and future trends of the macro-economic situation of Hebei Province, and thus comes to research conclusions responsive to the current economic development situation in compliance with requirements of high-quality development and on the basis of keeping deepening the supply-side reform, further carrying out the basic thoughts ("three great matters, six tough tasks, eight strategies, nine reforms") of the economic and social development of Hebei Province, grasping the five keys of "stability, improvement, quality, precision, and adequacy", and advancing stabilization of growth, promotion of reform, adjustment of structure, improvement of the people's livelihood, and prevention of risks in an overall-planning manner.

Annual Report on Economic Development of Hebei (2018 – 2019) is a yearly report to conduct a scientific judgment, prediction and prospect of the macro-economic prospect of Hebei Province in 2019 on the basis of high-level generalization and summarization of the macro-economic operation of Hebei Province in 2018. This book falls into the four parts of General Reports, Macro-Situation, High-quality Development and Regional Characteristics, and involves regional development, private economy, real economy, Internet economy, tourist economy, open economy, business environment, service economy, etc.. This book conducts multi-directional, three-dimensional and highly strategic thoughts and research of the macro-economy of Hebei Province by mainly using diverse ways of analysis of economic data, literature survey, field survey, informal discussion with governmental departments, expert interview, etc., as well as methods combining qualitative analysis with quantitative analysis, and is a research achievement jointly accomplished by governmental departments, research institutions and colleges/ universities and experts and scholars in all fields concerned. In fields of priority research, it conducts a contrast macro/micro-analysis and overall consideration of the significant theoretical and practical problems of unbalanced regional development, a fall in investment in the fixed assets and uncertain ups/downs in the intra-provincial demands, lack of vitality in private economy and so on that have been besetting Hebei Province for several years and urgently need solutions. In particular, it provides a clear and exact evaluation and judgment in solutions in response to the unfavorable situation of escalating economic frictions brought by American trade protectionism occurring recently, which well represents that this book is authoritative, forward-looking, foreseeable, scientific and effective at the macro-level.

On the basis of a comparative analysis of comprehensive factors, this book concludes that the "snail-like" slope climbing of tending to be steady and slow will still be the main trend and "base color" of Hebei's economic situation in 2018. As a whole, the demand growth in the economy of Hebei Province has been slowing down, and the economic tenacity has been stronger, but still has not completely got rid of the shadow of downward pressure of the macro-economy because of

Abstract

profound impacts of multiple factors including external variables and alternation of internal kinetic energy; the general macro-trend of tending to be slow and "changing" in stability keeps unchanged, and main economic indicators remain in the vacillating state of going high/low/fast/slow uncertainly, advancing/retreating and performing well/badly alternately, and being half good and half bad, but it is relieved that the long-term positive trend of the economic development remains unchanged substantially. In view of the fact that the general macro-trend of the whole province in 2018 tends to be "steady", this book forecasts that Hebei's GDP growth will be 6.5% ~ 7% in 2019. In respect of future's macro-policy measures, this book suggests that the CPC Hebei Provincial Committee and Hebei Provincial Government focus efforts on the objective of building Hebei into a moderately prosperous society in all respects in 2020, vigorously advance the supply-side structural reform, resolutely accomplish the three tough tasks of "prevention and dissolution of financial risks, struggles for poverty eradication, and pollution prevention/control", and strive to formulate policies and measures of response that can fully represent feasibility and workability at the macro-economy level of balanced regional development, adjustment of demand structure, adjustment of element structure, adjustment of industrial structure, and the like, in an effort to create favorable conditions and policy environment for the rapid economic development of the whole province.

Keywords: Macro Situation; High Quality Development; Hebei Province

目　录

Ⅰ　总报告

B.1　2018~2019年河北省经济形势分析及预测
　　——顺应潮流　恰逢其时
　　………………………王亭亭　潘保海　李会霞　邹玲芳 / 001

Ⅱ　宏观形势篇

B.2　2019年河北省经济社会发展基本思路 ………白凤双 / 028

B.3　河北经济运行平稳　转型升级加快推进
　　………………………………河北省统计局综合统计处 / 047

B.4　河北经济发展：长期走势、基本特征与未来思路
　　………………………………………………颜廷标　刘　鹏 / 061

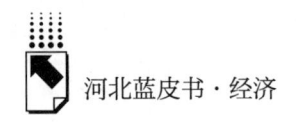

B.5 加快推进河北省公共资源市场化配置改革对策研究
　　——以公共资源交易平台为例
　　………………………………… 河北省委政策研究室 / 089

B.6 全面建设高质量财政　努力为经济强省美丽河北提供
　　坚强支撑 ………………………………………… 李志平 / 107

Ⅲ 高质量发展篇

B.7 稳增长　抓改革　促转型　防风险　强监管
　　努力推动全省国有经济实现高质量发展
　　——2018年全省国企经济运行情况及2019年工作
　　初步安排 ………………………………………… 董文艺 / 119

B.8 以优化营商环境为突破口推动河北经济高质量发展
　　………………………………………………… 王晓霞 / 138

B.9 强化以消费引领河北经济快速发展的政策措施
　　………………………………………………… 王亭亭 / 158

B.10 提升河北省实体经济发展质量的突破口与路径选择
　　………………………………………………… 姚胜菊 / 169

B.11 实施精准招商　推动河北省利用外资高质量发展
　　………………………………………………… 宋东升 / 188

B.12 高质量发展背景下河北省主要经济指标对比分析与前景
　　展望 ……………………………………………… 邹玲芳 / 205

Ⅳ 区域特色篇

B.13 以三大战略为动力，加快形成河北省区域协调发展
　　新格局 …………………………………………… 严文杰 / 223

B.14 关于对秦皇岛市抚宁区撤县设区后经济发展的战略思考
　　………………………………………………………… 李会霞 / 237

B.15 推动河北省全域旅游示范省高质量创建的思考与建议
　　…………………………………………………………… 张　葳 / 256

B.16 互联网助推河北省特色产业高质量发展
　　………………………………………………… 陈　胜　武韶瑜 / 275

皮书数据库阅读 **使用指南**

CONTENTS

I General Report

B.1 An Analysis and Forecast of Hebei's Economic Situation (2018-2019):
   Going with Trends in Good Time
   Wang Tingting, Pan Baohai, Li Huixia and Zou Lingfang / 001

II Macro-Situation Reports

B.2 Basic Thoughts on the Economic and Social Development of Hebei
   Province in 2019 *Bai Fengshuang* / 028

B.3 Hebei's Economy Is in Steady   Operation with Accelerated
   Advancement in the Transformation and Upgrading
   General Statistical Office of Hebei Bureau of Statistics / 047

B.4 Hebei's Economic Development: Long-term Trends, Basic Features
   and Future Thoughts *Yan Tingbiao, Liu Peng* / 061

B.5 A Study on Measures of Accelerating Advancement of Market-based
   Allocation Reform of Public Resources of Hebei Province:
   A Case Study of Transaction Platforms of Public Resources
   Policy Research Office of the CPC Hebei Provincial Committee / 089

CONTENTS

B.6 Building a High-quality Finance in an All-round Way to Provide a Strong Support for an Economically Strong Province and a Beautiful Hebei
Li Zhiping / 107

Ⅲ High-quality Development Reports

B.7 Making a Steady Growth, Advancing Reform, Promoting Transformation, Preventing Risks and Strengthening Supervision:
  The Economic Operation Situation of State-owned Enterprises in Hebei Province in 2018 and Work Pre-Arrangements in 2019 *Dong Wenyi* / 119
B.8 Driving Hebei's Economy towards a High-quality Development by Taking Business Environment Improvement as a Breakthrough
Wang Xiaoxia / 138
B.9 Policies and Measures of Enhancing Consumption's Leading Role in Rapid Development of Hebei's Economy *Wang Tingting* / 158
B.10 Breakthroughs and Path Options of Upgrading Development Quality of the Real Economy of Hebei Province *Yao Shengju* / 169
B.11 Implementing Targeted Investment Promotion to Drive Hebei's Utilization of Foreign Capital towards a High-quality Development
Song Dongsheng / 188
B.12 Contrast Analysis of and Prospect Forecast for Main Economic Indicators of Hebei Province in the Background of High-quality Development *Zou Lingfang* / 205

Ⅳ Regional Characteristics Reports

B.13 Accelerating Formation of a New Pattern of the Balanced Regional Development of Hebei Province by Taking the Three Strategies as the Driving Force *Yan Wenjie* / 223

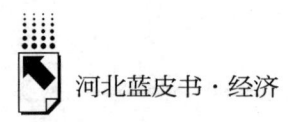

B.14　Strategic Thoughts on the Economic Development of Funing District of Qinhuangdao City after Transformation of the County into the District　　　　　　　　　　　　　　　　　　*Li Huixia* / 237

B.15　Thoughts and Proposals on Advancing Building Hebei into a High-quality Model Province in Integrated Regional Tourism
　　　　　　　　　　　　　　　　　　　　　　　　Zhang Wei / 256

B.16　Using Internet as a Booster to the High-quality Development of Characteristic Industries of Hebei Province
　　　　　　　　　　　　　　　　　Chen Sheng, Wu Shaoyu / 275

总报告

General Report

B.1
2018~2019年河北省经济形势分析及预测
—— 顺应潮流　恰逢其时

王亭亭　潘保海　李会霞　邹玲芳*

摘　要： 工业增速不稳、消费需求不旺、民营活力不足仍是牵绊河北省快速发展的主体因素，结构性问题则是诸多不利因素的深层诱因与矛盾焦点。因此，在新的历史条件下，如何顺应潮流、迎接挑战，努力把稳增长、调结

---

* 王亭亭，河北省社会科学院宏观经济与区域公共政策研究中心首席专家，研究员；潘保海，河北省社会科学院经济所副研究员；李会霞，河北省社会科学院经济所副研究员；邹玲芳，河北省社会科学院经济所副研究员。

构、促改革、惠民生作为提升全省经济质量的重要抓手与动力源，从而形成多点支撑的经济增长态势，便成为本项研究的重点与核心内容。本文在深入分析与客观总结全省宏观大势的基础上，提出了有益于河北经济稳健与可持续发展的新思路与政策主张。

关键词： 河北省　经济形势　宏观经济

2018年以来，河北省各地区各部门全面深入贯彻党的十九大精神，按照河北省委九届五次、六次、七次全会部署，坚持稳中求进工作总基调，努力践行新的发展理念，主动对标高质量发展的内在要求，全面落实"三六八九"基本思路，切实把握"稳、进、好、准、度"，扎实有效推进各项工作。初步核算，2018年前三季度，全省生产总值为25226.3亿元，同比增长6.6%，比一季度和上半年分别加快0.6个和0.1个百分点。其中，第一产业增加值为1941.5亿元，同比增长3.5%；第二产业增加值为11308.2亿元，同比增长3.5%；第三产业增加值为11976.6亿元，同比增长10.3%。较好体现了河北省新动能持续成长，结构优化取得新进展，高质量发展彰显良好开端。

一　趋稳且慢的"蜗牛式"爬坡，构成河北省宏观经济运行中的主基调与"底色"

2018年前三季度，河北省生产与需求虽在扩大，结构虽在不断优化，但受外部变数及内部动能迭代交替等多重因素的综合性影响，仍未完全摆脱宏观经济运行下行压力之阴影，稳中趋缓、稳中有"变"的宏观大势依然顽固，主要经济指标始终处于高低快慢不定、进退优劣互见、喜忧参半的状态。但总体来说，经济发展长期向好的基本面并没有实质性改变，经济增速也在合理的区间内小幅动荡。集中体现在以下 11 个方面。

（一）农业生产现代化步伐稳健，正逐步实现由农业大省向农业强省的战略性转变

2018 年，农业粮食生产首次达到 350 亿千克，比 2012 年增加 11.41 亿千克，粮食单产 377.8 千克，比 2012 年增加 34.34 千克，均创历史新高。肉、蛋、奶、菜、果等"菜篮子"产品产量继续维持在较高水平，全国排名前五位。2018 年前三季度，畜牧、蔬菜、果品三大优势产业产值占农林牧渔业总产值的比重为 73.6%，同比提高 1.4 个百分点。农产品结构逐步优化，农村居民人均可支配收入同比增长 9%。反映出河北省"三农"事业有效推进，"农业强、农民富、农村美"的战略目标逐步落地实施，乡村振兴战略初见成效。河北省正在实现由农业大省向农业强省的战略性转变，为决胜全面建成小康社会奠定坚实的物质基础。

（二）民营经济蓬勃发展，市场主体地位日渐巩固

改革开放以来，河北省民营经济一直是国民经济的"翘楚"。为把民营经济推向一个战略高度，河北省政府先后出台了

一系列关于推进民营经济加快发展的政策措施，使民营经济获得了前所未有的快速发展，突出表现在两个方面。一是民营经济市场主体地位越发巩固，增速位居全国第一。目前新注册民营市场主体、民营企业分别达106.17万户和26.95万户，分别占全部新注册市场主体、新注册企业的98.64%和94.85%。二是民营经济成为国民经济贡献率最大的实体经济。前三季度，全省民营经济保持平稳增长，实现增加值17269.9亿元，同比增长6.8%，比同期全省生产总值增速高0.2个百分点，占全省生产总值的比重为68.5%。尽管如此，河北省民营经济还面临许多问题，如融资难、融资贵依然是"老大难"，政策落实时的"最后一公里"问题较为普遍。

（三）服务业继续保持三次产业中的强势地位，但其内部结构的现代化、规模化仍有缺口

前三季度，全省服务业增加值同比增长10.3%，高于全省生产总值增速3.7个百分点，高于全国2.5个百分点。其中，生产性租赁服务增长90.2%，商务服务增长21.2%，节能与环保服务增长29.0%，人力资源管理与培训服务增长18.9%，研发设计与其他技术服务增长14.9%。教育培训服务、健康服务、养老服务、居民住房服务等部分生活性服务业增长较快，分别增长33.4%、21.9%、27.4%和13.8%。另外，信息传输软件与信息技术服务业、租赁和商务服务业、居民服务修理和其他服务业、文化体育和娱乐业以34.6%的增长速度位居前列。这一趋势表明，河北省现代服务业有较大发展潜力与上升空间，同时反映出这些领域虽增长较快,但与全国发达省份相比,差距仍然较大。

(四)新动能、新产品开始催生经济活力,但其体量小、覆盖面窄,并未形成主导力量

2018年前三季度,河北省工业战略性新兴产业增加值同比增长8.8%,比规模以上工业高5.1个百分点。其中,医药制造、风力发电、太阳能发电、集成电路增加值分别增长14.1%、9.3%、7.8%和16.6%。高新技术产业增加值增长12.1%,比上半年提高2.8个百分点,比规模以上工业高8.4个百分点。可见,河北省在高技术服务业领域展示了良好的发展势头。其中,数据处理和存储服务增加值增长1.4倍,自然科学研究和试验发展增加值增长74.5%,集成电路设计增加值增长39%,新材料技术推广服务增加值增长26.6%。新产品产量快速增长。SUV产量增长33.2%,新能源汽车产量增长3.7倍,动车组产量增长1.0倍,光缆产量增长11.8%,体现出河北省推进高质量发展已取得积极进展。

(五)消费品市场运行总体平稳,但其稳定性与增长后劲难以预料

河北省全省社会消费品零售总额,第一季度为3690.5亿元,同比增长10.6%,增速同比提高0.9个百分点;第二季度为7371.6亿元,同比增长9.7%,增速比一季度下降0.9个百分点;第三季度为11436.2亿元,同比增长9.5%,增速比第

三季度降低0.2个百分点。深层原因主要是缺乏消费转型升级的制度性设计，导致限额以上企业（单位）消费品零售额同比回落，如上半年汽车类便是"导火索"，成为河北省整体消费品市场开始走低的直接诱因。表面上看，9%以上的增速属较快增长。但与2017年相比，消费增速一路下滑，反映出河北省消费品市场结构单一，缺乏可替代稳定型高端类消费品的有力支撑，这一现状与国内中高速发展阶段将消费作为重要生产力的大趋势极不吻合。

（六）工业生产渐渐好转，但属小幅回暖，较全国不算"惊艳"

全省规模以上工业增加值同比增长3.7%，与上半年相比提高0.5个百分点，但与全国平均水平6.4%的增速相比，低了2.7个百分点。其中，国有控股企业、股份制企业增加值分别以3.0%~4.0%的增速较快增长，但集体企业增加值以11.7%的速度下降明显，说明河北省部分行业生产虽开始好转，但经济体制内部的结构性问题依然固化难解。如股份制企业增加值表面上看增长了3%，但仍低于国家平均水平近4个百分点。另外，从三大门类看，制造业、电力系统、石化、医药、食品和钢铁产业增加值均有不同程度的上升。其中，电力系统与医药工业增加值以10%以上的增速增长最快，与全国同步。但传统的采矿业、建材及纺织服装业增加值逐年下降。行业之间繁荣与衰落形成的鲜明对照，深刻反映出河北省新兴行业与传统产业发展不平衡面临的挑战仍在加剧。

（七）固定资产投资因地产拖累，其增长态势显短期景气

2018年前三季度，全省固定资产投资（不含农户）同比增长5.9%，比上半年高0.7个百分点，比全国平均水平高0.5个百分点。其中，建设项目投资增长10.3%，提高0.4个百分点。分产业看，第一产业投资增长0.4%；第二产业投资增长10.6%，其中制造业投资增长11.8%；第三产业投资增长2.5%。这组数据可明显看出，三次产业的投资增长主要集中在第二产业，说明河北省工业化进程仍在加速积累。民间固定资产投资增长6.1%，虽高于全省固定资产投资额增速0.2个百分点，但比全国平均水平8.7%低了2.6个百分点，反映出河北省民营经济的发展空间仍待挖掘。需要关注的是，2018年房地产行业对河北省宏观经济影响最为直接，如在全国房地产开发投资同比增长9.9%的大环境下，河北省同比下降8.5%，降幅比上半年降低3.8个百分点。全国商品房销售面积增长2.9%，销售额增长13.3%，而河北省房地产两项指标分别下降20.4%和19.9%。这种趋势表明，房地产"独木难支"已成为河北省宏观经济充满变数的最大隐患，必须高度警惕。

（八）产业结构虽逐步优化，但功能配套与提档升级政策并不完善

2018年前三季度，服务业增加值占全省生产总值的比重为47.5%，同比提高2.7个百分点，对经济增长的贡献率为70.9%，同比提高4.4个百分点。第三产业比重持续上升，说明河北省高级化产业结构与当前国内中高速发展阶段相吻合的大趋势正在进一步

固化。2018年1~8月，河北省装备制造业增加值同比增长4.2%，占全省规模以上工业增加值的20.6%，对河北省工业增长贡献率为28.6%，体现了装备制造业作为第一支柱产业的地位正逐步提高，印证了河北省结构调整较高的效率和较强的推进能力。然而，应该看到的是，河北省高端装备制造业增加值占比仅有12%，而浙江已达50%。说明河北省正面临既要注重产品的加工、制造、装配、生产等一系列硬性生产活动，更要兼顾企业内部的研发、设计、品牌、营销、网络活动等功能性全面升级与转型的双重考验。

（九）对外经贸开始逆袭，但"雨过惊鸿"，胜算难料

2018年前三季度，外商及港澳台商投资企业增长8.0%，比全国平均水平高出2.3个百分点，是河北省2012年以来增长较快的一年。进出口总值为2598.1亿元，同比增长2.0%，增速比上半年提高1.8个百分点。产品主要集中在机电、高新技术领域。而全省实际利用外资77.9亿美元，同比增长20.4%，增速也比上半年提高了3.8个百分点，好的增长态势在"一带一路"沿线国家表现得最为明显，如前三季度，全省进出口总值占同期河北省进出口总值的30%以上。尽管如此，2018年前三季度的进出口形势较为乐观，但有可能是美国在2018年12月前开始实施加征关税引发外贸产品外流涌动的集中性爆发。外部因素持续对省内供应链产生的较大的后续影响，可能在2019上半年开始显现，未来出口的成长性是否持续还有待观察。所以，河北省只有抓紧强化内需，兼顾在全球范围内寻求与开拓新的产品供应链，方能助力全省经济稳定增长。

（十）在中央生态环保督察"回头看"的大背景下，"去产能""去库存"仍是挑战

2018年前三季度，生铁、粗钢、水泥、平板玻璃产量在河北省供给侧结构性改革的大力推进下持续下降，"去产能"信心满满，步伐坚定。去杠杆持续推进，2018年1~8月，河北省规模以上工业企业资产负债率为59.1%，比上半年降低0.5个百分点。规模以上工业企业每百元主营业务收入中的成本为86.02元，同比减少1.34元，降成本较为明显。补短板力度不减，前三季度生态保护和环境治理、市政设施管理、道路运输和教育等领域固定资产投资分别增长34.4%、16.5%、29.3%和55.2%，均明显高于全省固定资产投资增速。一方面说明河北省杠杆率持续降低，"三去一降一补"卓有成效，另一方面也反映河北省"减压"任务艰巨。

（十一）"雄安新区"宏伟蓝图，助推河北省区域经济迈向崭新的战略高度

近几年，河北省区域经济一直抢抓国家宏观层面赋予的历史机遇，如京津冀协同发展、冬奥会、"一带一路"及雄安新区建设。其中，雄安新区最为"抢眼"。目前，国家按照"雄安质量"的建设要求，各项规划正运筹帷幄，蓄势待发。京津冀协同发展也进入项目落实细化实施的关键阶段，如在环境治理方面，河北省正加快启动上游河道综合整治、植树造林先行项目，各项建设规划工作也在有序扎实向前推进。在项目建设方面，交通、生态、产业作为重

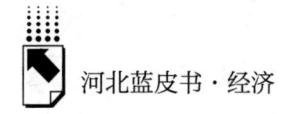

大项目抓手将率先取得突破性进展。在交通体系建设方面，京津冀三方城市间互联互通体系框架正式搭建。在产业合作与对接方面，重大项目建设处于正在进行时。而市民服务中心项目已经竣工，部分项目开始运行，"多元开花"的新的区域增长极正在加速形成。

二 未来河北省面临的主要问题及矛盾焦点

通过河北省主要经济指标的对比分析，不难发现，未来全省宏观经济运行是否顺畅、是否稳健、是否具有可持续性，必须高度关注以下三件大事。

（一）固定资产增速不稳或惯性下滑之无奈

面对保增长压力，中央多措并举扩大投资，河北省类似的相关政策力度不减，然而从投资增速情况看并不乐观。由于河北省处于工业化中后期的过渡阶段，工业化积累有待完成，固定资产投资仍被视为未来中长期经济增长的重要引擎，然而河北省累计固定资产投资增速仍未摆脱下行趋势。从2012～2018年的数据分析可以看出，固定资产投资增速分别为20%、16.7%、15.5%、10.4%、7.8%、5.3%和5.3%，周期性瀑布式下降出现在2015年，下降超过5个百分点。2018年伊始，这种趋势仍在继续。2018年1～5月，全省固定资产投资增长5%，比一季度降低1个百分点。房地产开发投资下降15.2%，下拉全省固定资产投资增长3.2个百分点，跌至有史以来最低点。另外，近几年大规模企业停产减产面较广，订单缩水，加上水泥、钢铁投资大幅下降，导致河北省固定资产的回报率持续低落，暴露出河北省项目储备和投资增长后劲不足的隐患。综合分析可以看出，工业与房地产投资增幅回落是影响河北省固定资产投资增长的核心因素。然而这仅是表面现象，其深层因素主要包括以下两个方面。

1. 国内供给侧改革和防风险攻坚战

2015年以来，河北省固定资产投资下降了5%以上，创历史新低。下滑的领域主要集中在以能源、原材料为主的传统制造业。显然，河北省面临的化解过剩产能、防治大气污染的任务要比其他省份更为繁重而艰难。"供给侧改革"虽在一定程度上解放了劳动生产力，将发展方向锁定在动能转换冲击力较强的战略新兴领域和创新领域，但在清理僵尸企业及淘汰落后产能的宏观管理方面，高耗能和产能过剩行业结构调整造成的投资受限，并没有有效的途径或手段来弥补。近几年，制造业投资持续下滑，是影响河北省第二产业不振的主体因素。

2. 高新技术产业与战略新兴产业投资跟进迟缓

河北省宏观经济大环境虽稳中向好，但在中高速发展阶段，"好"的核心已不完全取决于高增长率，而取决于其内在动力结构的深刻变化。从产业结构的优化程度看，2018上半年，全省高新技术产业增加值同比增长9.3%，高于规模以上工业增加值增速6.1个百分点，占规模以上工业增加值的比重为18.5%，对规模以上工业增加值的贡献率为14.4%。工业技改投资同比增长20.2%。另外，河北省战略新兴产业也取得了不俗成绩，但与发达省份相比差距依然较大。如与广东、江苏的高新技术产业分别占规模以上工业增加值的比重30.1%和43.5%相比，差了10~20个百分点。近几年，河北省深受经济下行压力、整体工业增速疲弱、市场需求不旺等多种因素的困扰，从根本上说，就是高新技术产业作为实体经济的推动与后援力量较为单薄，无法填补传统产业下滑空缺，从而使全省经济增长质量保持在较低的水平线上。因此，未来高新技改投资调整力度是否有效，则有赖于宏观决策部门对高新技术企业自主创新能力、创新人才培养机制的政策性推动与资金关照。

（二）近两年消费增速饱尝持续回落之困顿

改革开放40年，河北省最终消费对GDP贡献率出现过81.3%的最高纪录，但也有跌破26.6%的历史最低点，直到2016年才稳定在60%以上。值得注意的是，河北省消费以年均9%的增速稳步上升出现在2012年经济大环境持续偏冷以后，其增速远远高于工业化扩张期的"投资""出口"两大指标，而最终成为河北省经济稳增长的"压舱石"。然而，近两年，河北省消费增速有所回落。如2018上半年，全省限额以上企业（单位）消费品零售额同比下降近10%，主要问题反映在以下几个方面。

1. 无法满足中高速发展阶段高品质服务消费需求的现实障碍

从理论上说，服务业与消费二者之间存在彼此依附的共生关系，消费支出的增加将直接刺激服务业发展，而服务业的有效供给将更有力地反作用于消费增长与消费升级。长期以来，河北省总量偏大的传统服务业一直占主导地位，比如交通运输仓储和邮政业、科学研究和技术、租赁和商务与房地产业四大行业增加值占河北省全部规模以上服务业增加值的比重为73.0%，而与民生紧密相关的文、教、卫、娱及医疗养老等现代服务业增加值的比重仅为3.0%。传统服务业"一头沉"占比暴露高品质产品服务有效供给不足的缺失与短板。例如，教育已是国内高端消费与转型升级的最要标志，国内江苏、湖北、浙江、四川等地早在"十二五"时期就把教育放在支柱供给的突出地位，但河北省多来年对教育服务的供给一直不温不火，在一定程度上制约了全省品质消费的持续扩大和整体性结构升级。

2. 宏观决策层对当今以消费引领经济时代来临的新形势存在模糊认识的主观障碍

2016年9月，国家发改委正式印发《关于推动积极发挥新消费引领作用加快培育形成新供给新动力重点任务落实的分工方案的通知》，河北省《关于积极发挥新消费引领作用，加快培育形成新供给新动力的实施意见》也紧随其后。但从该意见的内涵看，消费措施"摊大面广"，难以集中发力。而广东、四川、上海与湖南等地制定的关于新消费的行动计划或综合性方案，具有明显的区域特色和可操作性。与之相比，河北省"十三五"时期，一些重大文件导向与规划并未将消费拉动内需问题提上重要的议事日程，反映出河北省宏观部门对消费引领经济的认知，仍处于意识蒙眬并未觉醒的"初级阶段"。可见，国内投资、净出口带动作用正在减弱，唯有消费日渐活跃并成为引领经济关键力量的大环境下，对河北省抢抓国内以消费竞争为起点的新一轮战略机遇极为不利。

（三）民营经济活跃度不足之烦忧

2018年11月1日，习近平在民营企业座谈会上的讲话大大提振了全国民营企业的发奋信念与信心。然而，反观40年改革开放民营经济发展历程，河北省还有许多问题需要去解决和面对。近几年，河北省委、省政府一系列优惠政策的实施及重点领域改革步伐加快，如在改革领域，省级行政审批的事项削减了67.6%，非行政许可审批的事项已全部取消，并且越来越多企业享受到的"两证整合""多证合一"等改革举措的便利，为民营经济的快速发展注入了不竭动力。然而，必须正视的是，民营经济各项指标完成情况与河北省目标要求还存在较大差距，如到"十三五"末，全省民营经济实缴税金占全部财政收入的比重达到75%以上的目标很难实现。另外，民营经济实现增加值占全省生产总值的比重总处于高低有变和不稳定的反复状态，而上缴税金占全部税收收入的比重也在2015~2017年呈逐年下降趋势。究其原因，主要有以下几个方面。

1. 高"死亡税率"挤走民营企业发展的现状没有太大改观

当前，新旧动能转换已到了关键时期与攻坚阶段，河北省以资源、能源为主体的制造业已经走出黄金时代，处在"热金融、冷经济"的民营中小微实体企业发展更是难乎其难。这是因为在实体经济低成本模式越走越窄的大背景下，减税降负应该是河北省民营经济税费政策措施的核心与必然选择。然而与其他地区相比，河北省企业税费负担偏重的问题一直没有得到妥善解决，如北京对小微企业税收实行的是"认缴税"，具有企业自主申报的性质。天津部分地区企业所得税、增值税实施的是"免二减三"政策。而河北省却一直执行企业的"实缴制"。其局限在于，实缴占用了企业的大部分资金，从整体上拖累了企业投资创业，很大程度上降低了企业资本的营运效率,影响规模扩张。在其他方面,民营企业发展还面临许多困扰,如营改增试点后部分企业的负担有增不减、个人所得税运用不够灵活、经营服务性收费乱象丛生等,让部分民营企业深陷生存困境而对未来投资意愿失去了信心。

2. 民营企业融资难、融资贵仍是河北省融资政策不完善的沉重话题

河北省中小民营企业的融资难情况与大多数发展中及发达国家的经历基本相似,融资成本已超出企业承受负荷的现状仍在持续,这在很大程度上抑制了民营企业的活力与快速发展。特别是民营企业在初创阶段通过发行股票或债券来进行融资的可能性较小,在典当贷款、融资租赁及代理融通等新型融资方式比较缺乏的条件下,加之政府在财政补贴、贷款支持和税收优惠方面对民营经济资金上的援助力度不够,民营企业的信用环境和融资环境并不理想。因此,信用贷款、内源性投资及风险性投资等便成为民营企业发展中融资的主要方式。然而,河北省民营企业在信用贷款方面面临的问题更是亟待解决,如信用等级和抵押资产的问题、风险与融资成本问题、证券市场对民营企业的限制问题及政策执行"硬"处罚与"软"管理的约束,会让民营企业发展在复杂的经济体系中处于弱势地位。目前,在经济新常态的背景下,河北省经济发展与就业增长越发依赖民营经济,如果民营经济始终被融资难、融资贵的问题困扰与牵绊,河北省转型升级与经济的可持续发展将面临严峻挑战,进而从根本上影响经济社会发展全局。

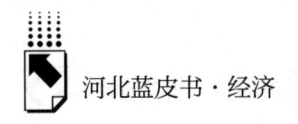

三 2018~2019年经济形势分析、预测及展望

全球宏观形势是制约和干扰河北省经济走向的隐性力量,而世界经济的外部性与国内发展阶段的周期性更是影响河北省经济发展的关键与核心要素。因此,深度分析与总结国内外宏观经济大势,对客观认识、准确判断及科学预测河北省未来经济发展趋势有重要的现实意义与深远意义。

(一)国际宏观形势风起云涌,各国间的经济角力此消彼长、难解难分

世界经济经历了十年的低位徘徊,现今出现较为温和的上扬趋势。复苏动力、增速水平、升级换档都在以前所未有的综合张力消弭2008年以来金融危机给全球经济遗留的不良后果与隐患。特别是2010~2011年全球经济增速出现短暂冲高回落后,基本稳定在2%~3%,2012~2018年增速为3%~4%,表现出世界经济的低速增长与微弱复苏进入一个相对稳定的阶段。然而应该看到的是,全球经济表面趋"稳",实则暗流涌动。客观上说,支撑世界经济长周期趋稳的主要动力来自国际贸易世界范围的缓慢复苏,这是全球经济提速换档重要的内生动力,但许多不确定因素隐隐发生作用,使国际宏观形势充满了未可知的变数与"悬念",不确定性、不稳定性依然显著,主要反映在三个方面。首先,逆全球化思潮会使世界经济再起波澜,可能形成影响全球经济的导

火索。2018上半年美国经济增长态势还算平稳，美联储继续保持渐进加息的基本态势，全球资金因此受到新兴市场国家向美国涌动趋势的影响较大，推动了美国资本市场繁荣，但也加剧了新兴市场和国际资本市场的动荡不安，全球性资本紧缩将有可能带来较大的金融风险。特别是美国近期推行的贸易保护主义，使地区间贸易摩擦不断扩大升级，严重扰乱了正常的国际贸易秩序。比如美国频繁对中国发起的多轮贸易争端，某种意义上是守成大国与新兴大国之间的抗衡，这种状况平添了全球性旧秩序与新秩序的矛盾冲突，不利于国际宏观形势与金融市场的安全与稳定。美国政府近来虽看似对中国抛出了"橄榄枝"，但未来走向如何，有待观望。其次，世界经济资源再分配成为某些发达国家的套利工具。新兴经济体和发展中国家保持强劲增长的脚步从未停歇，东盟五国的印尼、泰国、越南、菲律宾、马来西亚的发展更是抢眼，远远高出美元区、欧元区、俄罗斯、巴西平均增速（2%或负增长）。特别是中国2018年前三季度实现了6.8%的经济增速，不再是产业形态单纯粗放的劳动密集型输出国。相反，我国在装备制造和电子产业链高端的低端领域开始与发达国家展开核心竞争。尽管发达国家近两年经济增速小幅"回暖"，但其表现仍落后于发展中国家。IMF数据显示，预计2019年欧美发达国家的经济增速可能不会超过4%，其结果仍低于全球平均增速，这很可能成为美国试图改变WTO规则并对中国加征关税的内在动因。最后，地缘政治与经济冲突将有可能成为威胁世界经济稳定的重要因素。从局部地区看，地缘政治风险加剧，如中东局势正在趋紧，受民粹主义、孤立主义及难民危机等消极因素影响形成的世界格局是冷战以来最为严峻的。美国退出伊核协议所产生的连锁反应仍在发酵蔓延，如日本刚刚签署的《全面与进步的跨太平洋伙伴关系协定》前身是TPP，美国是否会重新加入仍有待观察。另外，东南亚、亚洲及亚太地区合作机制有可能出现问题，特别是紧缩货币政策开启伴随着贸易保护主义抬头，将给2018年甚至未来全球宏观经济形势，以及中国现代化经济体系建设带来前所未有的挑战。

（二）国内经济下行压力不减，高质量发展已成产业提质增效的动力引擎的最高燃点

2018年前三季度，我国国民经济结构持续优化，经济增长内在质量不断提升，已显示较强的韧劲与稳定性。前三季度国内生产总值同比增长6.7%，主要指标也好于预期，通胀与就业情况基本平稳。总体来说，从国内经济周期、发展模式、GDP增长率及国际宏观形势看，2018~2019年国内经济的重心开始由发展速度转向质量增长。尽管2017年多方预测国内经济起伏多变且存在反复筑底的可能性，加之外部环境的短期干扰，但从2018年趋"稳"的大环境看，2019年应该是国内经济迈入高质量发展新境界、新周期的关键节点。其主要支撑点表现在三个方面。第一，从经济增长的韧性看，国内经济已基本告别工业化高速增长阶段，转向高质量发展转型的新周期。国内传统制造业在世界外部环境的"倒逼"下，相对竞争力维持基本稳定，而高端制造业的技术基础开始酝酿，产业结构正在向价值链高端演进，新的增长动力逐渐形成。特别是自然科学领域的科技水平、人才数量正

在实现前所未有的历史性突破，这些因素均能成为我国新兴战略产业走向成长、成熟并步入可靠新经济周期的物质基础与前提条件。第二，从经济运行和经济结构看，预计国内未来的投资、出口和消费"三驾马车"将呈现平稳增长状态。其中，国内投资增速将有可能维持在7%左右的中低水平，消费增速有可能维持在10%左右，其稳定性在未来相当长一段时期内比较可靠。"一带一路"沿线国家的出口增加值受海外政治经济等多种复杂因素的影响，其增速有可能徘徊在6.5%附近。尽管如此，目前，净出口对我国经济增长的拉动作用已由负转正，国内经济结构明显出现了提质增效的可喜变化，预计经济走势积极信号将会在2019年开始显现。第三，中国正处在经济转型过程中，以高收入、受过高等教育且注重生活品质为特征的"新中产阶级"日渐崛起，物质追求已由炫耀和刺激转化为过程享受的精神体验。由于这一阶层的理性与挑剔，消费个性化需求开始凸显，这就对国内制造业和服务业转型升级提出了更高要求，进而成为消费服务业不断走旺的推动力量。如2018年前三季度，我国最终消费支出对GDP增长的贡献率达到78.0%，比上年同期提高14.0个百分点。这表明，消费对国内经济增长开始产生积极影响。未来我国中长期发展将会以刺激消费为扩大内需的重要手段来推动经济的快速发展。

（三）6.5%~7%仍是2019年河北省生产总值增速目标的合理区间

河北经济大势稳中向好，但也存在稳中有"变"。综合考察国内外经济宏观大势,不难发现,世界政治经济正在经历前所未有的深刻变革,全球经济的可持续与稳定发展面临严峻挑战。国内经济正处在由高速增长转向高质量发展的关键时期,着力解决人民群众日益增长的美好生活需要与不平衡不充分的发展之间的矛盾将会成为我国经济增长的努力方向。在国内外宏观形势下,河北省经济发展的难点体现在:①仍是新常态下亟须解决的结构性矛盾。特别是河北省肩负着固守"蓝天""白云"和环境攻坚的历史使命,新旧动能转换仍然任重而道远。2018年一季度,GDP增速同比降低0.5个百分点。二、三季度工业生产小幅反弹,制造业稍显景气,得益于装备制造业、新兴产业及消费相关服务业的"多点"扶持和快速拉动。②河北预期增速目标表象显高,但有其内在的逻辑依据。预计2019年,河北省GDP增速不会低于6.5%,但也不会超过7%。虽然2019~2020年全国大部分地区将集中开展统计数据"挤水分"活动,GDP增速及主要经济指标整体下滑成为可能,但因河北"个性化"省情特征明显,6.5%~7%的区域增长目标并不高,仍属合理区间。主要依据是区域经济"齐头并进"的几大亮点。首先,如果雄安新区大规模建设于2019年落地开花,随之而来的投资扩张、就业增长、财政收入及市场收益将产生渗透力强、粘连范围广的"墨汁"效应,强劲拉动河北省区域经济将成为必然。其次,北京大兴国际机场离竣工时间不到一年,其地处京津冀的核心地带,这将为邻近机场的雄安新区、廊坊、保定等周边地区的基础设施及配套功能提供无限的投资与商机,成为京津冀一体化与城市群快速发展的重要依托点。再次,北京冬奥会张家口赛区场馆及附属设施建设，将迎来新一轮投资热潮，为助力周边地区加速崛起提供了较好的发展机遇。③河北省正在酝酿的2019年重大建设投资项目作为产业结构调整与转型升级的重要抓手，将成为河北省2019年稳增长的"托底"工程。整体而言，河北省经济发展周期虽处下行阶段，但经济迈向高质量发展已具备良好的基础性条件，意味着河北省已基本告别经济高速增长，将迎来高质量发展的新阶段。

四 总体思路及对策建议

2019年是我国经济由高速增长转向高质量发展历史交会的关键一年，更是河北省积极贯彻落实党的十九大精神、释放改革红利的时间交会期。面对纷繁复杂的国内外形势，河北省委、省政府要主动顺应潮流，迎接挑战，积极创新，坚决贯彻落实以习近平同志为核心的党中央各项战略部署，着力做到以高质量发展为途径，以解决各类不平衡、不充分矛盾为方向，以促进产业结构调整与培育新动能为主线，以积极调动民营经济活力为主战场，以大数据、物联网、人工智能等科技发展为手段，以2020年全面建成小康社会为终极目标，积极推进供给侧结构性改革，坚决打好"防范化解金融风险、脱贫攻坚、污染防治"三大攻坚战，全力解决新的历史条件下，河北省结构性矛盾仍然突出、可持续增长动力依然不足、新旧动能转换并不顺畅等重大问题，为推进河北省中长期与可持续高质量发展奠定扎实基础。建议河北省委、省政府在未来宏观管理层面重点做好如下工作。

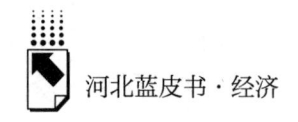

（一）精准施策技术创新，引领全省区域经济与产业发展迈向中高端

创业投资未来的总趋势已不再是模式创新，其关键因素在于技术创新，以技术创新推动创业企业成长，是新常态下实现经济高质量发展的必然选择。目前，鉴于河北省高新技术产业与战略新兴产业发育迟缓的现状，建议河北省委、省政府在确保总体税负不增的前提下，抓紧完善支持高新技术等新经济创业投资基金发展的税收政策，努力营造有利于高新产业发展可预期的政策环境。具体可借鉴兰州、白银等高新区军民深度融合的创新模式，探索欠发达地区通过科技创新实现跨越发展的新路径。也可借鉴宁波、温州高新区发挥两地区位优势、民营经济优势以及开放发展优势，引导民间资本投资创新创业。而对于"改革开放排头兵""创新发展先行者"上海，可参照浦东新区推进的"证照分离"改革试点，实施"照后减证"，尽可能减少审批发证，大胆探索与加快推行对新技术、新产业、新模式、新产品、新业态包容审慎监管制度，促使新经济找到可依托的成长环境与制度环境，从而带动河北省区域经济迈向中高端发展水平。

（二）努力破解企业短板，不断强化民营经济发展的稳定性与可持续性

2018年11月5日，习近平总书记在民营企业座谈会上明确提出了大力支持民营企业发展壮大六个方面的政策举措，这一具有里程碑意义的讲话精神，让民营经济如沐春风，切实感受到党和国家的人文关怀、体贴与温暖，为民营经济快速发展注入了强大的精神动力。预计在不久的将来，河北省民营经济将受惠于税务、银行、商务、金融等相关管理部门主观上的积极配合与政策上的鼎力支持，再现河北省民营经济往日的活力与"锋芒"指日可待。在民营经济即将解困的大好形势下，河北省支持发展民营经济着力点要紧紧围绕六大政策举措，在组织、落实与亲商三个环节上重点发力。一是在组织形式的创新上，建议河北省委围绕习近平总书记关于发展民营经济发展的讲话精神，迅速开展全省范围内特别是各个级别领导层面关于"发展民营经济，政府着力点在哪"的大学习、大讨论实践活动，以此解放思想，正视与找出民营经济发展的问题与障碍，不断深化发展民营经济的认识与再认识，为推进民营经济发展提供思想保障。二是在政策落实上，要以创新的思路，勇于破解难题，敢于直面政策瓶颈，切实把习近平总书记关于加快民营经济的讲话精神转化为切实可行的具体措施，保证习总书记提出的六大政策举措落实到位。要抓紧推进改革方案专项督察工作，狠抓落实，为民营企业的发展营造良好的政策、制度与社会环境。三是在融合政商关系上，以"亲""情"为核心，重塑新型政商关系。要急民营经济所急，想民营经济所想，重点强化服务功能。对民营经济支持真正做到以下几点，即思想上要"放胆"，政治上要"放心"，发展上要"放手"，机制要"放活"，政策要"放宽"。以实际行动尽可能减少行政干预，对企业经营管理做到不参与、不干预，努力树立政商"一家亲"的服务意识与思想理念。

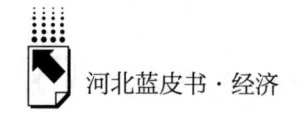

（三）按照"守底线、保增长"原则，不断强化再具体、再细化、再落实项目投资措施

针对河北省固定资产投资不稳定现状，保持当前和未来较长时期内经济尚好的宏观形势，全省各部门要紧紧围绕"2018年河北省重点项目"加快研究产业布局项目建设。第一，以项目建设为引领，推进产业大踏步迈进。要围绕"2018年河北省重点项目"，做到科学谋划、精心包装，如围绕优势产业谋划项目、围绕政策导向谋划项目、围绕产业的转型升级谋划项目、围绕特色资源谋划项目。努力推动装备制造业、高新技术产业及服务业领域的投资占比实现重大突破。第二，以重大项目为抓手，以转型升级为动力，增强工业发展后劲。坚定不移大力实施产业振兴战略，努力补齐产业短板。瞄准河北省装备制造业与高新技术产业中的优势项目，争取环环相扣，确保立项开工一批、建成投产一批、储备引进一批，加强其在本行业新模式、新业态、新技术、新产品及低碳绿色领域中的创新引领作用，不断提高河北省经济增长质量。第三，设计实施部门联动机制和优势项目统计入库工作。2018年为全国推进统计改革第一年，各级部门，如发改、农业、住建、经信、园区及投资公司等项目主管部门要规范并切实做到与统计部门的配合与联动，督促项目的实施单位主动申报，认真做好、做实项目入库的统计工作，按照统计制度要求，应统尽统，确保统计数据的真实性与可靠性。

（四）加快住房制度改革，着力推进住房供应结构不断调整与优化

在全国房地产市场"限购""限贷""限售"宏观政策背景下，投机性购房得到有效控制，河北省商品房销售明显放缓，导致房地产开发商投资意愿与市场有效成交量的明显下降，而新开工面积下降则是房地产市场待售面积下降的核心因素。有鉴于此，建议河北省应积极落实中共中央政治局会议分析研究2018年经济工作提出的"加快住房制度改革和长效机制建设，是明年要着力抓好的一项重点工作"的指示精神，加快建立适度宏观调控房地产市场管理的长效机制。第一，以"租购并举"为重点，加快完善住房市场体系。加快推进租赁市场发育，盘活存量住房，不断培育、优化和促进专业化、机构化长期租赁结构的合理性，应成为河北省房地产调控的政策着力点。第二，相关部门加快研究与制定税费、金融、土地等方面的支持政策，引导各类市场主体提供更宽松、更实惠的高品质、可负担的租赁住房。要加快研究与完善相关法律法规，以保障租赁利益相关方的合法权益，让承租人享受与产权人同等的社会公共服务。第三，以"多主体供应"为导向，不断促进住房供应结构的调整和优化。积极响应与配合中央提出的"多主体供应"改革思路，加快推进土地供给、住房开发多元化，解决不同需求居民的住房问题，努力实现"居者有其屋"的目标愿景。第四，以"多渠道保障"为目标，进一步完善符合国情、省情的住房保障体系。加快形成"多渠道"保障格局，不断提高住房保障水平与效率，为低收入群体提供更加合理精准的住房保障。

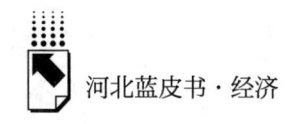

（五）加快破解制约居民消费的体制机制障碍，增强河北省经济转型新动力

根据2018年9月20日中共中央国务院发布的《关于完善促进消费体制机制，进一步激发居民消费潜力的若干意见》、国务院办公厅于10月11日发布的《完善促进消费体制机制实施方案（2018—2020年）》，以及河北省《关于积极发挥新消费引领作用，加快培育形成新供给新动力的实施意见》，积极做好河北省释放内需潜力、推动经济转型升级、保障和改善民生工作。政策重点包括以下三个方面。一是建立推动消费升级促进工作的组织机构。如尽快建立由河北省商务厅牵头，河北省发改委、工信厅、财政厅、金融办、文旅厅、体育局和教育厅等部门共同参与的"新消费"联合组织，以联席会议制度的形式，统筹有关消费推进工作中的重大事宜。二是加快落实2018年4月河北省政府常务会议近期审议通过的《关于加快推进工业转型升级建设现代化工业体系的指导意见》，努力构建消费升级、有效投资、创新驱动、经济转型有机结合的发展框架，加快以现代产业支撑为核心的政策体系建设，从整体上提高全省经济增长质量与居民收入水平，为激发居民"能消费""愿消费""敢消费"提供有力支撑与保障。三是根据国际消费升级路径规律及河北省现代消费占比偏低的现状，建议河北省委、省政府重点谋划未来市场前景好又具有比较优势的金融咨询、休闲（乡村自驾）旅游、健康养老、房地产及住房租赁、教育、文体娱乐和"互联网+"信息产品服务供给七大

消费领域，充分发挥其品质消费的引领与主体支撑作用，并以此为突破口和主攻方向，快速形成符合消费转型升级时代要求的新的经济增长点，使其成为引领河北省消费升级的主力军与重要推动力量，彻底改写河北省传统服务业供给"一头沉"历史。

宏观形势篇

Macro-Situation Reports

B.2 2019年河北省经济社会发展基本思路

白凤双[*]

摘　要： 2018年以来，全省经济运行总体平稳、稳中有进、稳中提质，有望较好完成全年各项目标任务。2019年，面对复杂严峻的国内外形势，全省上下要坚持以习近平新时代中国特色社会主义思想为指导，全面贯彻党的十九大精神，坚持稳中求进工作总基调，坚持新发展理念，坚持高质量发展根本要求，以供给侧结构性改革为主线，贯彻落实"三六八九"基本思路，把握好"稳、

---

[*] 白凤双，河北省发改委综合处副处长。

进、好、准、度"五个关键，统筹推进稳增长、促改革、调结构、惠民生、防风险各项工作，力促经济持续健康发展和社会和谐稳定，加快建设新时代经济强省、美丽河北。

关键词： 经济发展　转型升级　协同发展

一　2018年经济社会发展及目标预计完成情况

2018年以来，面对严峻复杂的国内外经济形势，各地各部门以习近平新时代中国特色社会主义思想为指导，全面落实河北省委、省政府重大决策部署，坚持稳中求进工作总基调，贯彻新发展理念，落实高质量发展要求，以供给侧结构性改革为主线，统筹推进稳增长、促改革、调结构、抓协同、治污染、惠民生、防风险各项工作，全省经济运行总体平稳、稳中有进、稳中提质，有望较好完成全年各项目标任务。

（一）经济发展稳中有进

实施投资项目带动战略，出台激发民间有效投资活力实施意见，狠抓重点项目"438"工程，大力实施扩投资"百日攻坚"行动，成功扭转了2018年初以来投资增速持续回落的局面，全省固定资产投资呈现总量增长、增速加快、结构优化的发展势头，全年省市重点项目投资突破9000亿元，固定资产投资增长6%。多渠道激发消费潜力。出台完善促进消费体制机制实施方案，组织工业消费品"三品"提升行动，实施消费促进、电子商务进农村进社区、商贸物流配送体系建设、实体商业转型升级四大工程，社会消费品零售总额增长9%。多措并举应对中美经贸摩擦，强化重点出口企业精准帮扶，借力博鳌论坛、达沃斯论坛等国际化平台拓展交流合作，进出口及出口增速由负转正、逐月回升，全年分别增长5.1%和5.5%。

（二）供给结构调整优化

以化解过剩产能为关键着力"破"。全年压减退出炼钢产能1230万吨，钢铁"僵尸企业"全部出清；压减水泥313万吨、平板玻璃810万重量箱、焦炭517万吨；退出煤矿26处、产能1401万吨，关停13台55万千瓦火电机组。以新动能培育为牵引着力"立"。新产业、新产品、新业态蓬勃发展，高新技术产业增加值增长15.3%以上；服务业规模扩大、品质提高，服务业对经济增长的贡献率保持在60%以上。以减负增效为核心着力"降"。实施"降税减证提标"三项措施，涉企省级行政事业性收费实现清零。以稳产提质为重点推进农业供给侧结构性改革。粮食产量达到740.2亿斤，中草药、食用菌、高端设施蔬菜等农产品品牌知名度继续提升，婴幼儿乳粉市场占有率有望提高到全国第5位。

（三）质量效益稳步提升

收入增势总体稳健。地方一般公共预算收入增长8.7%，规模以上工业企业利润增速持续保持在两位数。创新能力不断增强。科技创新、战略性新兴产业发展等三年行动计划加快实施，新增高新技术企业1800家，新增科技型中小企业超过1万家，新创建省级以上重点实验室、技术创新中心、企业技术中心等各类创新平台303家。质量强省加快建设。实施质量提升十大专项行动，新获批筹建3个"全国知名品牌创建示范区"园区，认定省级以上工业设计中心13家。

（四）改革开放蹄疾步稳

重点改革不断深化，"双创双服"活动启动年成果显著，企业项目问题诉求解决率、市场主体满意率分别达到95%和99%；商事制度改革深入推进，年内新增市场主体112万户；知识产权保护力度加大，发明专利授权量达到5300件；财税、国企国资、投融资体制等重点领域改革扎实推进。开放合作成效明显，实际利用外资实现历史性突破，全年接近100亿美元。

（五）重大战略全面推进

雄安新区规划建设强势开局，支持雄安新区深化改革扩大开放综合性指导意见及实施方案获批，京雄城际、白洋淀流域治理等项目进展顺利，市民服务中心竣工投用，阿里、腾讯等企业在新区注册。协同发展取得新进展。与京津新一轮合作协议加快落实，唐曹铁路通车运营，北京大兴国际机场航站楼工程封顶封围，张家口"两区"规划编制完成，廊坊北三县与北京通州城市副中心加快实行统一规划建设管理。冬奥会筹办高质量推进。76个冬奥项目已

有奥运村等65个项目开工，64个在建场馆和配套设施建设提速，冰雪旅游收入增长30%以上。

（六）人民生活持续改善

就业形势整体较好，全省城镇新增就业187万人，城镇登记失业率控制在4.5%的预期目标以内。收入社保稳步提升，城镇、农村人均可支配收入分别增长8%和8.9%左右，城乡居民养老保险、医疗保险参保人数分别达到3501.9万人和6890.2万人，特困人员救助实现全覆盖。20项民心工程扎实推进。学前三年毛入园率达到84%，改造便民市场200个，新改建农村公路5500公里，交通秩序整治、城市污水集中处理、垃圾无害化处理等民心工程全部完成年度任务，全年棚户区住房改造开工23万套。

（七）三大攻坚战成效明显

有效防控金融风险。制造业和中小企业贷款增速高于全部贷款增速，直接融资超过1200亿元；开展16个领域金融风险大排查，坚决守住不发生系统性、区域性金融风险底线。大力推进脱贫攻坚。平山、广平等25个贫困县出列，全年稳定脱贫64.8万人以上。环境质量明显改善。全省$PM_{2.5}$平均浓度下降14%，地表水Ⅲ类及以上断面比例达到44.6%，营造林面积987万亩。

二 2019年经济社会发展的总体要求和主要目标

2019年是全面贯彻党的十九大和十九届二中、三中、四中全会精神的重要一年，是新中国成立70周年，是推动高质量发展从顶层设计到落地实施的开局之年，是决胜全面建成小康社会、完成"十三五"规划目标任务的关键一年，做好2019年经济社会发展工作意义重大。

（一）宏观经济环境分析

从国际形势看，世界经济有望延续增势，但单边主义、贸易保护主义、民粹主义升温，可能引发经济失序风险，国际货币基金组织2016年7月以来首次下调全球经济增长预期，将2019年世界经济增速预期调降至3.7%。中美经贸摩擦是我国发展的首要外部风险，对国内经济发展、实体经济的负面冲击将进一步显现。主要经济体货币政策调整外溢风险不容忽视，美国2019年可能继续加息，新兴经济体资本外流压力上升，将加大我国防范化解金融风险的难度。

从国内环境看，经济运行中面临的两难、多难问题增多，短期与长期问题叠加共振。内外需同步放缓压力显现，2018年有8个省份投资出现负增长，2019年投资运行可能继续承压；消费下行压力加大，2018年全国社会消费品零售总额增速降至近15年最低水平，2019年持续制约消费增长的因素可能增多；中美经贸摩擦的影响可能进一步扩散传导，对出口保持较快增长的制约增多。但更要看到，在困难挑战超出预期的情况下，全国经济保持了总体平稳、稳中有进的发展态势，特别是党中央、国务院审时度势、科学决策，做出了"六个稳"的重大决策，为应对风险挑战、推动高质量发展提供科学指导。综合研判，2019年全国经济将面临较大外部压力和较多困难挑战，但有中央的坚强领导，有改革开放

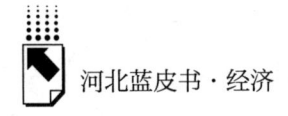

40年的实践经验，有巨大的市场潜力，因而推动经济高质量发展有较强支撑。

河北省正处在历史性窗口期和战略性机遇期，雄安新区进入建设实施阶段，京津冀协同发展加快从三大领域率先突破向多点发力、全面推进提升，冬奥会筹办将带动冀北地区产业转型升级；"三六八九"基本思路贯彻有力，"双创双服"活动深入推进，"万企转型"行动扎实开展，工业转型升级、战略性新兴产业发展等系列三年行动计划加速实施，全省经济有望继续保持总体平稳、稳中有进的发展态势。同时，打赢防范化解重大风险、精准脱贫、污染防治三大攻坚战任重而道远，去产能调结构仍需攻坚推进，潜在风险隐患需高度关注。

通过国内外形势综合分析，2019年河北省发展面临的国内外不利因素有所增多、困难挑战有所加大，但经济发展稳中有进的态势没有改变，内生动能壮大成长的趋势持续增强，经济结构优化升级的优势正在形成。经过努力，全省经济有望进一步提质增效升级，实现高质量发展将迈出更加坚实的步伐。

（二）总体要求

2019年经济工作的总体要求：坚持以习近平新时代中国特色社会主义思想为指导，全面贯彻党的十九大和十九届二中、三中全会精神，深入落实习近平总书记对河北工作重要指示批示和中央经济工作会议部署，认真落实省委九届八次全会决策部署，统筹推进"五位一体"总体布局，协调推进"四个全面"战略布局，坚持稳中求进工作总基调，坚持新发展理念，坚持推动高质量发展，坚持以供给侧结构性改革为主线，坚持深化市场化改革、扩大高水平开放，坚持"三六八九"工作思路，扎实抓好"三件大事"，加快建设现代化经济体系，继续打好三大攻坚战，深入开展"双创双服"活动，着力激发微观主体活力，创新和完善宏观调控，统筹推进稳增长、促改革、调结构、惠民生、防风险工作，保持经济运行在合理区间，进一步稳就业、稳金融、稳外贸、稳外资、稳投资、稳预期，提振市场信心，增强人民群众获得感、幸福感、安全感，强基固本，狠抓落实，保持经济持续健康发展和社会大局稳定，为全面建成小康社会收官打下决定性基础，以优异成绩庆祝中华人民共和国成立70周年。

按照这一总体要求，须着重把握好以下几点。把实现"六个稳"作为关键之举，全力推动经济平稳健康发展。全力以赴稳就业、稳金融、稳外贸、稳外资、稳投资、稳预期，力争经济在"稳"的基础上发展得更好更快一些。把雄安新区建设作为重中之重，全力推动京津冀协同发展向纵深推进。高起点、高标准建设雄安新区，落实与京津合作协议，推动协同发展从三大率先突破领域向公共服务领域延伸。把做强实体经济作为主攻方向，大力拓展发展空间。坚持把发展经济着力点放在实体经济上，深入实施"双创双服""万企转型"行动和系列三年行动计划，加快培育新优势、壮大新动能。把深化改革开放作为有效路径，持续增强经济发展动力活力。拿出"改革开放重装再出发"的决心和勇气，推动思想再解放、改革再深化、开放再扩大。把保障改善民生作为系统工程，努力破解人民日益增长的美好生活需要和不平衡不充分的发展之间的矛盾。牢固树立以人民为中心的发展思想，把人民对美好生活的向往作为奋斗目标，把保障和改善民生作为一切工作的出发点和落脚点，持续加大民生投入，让改革发展成果更多更公平地惠及人民群众。初步预计，2019年全省生产总值比上年增长6.5%左右。

三 2019年战略重点

（一）力保经济平稳健康发展

着力扩大有效投资，突出项目引领。开展"重点项目建设质量年"活动，3400项省市重点项目年度完成投资7000亿元左右；加强基础设施项目建设，加大十大补短板领域投资力度；加大招商引资力度，力争引进一批体量大、质量高、带动强的高端产业项目。强化土地保障，实施重点项目占补平衡指标省级统筹，有针对性地破解土地指标总量宽裕与结构性供给不足的矛盾，降低产业项目用地成本。深化投资改革，稳步推进投资建设项目审批流程再造，推广多评合一、多图联审等措施，最大限度地精简材料、减少环节、压缩时限；引导民间投资参与交通设施、通信网络等重点领域建设，确保民间投资增长7%。

增强消费基础作用。全面落实完善促进消费体制机制激发居民消费潜力的实施方案，进一步放宽服务消费领域市场准入；深入实施"同线同标同质"工程，促进出口产品内销；完善消费领域信用信息共享共用机制，开展放心消费创建工作，严厉打击假冒伪劣和虚假广告宣传，加强重要商品质量追溯体系建设；实施家政服务体制扩容三年行动，发展3岁以下婴幼儿托育服务。确保全年社会消费品零售总额增长9%左右。

加强即期运行调节。加强企业包联帮扶，将"双创双服"企业包联范围扩大到全部规模以上企业、辐射重点中小微企业，健全各级领导包联和工作专班制度，开展问题大协调活动，有针对性地解决一批市场主体反映集中的难点问题和共性问题。提升金融支撑能力，引导金融机构加大对制造业、中小微企业的信贷支持力度，保持信贷规模合理增长，提升对中小微企业、"三农"领域等薄弱环节的金融服务水平。提振市场主体预期，加强舆论引导和预期管理，严格落实严禁环保管控"一刀切"政策措施，增强各类市场主体投资兴业的信心。

（二）推动京津冀协同发展向纵深拓展

高标准推进雄安新区建设。强化政策创新，按时间节点要求完善报审各类规划，深化支持雄安新区改革开放"1+N"政策体系研究。推进重点工程，围绕创造"雄安质量"，扎实推进启动区建设，加快雄商高铁、石雄城际、京雄高速等项目前期工作，抓好京雄城际、津石高速等项目建设，实施白洋淀流域污染综合治理示范工程。创新社会管理，健全科学化、差别化、法治化管控措施，稳妥有序做好征迁安置工作，确保新区社会稳定。

高质量推进协同发展。抓好重点领域突破，推进京张铁路、京唐城际、京秦高速等重大项目建设，强化区域污染联控联治和生态环境共建，持续推动产业转移协作，加快区域公共服务一体化进程。深化与京津战略合作，抓好与京津新一轮合作协议议定事项落实，

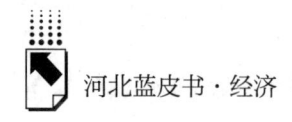

抓好京津对口帮扶河北省贫困地区项目建设。抓好合作园区共建，以通武廊协同发展试验示范区、北京大兴国际机场临空经济区等园区为载体，创新管理机制，开展先行先试，全面提升园区承载能力。

高水平筹办冬奥会。加快场馆建设，完善"一会三函"项目审批试点，力争11个未开工冬奥项目于2019年6月底前全部开工；加快在建项目建设进度，确保于年内奥运村主体完工、比赛场馆全面竣工。推广冰雪运动，全面落实冬奥人才行动计划，抓好跨项跨界选材。承办好自由式滑雪空中技巧世界杯等5项国际冰雪赛事，组织200项以上群众性冰雪活动。发展冰雪产业，支持张家口冰雪装备制造基地建设，加快法国MND、北欧万众之星等冰雪产业项目建设。

（三）扎实推进产业转型升级

加快发展战略性新兴产业，落实战略性新兴产业发展三年行动计划，加快实施大数据与物联网、人工智能与智能装备等十个专项行动，组织实施百项高新技术产业化、百项产业技术研发及创新能力建设"双百"项目，支持战略性新兴产业百强、创新百强"双百强"企业壮大规模，力争战略性新兴产业规模大幅增长，年内生物医药健康等十个重点领域主营业务收入突破1.5万亿元，高新技术产业增加值同比增长12%以上。

加快改造提升传统产业，在落实去产能三年行动计划年度目标的同时，大力实施"万企转型"行动，启动新一轮企业技术改造，确保技改投资占工业投资的比重不低于60%。支持数控机床、汽车及轨道交通装备等行业领军企业做大做强，力争高端装备占装备制造业比重达到40%以上。推动钢铁行业主体装备大型化改造，争取旭阳1500万吨炼化一体化、腾鹭翔龙精细化工等石化项目早日落地。支持骨干食品企业延伸产品链条，开发功能性食品、养生保健食品；推动服装产业发展"五大工程"建设，争创一批中国驰名品牌和地理标志商标。

加快发展现代服务业，引领生产性服务业向高端高新拓展。大力发展金融科技、商务会展等现代服务业，开展物流标准化城市试点，加快石家庄中央商务区建设，支持雄安会展经济发展，打造有河北特色、国际影响的会展品牌。推动生活性服务业向高品质多层次延伸。支持社会力量加大对现代旅游、健康养老等幸福产业投入力度，创建1~2所国家级儿童早期发展示范基地；推动北戴河生命健康产业创新示范区、承德全域旅游示范区建设，支持石家庄、秦皇岛康复辅助器具产业发展试点，增加有效服务供给，全年旅游业总收入增长20%左右。

（四）大力实施创新驱动战略

积极培育创新主体。实施创新机构、众创空间和孵化器倍增计划，加大高新技术企业培育力度，争取国家重大科技基础设施落户河北省，力争创建省部共建国家重点实验室1家以上，省级以上重点实验室、工程研究中心、技术创新中心、产业技术研究院、企业技术中心等各类创新平台总数超过1670家，新增高新技术企业1800家以上、省级科技型中小企业1万家以上。

提高成果转化水平。组织实施重大科技成果转化专项，出台河北省技术转移体系建设实施方案，探索建设一批省级科技成果转移

转化试验区，新建一批省级技术转移服务机构，全年技术合同成交额达到530亿元以上。充分发挥石保廊全面创新改革试验区、京南科技成果转移转化示范区引领带动作用，支持京津重大科技成果在河北省转化应用。

着力促进融合发展。推进大数据、物联网与制造业深度融合，完善工业互联网基础设施，推广两化融合管理体系标准，建设40个"制造业+互联网"融合发展试点示范项目；大力发展军民融合产业，打造支撑保军强军和转型升级的优势产业集群，加强与央企军工集团、企业院所对接，打造一批融合型行业龙头和领军企业，全年新增军民融合型企业900家。

强化创新人才支撑。大力推进人才兴冀工程，深入实施"巨人计划"、"名校英才入冀计划"、"外专百人计划"和科技英才"双百双千"工程，吸引高层次人才和知名高校毕业生来冀创新创业，重点支持引进25个高层次产业创新创业团队和200名科技型中小企业创新英才，新建30家院士工作站。

（五）持续推动乡村振兴

提高农产品有效供给能力。强化粮食作物田间管理，保障农资供应，确保粮食总产稳定在670亿斤左右；调整农业种植结构，积极发展青贮玉米、特色杂粮、中药材、食用菌等高效作物，压减籽粒玉米60万亩，中药材、食用菌种植规模分别达到285万亩和33万亩；加快绿色优质奶源地建设，建设智能奶牛场150个以上，生鲜乳产量达到520万吨；大力实施"四个一百"工程，创建一批农业领军品牌和地理标志产品。

促进三次产业融合发展。打造现代农业精品园区，力争建成省级农业园区30个；培育创新型农业企业，支持省级农业产业化龙头企业、育繁推一体化种业企业和农业科技"小巨人"企业发展，大力发展农产品初加工和精深加工，全省规模以上农业产业化龙头企业主营业务收入保持平稳增长；支持休闲农业和乡村旅游加快发展，培育一批星级休闲农业园和休闲农业采摘园，多渠道增加农民收入。

改善农村环境和治理。健全乡村治理机制，加强村综合服务站建设，2019年底前建站村占比达48%。大力发展农民专业合作社，支持建设新型职业农民实习实训基地，开展职业农民职称评定试点，培养造就一支高素质的新型农民队伍。落实农村人居环境整治三年行动实施方案，基本实现村街硬化、村庄绿化和街道亮化。

（六）优化区域发展布局

加快沿海地区发展。完善交通综合网络，力促唐山港曹妃甸LNG接收站码头、黄骅港船舶燃料油码头开工，加快水曹铁路、迁曹高速等项目建设，实施北戴河机场改扩建，推进环渤海城际铁路、曹妃甸通用机场等项目前期工作。做大做强临港产业，力促曹妃甸千万吨级炼化一体化等项目开工，加快丰南城市钢厂搬迁改造等项目建设，支持沧州汽车整车及零部件等集群发展。加快发展特色海洋经济，做强现代港口商贸物流，集装箱吞吐量突破450万标箱；加快渤海新区生物医药产业园、乐亭生物医药园建设，培育秦皇岛邮轮游艇产业，开发滨海旅游精品线路。

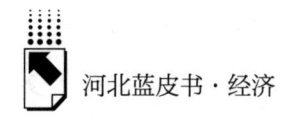

加快县域经济发展。高水平打造产业集群，实施县域特色产业集群转型升级工程，组建集群产业化联合体，全年新增6个主营业务收入超100亿元的产业集群；高标准推进县城建设，支持创建园林县城、绿色城市等新型城镇化试点，加快推进城中村、旧小区和旧厂区改造，推动符合城镇布局调整规划的新增工业项目、高中和职业教育逐步集中到县城或产业园区；高品质创建特色乡镇，创建一批特色小镇和特色小城镇，形成县域经济新的增长点，力争全年生产总值超200亿元的县（市）达到34个。

加快园区（开发区）建设。促进产业协同协作，实施园区能级提升工程，引导上、中、下游产业聚集、同类企业协作发展，巩固提升一批在全国具有比较优势的产业集群；促进交通互联互通，支持已实现"九通一平"的园区加快建设以畅通信息通、技术通等为重点的"新九通一平"，推进未实现"九通一平"的园区加快补齐基础设施和公共服务短板，满足企业、项目入驻条件；促进园区共建共赢，重点培育10个中外合作产业园区和10个省际合作示范园区，定向精准承接国外、省外产业和创新资源转移。

（七）全面深化改革开放

以"放管服"改革为重点有效激发市场活力。推动政务服务改革取得更大突破，2019年内全省70%以上政务服务事项实现"一窗"分类受理，省市县各级100个高频事项实现"最多跑一次"；大幅压缩企业投资工程建设项目从立项到项目竣工验收、公共设施接入服务的审批时间，工程建设项目审批时间压缩一半以上；深化商事制度改革，将实行工业产品生产许可证管理的产品进一步压减至15类左右，全年市场主体超过550万户；稳步推进财政体制改革，研究提出河北省实施预算绩效管理实施办法，推进相关领域省以下财政事权与支出责任划分改革；大力开展税费清理改革，全年力争降低企业成本300亿元。

以"搭平台、强帮扶、提效率"为重点有效应对中美经贸摩擦。实施重点外贸企业"一对一"精准帮扶，支持企业参加国内外专业性展会，促进市场多元化；加快建设一批覆盖重点国别、重点市场的"海外仓"和转口基地，支持外贸企业共享海外营销服务网络；扩大高端优质消费品及高端机械、成套装备、关键零部件进口，助力消费结构优化，倒逼产业转型升级；发挥各类海关特殊监管区作用，继续推进通关便利化，进一步压缩海关通关时间，简化出口退税审核审批手续。

以"精准招商、放宽准入、做强园区"为重点扩大引进外资。主动参与国内外重大经贸活动，推行市场化专业化招商；修订鼓励外商投资产业目录，支持外商投资人工智能、高端制造等领域；全面优化整合各类园区（开发区），改革开发区管理机构设置，扩大全员聘任制、绩效工资制覆盖范围，支持园区创新招商引资举措，开发区实际利用外资增长10%以上。

以"交流、交往、合作"为重点构筑全方位开放格局。全面深化国际交流合作，积极参加"一带一路"国际合作高峰论坛、达沃斯论坛、博鳌亚洲论坛等高端平台活动，组织企业精准对接，拓宽国际合作渠道；拓展多层面民间交往，加强与海外侨商、华侨华人高层次专业人才及华侨社团的联络联谊，新创建一批友好省

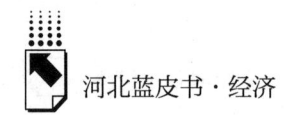

州、友好城市。推进优势产能国际合作，主动参与"一带一路"基础设施建设，支持河钢塞尔维亚工业园等海外生产基地建设，力争境外投资增长10%以上。

（八）扎实有效推进三大攻坚战

全力防范化解重大风险。坚决遏制地方政府隐性债务增量，有序推进隐性债务存量化解；加强对影子银行、互联网金融等金融监管，分类稳妥处置高风险金融机构，严厉打击非法集资、金融诈骗等违法行为，坚决守住不发生系统性、区域性金融风险底线。加快建立促进房地产市场平稳健康发展的长效机制，合理引导住房消费预期，持续整顿规范市场秩序，加快解决房地产市场遗留问题，坚决遏制房价上涨。

大力推进脱贫攻坚。抓产业扶贫，实施"十百千"示范工程，加大劳务输出力度，多渠道促进农户就业增收；抓基础设施，实施交通扶贫、水利扶贫、电力和网络扶贫、农村人居环境整治四大行动，确保2019年底前所有深度贫困县完成电网升级改造，实现光纤通达、4G网络全覆盖；抓易地扶贫搬迁，加快剩余4.6万贫困人口搬迁，已列入易地扶贫搬迁计划的"空心村"全部完成搬迁。确保年内区域性整体贫困得到有效解决，全年实现33万人稳定脱贫、贫困县全部摘帽、贫困村全部出列。

坚决打赢蓝天碧水净土保卫战。实施散煤治理、"散乱污"企业整治等八大攻坚战役，全年压减煤炭消费400万吨；建立区域应急联动机制，最大限度实现"缩时削峰"，确保全省$PM_{2.5}$平均浓度下降5%以上。落实"河长制""湖长制"，完成237个县级及以上城市水源地保护区综合整治，省级以上工业聚集区工业废水和生活污水基本实现全收集全处理。开展优先保护类耕地管理试点，组织受污染耕地治理与修复，确保主要农作物化肥使用量和农药使用总量零增长。

（九）切实保障改善民生

稳定重点群体就业。实施援企稳岗，支持创业就业，建设一批创业就业孵化基地，实施高校毕业生就业创业促进计划和基层成长计划，开展新生代农民工职业培训，做好退役军人就业工作，稳妥有序推进去产能职工安置；将下岗职工和失业人员纳入当地就业创业政策支持范围。

提升社会保障能力。持续扩大各项社会保险覆盖面，深化企业养老省级统筹制度改革，推动法定参保人员全覆盖。加强卫生机构建设，年内现代医院管理制度建设试点覆盖率扩大到50%左右，基本实现全省行政村大学生村医全覆盖。实施基层中医药服务能力提升工程，推进中医医联体建设，支持安国国家中医药健康旅游示范区发展，建设中医药强省。

大力发展社会事业。实施学前教育普及工程，实行普通高中班额刚性限制，开展产教融合教育试点、现代学徒制试点创建，建设省级职教集团。深入基层开展文化艺术惠民活动，支持文化产业示范园和文化创意企业发展，推动图书馆、文化馆、博物馆等公共文化机构免费开放。开展全民健身实施计划，争取落地一批世界级高水平赛事。

与此同时，要扎实推进安全生产、道路交通安全、食品药品安

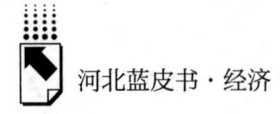

全、反恐维稳等工作，有序推进扫黑除恶专项行动，依法打击和惩治黄赌毒等违法犯罪行为，确保社会大局和谐稳定。

参考文献

《河北省政府工作报告》（2017~2018年）。

《河北省国民经济和社会发展"十三五"规划》。

B.3
河北经济运行平稳　转型升级加快推进

河北省统计局综合统计处

摘　要： 当前，全省经济运行总体平稳、稳中向好、稳中提质，转型升级扎实推进，结构优化取得成效，新动能加快壮大，发展质量稳步提高。同时应看到，经济运行中仍存在停减产企业较多、项目支撑作用不足、消费品市场增速回落等问题。展望2019年，外部发展环境复杂多变，不确定性因素较多。但随着重点领域改革突破，全省经济发展动力将不断增强。应坚持问题导向和目标导向，以创新、改革、开放、融合、转型为着力点，全力推动全省创新发展、绿色发展、高质量发展。

关键词： 经济运行　转型升级　创新发展　高质量发展

2018年，在河北省委、省政府正确领导下，全省各地各部门以习近平新时代中国特色社会主义思想为指导，全面深入贯彻党的十九大精神，认真落实省委、省政府决策部署，坚持稳中求进工作总基调，牢固树立新发展理念，牢牢把握高质量发展根本要求，深入推进供给侧结构性改革，按照"三六八九"基本思

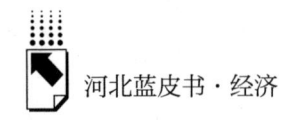

路,把握"稳、进、好、准、度",积极有效应对各种困难和挑战,全省经济运行总体平稳、稳中向好、稳中提质,高质量发展成效显现。

一 经济运行的主要特点

(一)经济增速稳中有升,就业物价形势稳定

2018年前三季度,全省生产总值为25226.3亿元,累计增长6.6%,增速比上半年、第一季度分别加快0.1个和0.6个百分点,连续17个季度保持在6.0%~6.8%(见图1),稳增长稳运行政策措施效果显现。其中,第一产业增加值为1941.5亿元,增长3.5%;第二产业增加值为11308.2亿元,增长3.5%;第三产业增加值为11976.6亿元,增长10.3%。

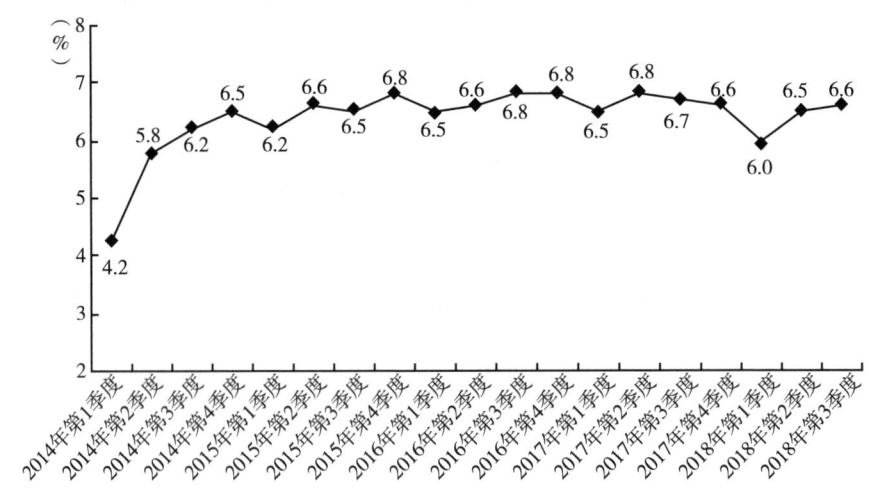

图1 河北省生产总值累计增长率

就业形势总体稳定。2018年3月末、6月末、9月末城镇登记失业率分别为3.55%、3.27%和3.27%，均控制在4.5%的预期目标以内。

物价温和上涨。居民消费价格同比上涨2.5%，涨幅比1~8月扩大0.1个百分点，2018年各月累计涨幅保持在1.7%~2.5%。

（二）供给支撑有力，服务业是经济增长主动力

服务业较快增长。2018年前三季度，服务业增加值增长10.3%，高于全省生产总值增速3.7个百分点；对经济增长贡献率为70.9%，连续7个季度保持在60%以上，继续保持较快发展势头，仍是支撑全省经济增长的主动力。

农业生产形势稳定。畜牧业生产稳中趋好，生猪出栏2747.7万头，增长4%，猪肉产量为212.5万吨，增长4%；禽蛋产量为288.4万吨，增长1%。蔬菜生产规模继续扩大，产量为3197.9万吨，增长2.8%。但受高温热害、台风、冰雹等多种自然灾害影响，预计秋粮总产量同比下降5%。

工业生产增速回升。规模以上工业增加值累计增长3.7%，比1~8月、上半年分别回升0.6个和0.5个百分点。其中9月增长7.7%，为2017年11月以来最快增速（见图2）。七大主要行业"五增两缓"。钢铁工业、装备制造业、石化工业、医药、食品工业增加值分别增长1.6%、5.4%、3.2%、14.1%和6.7%，纺织服装业、建材工业分别比1~8月降低0.1个和1.7个百分点。

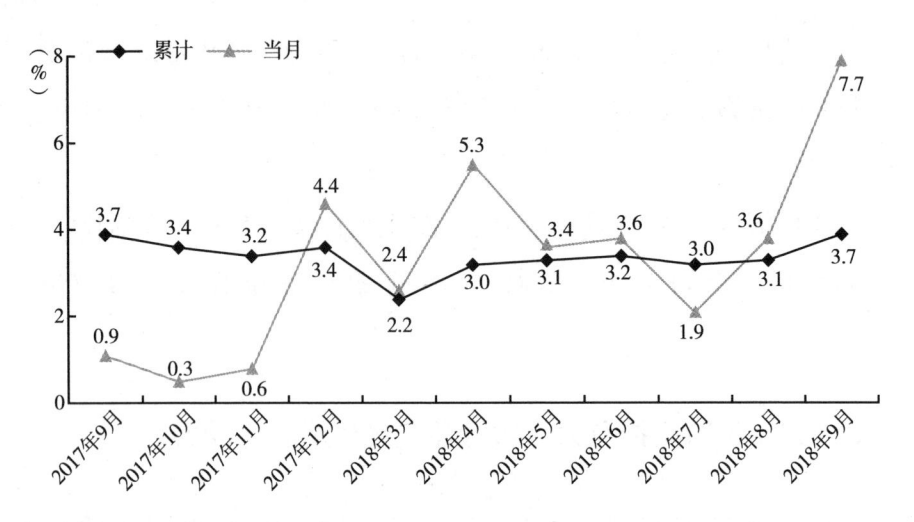

图2 河北省规模以上工业增加值增长率

（三）需求拉动稳定，稳投资、稳外贸取得成效

投资稳中有升。2018年前三季度，固定资产投资累计增长5.9%，比上半年提高0.7个百分点，同比提高0.8个百分点，连续5个月回升（见图3）。制造业投资增长11.8%，同比提高10.5个百分点；占全省投资总额比重为38.1%，同比提高2个百分点。民间投资增长6.1%，高于全省投资增速0.2个百分点，拉动全省投资增长4.7个百分点。

消费品市场平稳运行。社会消费品零售总额为11436.2亿元，累计增长9.5%（见图4）。其中，城镇市场消费品零售额为8748.4亿元，增长9%；乡村市场消费品零售额2687.8亿元，增长11.1%。限额以上企业（单位）消费品零售额2468.6亿元，增长5.7%。

出口由降转增。进出口总值为2598.1亿元，累计增长2%，

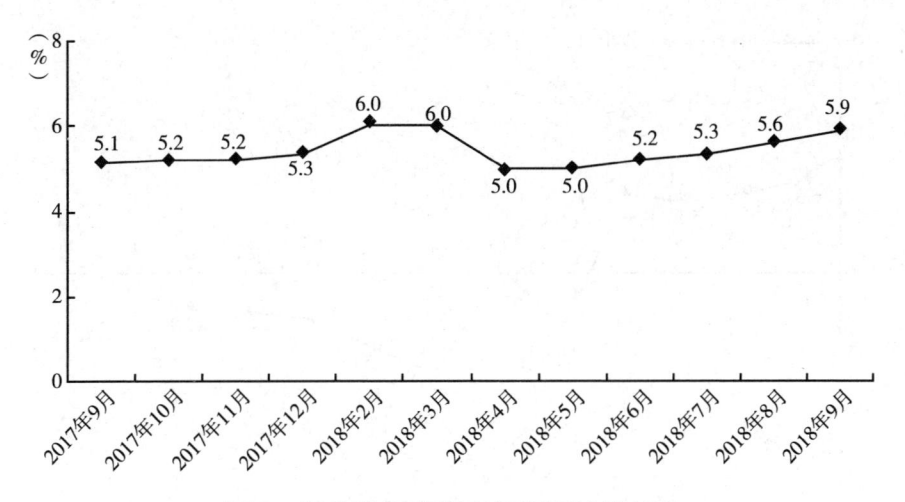

图3 河北省固定资产投资累计增长率

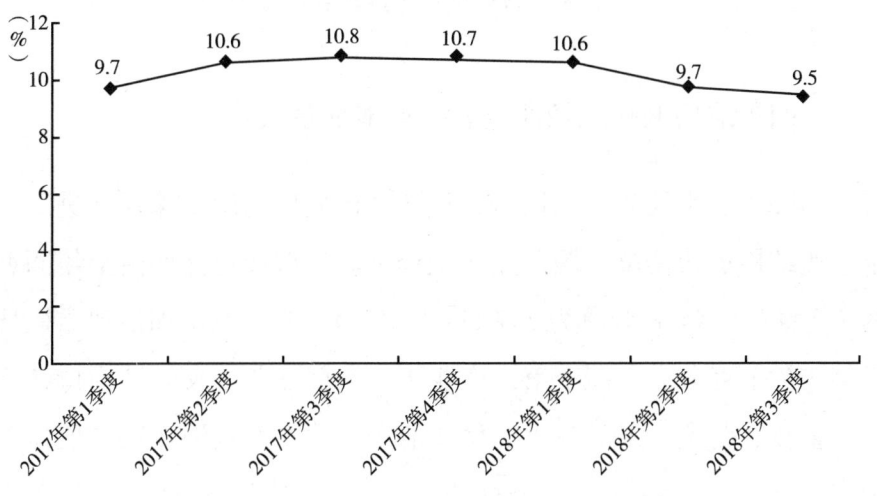

图4 河北省社会消费品零售总额累计增长率

增速比上半年提高1.8个百分点。其中出口总值为1606.3亿元，由上半年负值转为正值，增长0.9%（见图5）；进口总值为991.8亿元，增长4%。实际利用外资77.9亿美元，增长20.4%，增速比上半年提高3.8个百分点。其中，外商直接投资73.3亿美元，增长27.3%。

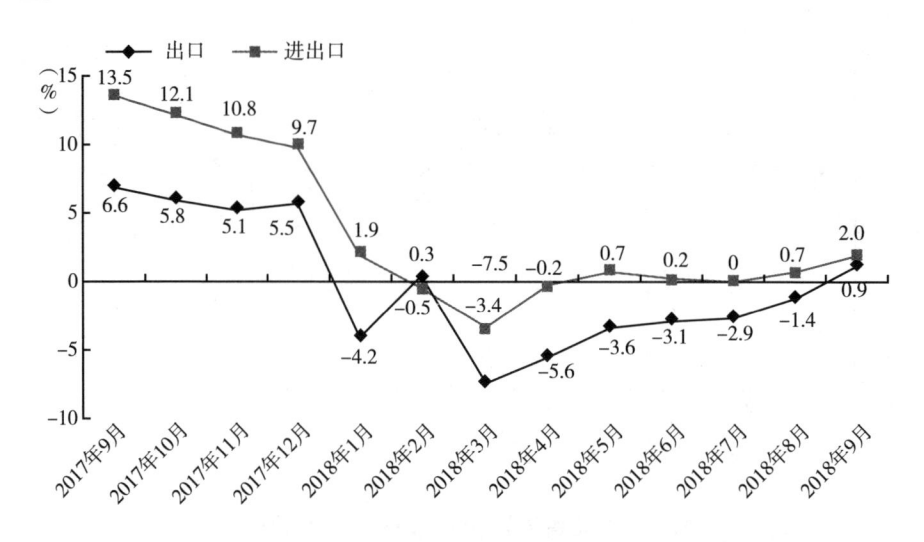

图5 河北省进出口总值累计增长率

（四）结构调整成效明显，新动能加快成长

坚决去、主动调、加快转，经济结构战略性调整深入推进。一是产业结构加快调整，服务业比重提高。三次产业比例由上年同期的7.5∶47.7∶44.8调整为7.7∶44.8∶47.5，服务业增加值比重同比提高2.7个百分点，高于第二产业2.7个百分点。农业结构持续优化，畜牧、蔬菜、果品三大支柱产业产值占农林牧渔业总产值比重为73.6%，同比提高1.4个百分点。工业结构调整优化。装备制造业保持主要支撑，装备制造业增加值同比增长5.4%，比2018年1~8月、上半年分别提高1.2个和2.7个百分点，高于规模以上工业1.7个百分点；贡献率为31.3%，比1~8月份、上半年分别提高2.7个和12.4个百分点，是拉动工业生产增长的主要力量。高耗能行业低位运行，六大高耗能行业增加值同比增长2.5%，比规模以上工业低1.2个百分点。二是投资结构继续优化。高新技术

产业投资增长27.1%，比上半年提高8个百分点，高于全省投资增速21.2个百分点；占全部投资比重为12.1%，同比提高2个百分点。装备制造业投资增长12.1%；占全部投资比重为14.9%，同比提高0.9个百分点。工业技改投资增长12.7%，高于工业投资2.2个百分点；占工业投资比重为59.6%，同比提高1.2个百分点。三是消费结构优化升级。限额以上批发和零售业中，通信器材类商品零售额增长18.7%，同比提高6.7个百分点；家用电器和音响器材类增长11%，提高3.5个百分点；化妆品类增长8.8%，提高2个百分点；中西药品类、石油及制品类和建筑及装潢材料类商品继续保持较快增长，分别增长16.5%、12.7%和10.1%。

新动能加快壮大，新产业加快孕育。战略性新兴产业增加值增长8.8%，高于规模以上工业5.1个百分点。其中，医药制造业增长14.1%，风力发电增长9.3%，集成电路增长16.6%。高新技术产业增加值增长12.1%，比上半年提高2.8个百分点，同比提高2.4个百分点，高于规模以上工业增加值增速8.4个百分点。新业态快速成长，电子商务、网上零售、快递较快发展。快递业务量达11.9亿件，增长47.3%，比全国平均增速高20.5个百分点，增速居全国第3位；快递收入125.1亿元，增长46.3%，比全国平均增速高22.3个百分点，增速居全国第1位。新产品产量增长较快。SUV产量增长33.2%，新能源汽车产量增长3.7倍，动车组产量增长1倍，光缆产量增长11.8%。市场主体快速成长。2018年第三季度末，全省法人单位有123.9万个，增长39.3%，增速连续4个季度保持在30%以上。其中企业法人单位有104.9万个，增长45.5%，增速同比提高1.3个百分点。

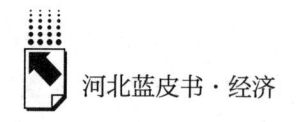

（五）供给侧结构性改革深入推进，"三去一降一补"效果显著

去产能持续推进。生铁产量下降8.8%，粗钢产量下降3.5%，水泥产量下降5.4%，平板玻璃产量下降5.2%。去库存步伐加快。商品房待售面积为916.8万平方米，同比下降26.4%。去杠杆稳步推进。2018年1~8月规模以上工业企业资产负债率为59.1%，比上半年下降0.5个百分点。降成本成效明显。2018年1~8月规模以上工业企业每百元主营业务收入中的成本为86.02元，同比减少1.34元。补短板力度加大。基础设施投资增长7.1%，比上半年提高3.1个百分点。其中教育、卫生、体育、生态保护和环境治理业分别增长55.2%、29.6%、40.0%和34.4%，明显快于固定资产投资增速。

（六）经济效益稳步提升，运行质量继续改善

财政收入较快增长。全省全部财政收入为4573.7亿元，增长10.8%，增速比2018年1~8月提高0.5个百分点。一般公共预算收入为2812亿元，增长7.4%，增速比2018年1~8月提高1.1个百分点。税收收入为2074.1亿元，增长19.3%；占一般公共预算收入比重为73.8%，比上半年提高0.2个百分点，同比提高7.3个百分点。

金融存贷款增速加快。2018年9月末，全省金融机构人民币各项存款余额为65023.9亿元，增长8.3%，增速比8月末提高0.2个百分点；金融机构人民币各项贷款余额为47052亿元，增长11.6%，增速与8月末持平。

企业效益快速增长。2018年1~8月，全省规模以上工业企业

利润总额为1665.6亿元，增长27.1%，2018年4月以来保持30%左右的快速增长。主营业务收入利润率为6.3%，比上半年提高0.1个百分点，同比提高0.9个百分点。

（七）绿色发展成效显著，节能降耗扎实推进

河北省深入贯彻习近平生态文明思想，举全省之力坚决打好污染防治攻坚战，空气质量显著改善。2018年前三季度，全省$PM_{2.5}$平均浓度为51微克/立方米，同比下降20.3%。其中9月平均浓度为31微克/立方米，下降40.4%，为2013年有监测记录以来最好水平，连续两个月达到国家空气质量二级标准。

节能降耗扎实推进，工业能耗持续下降。2018年前三季度，规模以上工业能耗同比下降5.41%，连续18个月保持下降；单位工业增加值能耗同比下降8.78%，对完成全年单位GDP能耗下降4%左右的节能目标起到重要支撑作用。能源结构持续优化。新能源消费快速增长，天然气消费增长47%，生物燃料增长31.8%；新能源发电较快增长，风力发电量增长14.4%，太阳能发电量增长20.4%，生物质发电量增长14%。

（八）民生福祉持续提升，群众获得感不断增强

精准扶贫精准脱贫工作取得成效。深入学习贯彻习近平总书记关于脱贫攻坚工作的重要讲话和重要指示精神，坚持精准施策、多措并举、因地制宜、突出重点，不断加大工作力度，产业扶贫、易地搬迁等工作深入推进，举全省之力坚决打赢精准脱贫攻坚战，25个县（市、区）退出贫困县序列。坚持就业优先战略和积极就业

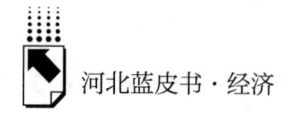

政策，精准出台稳就业措施，2018年前三季度，城镇新增就业77.98万人，完成全年任务的95.1%；失业人员再就业21.39万人，完成全年任务的89.1%；困难人员实现再就业8.97万人，完成全年任务的89.7%。民生投入力度加大。民生支出4280.5亿元，增长11.8%，占一般公共预算支出比重为79.5%。

城乡居民收入继续保持较快增长。全省居民人均可支配收入17233元，增长9.2%，增速比上半年提高0.1个百分点。城镇居民人均可支配收入24152元，增长8%；农村居民人均可支配收入10640元，增长9.1%，增速均比上半年提高0.1个百分点，农村居民收入高于城镇居民1.1个百分点。

二 存在的主要问题

（一）停减产企业依然较多

2018年以来，规模以上工业停减产企业始终在6000家左右，主要集中在金属制品业、非金属矿物制品业、化学原料和化学制品制造业、橡胶和塑料制品业、农副食品加工业、通用设备制造业6个行业，占全部停减产企业的44.2%。停减产企业数量居高不下的主要原因有以下几个方面。一是排放不达标企业治理任务较重。根据摸底，2018年9月约有2000家排放不达标企业进行停限产整顿。其中，黑色金属冶炼和压延加工业、化学原料和化学制品制造业等行业受影响较大。二是化解过剩产能任务依然艰巨。深入推进钢铁、水泥、平板玻璃、焦炭、火电等行业化解过剩产能工作，相关企业受到不同程度影响。三是用电高峰期限电影响。2018年8月，第一、第三产业和居民用电大幅增长，对一些工业企业实行高峰期限电错峰生产，皮革、毛皮、羽毛及其制品和制鞋业受此影响较大。四是部分大企业设备停产检修，对工业生产影响较为明显。

（二）项目支撑作用不足

主要表现为"三降一紧"。一是在建项目计划总投资持续下降。由一季度增长11.9%转为上半年下降1.2%，前三季度继续下降2.6%。二是新开工项目投资下降。新开工项目计划总投资下降28.4%，同比下降27.2个百分点。三是亿元以上大项目下降。亿元以上在建项目同比减少346个，下降5.5%，降幅比2018年1~8月扩大2.8个百分点。其中亿元以上新开工项目同比减少657个，下降20.9%，完成投资下降19.5%。四是资金供应偏紧。到位资金同比增长1.8%，增速比1~8月下降0.4个百分点，低于全省固定资产投资4.1个百分点。其中，新开工项目到位资金同比下降18.1%，资金供应紧张的局面尚未有效缓解。

（三）消费品市场增速持续回落

社会消费品零售总额增速由2018年一季度的10.6%降至上半年的9.7%，前三季度增速进一步降至9.5%，为2018年最低水平。其中限额以上企业（单位）消费品零售额增速由年初两位数降为5.7%。主要原因是汽车销售下滑。受购置税优惠政策退出、市场竞争加剧等因素影响，4月以来汽车类商品零售额持续下降，前三季度下降4%，降幅比1～8月扩大1.9个百分点，同比扩大12.5个百分点。汽车类商品占限额以上消费品零售额比重达36.1%，是左右消费品市场的升降器，汽车市场萎缩对消费品市场下拉作用显著。同时居民消费预期下降，也是消费品市场增速下降的重要因素。全省消费者信心调查结果显示，三季度消费者信心指数为96.4，比二季度下降1.1个百分点；消费者购买意愿指数为91.4，比二季度下降4.7个百分点。

当前，河北省经济供给结构仍然不优，有效投资与消费需求不足，供给方面没有形成新的增长点，投资、消费缺乏有力支撑，面临两难状况。要在扩大优质增量供给的同时，把有效扩大内需摆在更加突出的位置，找准发力点，确保经济平稳健康发展。

三 走势展望及对策建议

展望2019年，河北面临的外部发展环境复杂多变，不确定性因素较多。从国际看，全球经济增速有放缓趋势。2018年10月，国际货币基金组织（IMF）将2018年、2019年全球经济增速预期下调至3.7%，均比4月的预测下调0.2个百分点。全球经济扩张的均衡性下降，贸易紧张局势加剧。从全国看，经济运行总体平稳但稳中有变，国内生产总值逐季回落，主要指标增速均保持近年来的低位，经济下行压力有所加大，但发展韧性和回旋余地较大，经济健康稳定的基本面没有改变，长期稳中向好的态势仍将延续。从省内看，有利因素不断增加。京津冀协同发展深入推进，河北雄安新区规划建设逐步加快，对全省经济发展的带动作用将更加突出；

深化供给侧结构性改革的成果进一步显现，化解过剩产能和新动能培育壮大齐头并进，产业结构向高端化迈进、转型升级步伐加快的趋势更加明显；全面深化改革力度加大，随着简政放权、军民融合、社会保障、创新驱动、城乡统筹、扶贫攻坚、绿色发展等重点领域改革突破，全省经济发展环境不断优化，发展动力将不断增强。

2019年是新中国成立70周年，是决胜全面建成小康社会、实施"十三五"规划的关键一年，应认真贯彻落实河北省委、省政府决策部署，坚持问题导向和目标导向，按照"三六八九"基本思路，以创新、改革、开放、融合、转型为着力点，全力推动全省创新发展、绿色发展、高质量发展。

第一，全力推动国家重大战略深入实施，牢牢把握重大历史机遇。一是全方位推进京津冀协同发展。落实京冀、津冀新一轮合作协议，推动率先突破领域由交通、生态环保、产业向公共服务等领域拓展。二是高起点高标准规划建设雄安新区。按时间节点要求推动规划编制上报，抓紧完善支持新区改革开放配套实施方案，先期启动工程应加快建设，要抓好管控工作，把管控贯穿新区规划建设发展全过程，新区所有项目必须坚持国际一流标准和质量，将雄安新区建设成为贯彻落实习近平新时代中国特色社会主义思想的城市建设典范。三是扎实做好冬奥会筹备。按照"四个办奥"要求扎实做好筹办工作，加快场馆及配套设施项目建设，做好京张高铁等重大基础设施项目的要素保障，积极打造冰雪产业链，加快发展奥运经济，努力交出冬奥筹办和本地发展两张优异答卷。

第二，全力做好提质增效，强化高质量发展支撑。落实好农业供给侧结构性改革、工业转型升级、战略性新兴产业发展、科技创新、电子商务发展、质量强省等一系列三年行动计划和专项方案，开展好"万企转型"行动，深化创新驱动，积极培育创新主体，进一步深化改革开放，扩大外贸进出口规模，加强与世界500强、跨国公司及战略投资者合作，加大招商引资力度，把一批新兴产业培育成主导产业，推动产业迈向中高端，以高水平引资助推高质量发展，以绿色发展理念引领高质量打造，正确处理发展与生态的关系，坚决打好污染防治攻坚战，坚持科学治理精准管控，巩固扩大环境质量改善成果。

第三，全力打好脱贫攻坚战，切实提升民众获得感。加快贫困地区基础设施建设和生活条件改善，盯紧全面建成小康社会目标，补齐资源环境、生态建设、公共服务等短板，全力打赢脱贫攻坚战。多渠道促进居民增收，完善养老、医疗、住房等社会保障体系建设。做好重点群体就业工作，推动农村劳动力转移就业，落实好去产能行业职工就业安置和困难群体就业，守好民生底线。

B.4 河北经济发展：长期走势、基本特征与未来思路[*]

颜廷标 刘鹏[**]

摘 要： 本文通过对改革开放40年来河北省经济总量、产业结构、调控能力、生产效率、人民生活、市场主体、创新能力等方面有关经济指标演进变化的观察，分析了河北省经济发展的趋势、特点、存在的突出矛盾与问题，提出了高质、快速、持续发展是河北省今后发展的必然战略抉择，并提出以加快提升创新能力为突破口，构建新增长点动力体系；创新驱动型现代产业体系和适应高质量发展的营商生态体系，形成引领支撑经济增长、动力强劲而持续的新引擎，从而实现经济高质、快速、持续增长的思路与建议。

关键词： 河北经济 高质量增长 创新发展

经济形势分析与判断，不仅要分析短期表现，还要对经济增长

---

[*] 本报告为河北省软科学智库项目"河北省区域创新体系建设研究"（项目编号：184576145D）的阶段性成果。

[**] 颜廷标，河北省社会科学院创新驱动发展研究中心首席专家，研究员；刘鹏，河北省社会科学院社科信息中心信息系统项目管理师。

进行长期观察。在步入高质量发展阶段后,河北省经济增长面临雄安新区建设发展、2020年冬奥会、"一带一路"建设等诸多机遇,但挑战更加严峻,特别是近两年主要经济指标呈下滑趋势,如何转换经济增长动力、加快产业转型升级,使经济发展步入良性循环,是河北省面临的重大战略问题。本文对改革开放40年来河北省经济走势、特点、存在的突出矛盾与问题进行分析,并提出未来发展的思路与措施。

一 长期走势与主要特点

(一)经济总量

1. 增长趋势

河北内环京津,辖区广阔,是人口、资源、经济大省,具有较大的经济规模和经济体量。改革开放以来,河北省经济持续增长,呈现总体保持稳定发展的态势。1978年河北省生产总值只有183亿元,之后连续跨越新台阶,2005年上升至1万亿元,2010年超过2万亿元,2015年突破3万亿元,至2017年实现全省生产总值35964亿元(见图1)。经济总量占全国GDP比重相对平稳,长期保持在4.3%以上,在全国排名第8位(见图2),2017年占全国比重为4.35%。

2. 突出特点

一是在波动中增长,增速由高低起伏波动趋于平缓。改革开放以来,经济增速经历了三升三降,1990~2015年,河北省生产总值增速保持在全国平均水平之上,2005年增速达到13.4%,随后不断下降,2015年降到6.8%,几乎降了一半,之后趋于稳定,保持在6.5%~7%,与全国GDP增速基本持平。

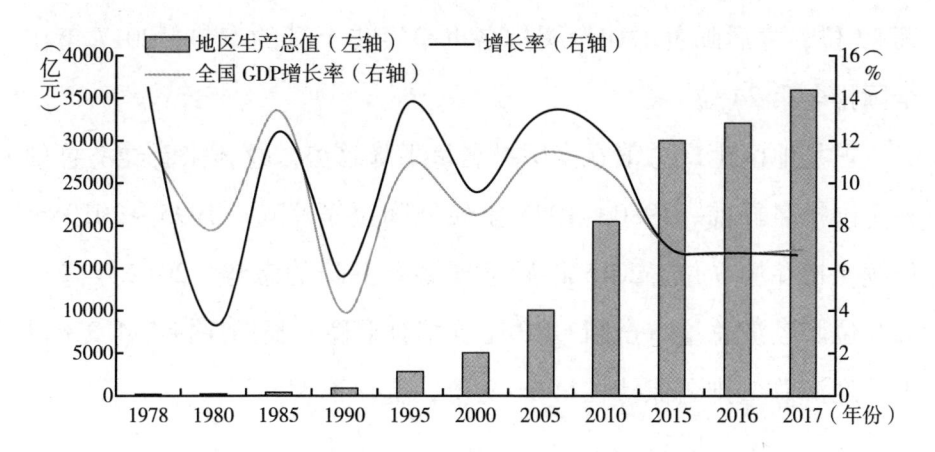

河北经济发展：长期走势、基本特征与未来思路

图1　改革开放以来河北省经济总量及其增长变化情况

资料来源：2017年《中国统计年鉴》；2017年《河北经济年鉴》；《河北省2017年国民经济和社会发展统计公报》。

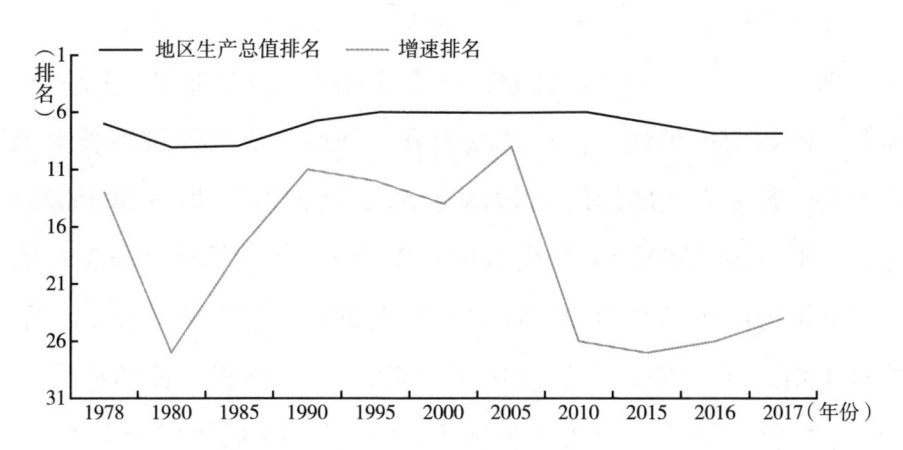

图2　改革开放以来河北省生产总值及其增速在全国排名情况

资料来源：2017年《中国统计年鉴》；2017年《河北经济年鉴》；《河北省2017年国民经济和社会发展统计公报》。

二是地区生产总值增速全国排名急降后趋缓，目前呈缓步上升态势。1990~2005年河北生产总值增速排名维持较高位，之后随着增速的下降，排名也出现急降，从2005年第9位下降至2015年

063

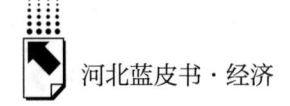

第27位，之后随着增速趋缓排名也呈缓步上升的态势，2017年在全国排名第24位。

三是地区生产总值在全国排名呈下降趋势。总体来看经济总量在全国排名靠前，1980~1985年最低降至第9位，1995~2010年连续保持在第6位，2015年后呈现略有下降的态势，2017年降至第8位。经济总量占全国GDP比重相对平稳，长期保持在4.3%以上，经济总量排名保持在第6~9位，变化不大。

（二）产业结构

1. 演进趋势

改革开放以来，三次产业结构逐步优化，已经完成了"二一三"向"二三一"结构的转变，虽然目前第二产业仍占主要地位，但第三产业增速最快，占比持续上升，已逐步成为经济增长主动力。其中第一产业增加值从1978年52.2亿元增至2017年3507.9亿元，平均每年增长5%，而占比由28.5%持续下降至9.8%；第二产业增加值从1978年92.38亿元增至2017年17416.5亿元，平均每年增长11.2%，占比经历了不断波动的过程，长期稳定在40%~50%；第三产业增加值从1978年38.48亿元增至2017年15039.6亿元，平均每年增长12.3%，2017年占比为41.8%，比1978年（21%）增长近一倍（见图3）。

2. 演进特点

一是按照"一二三→二一三→二三一→三二一"的一般规律演进。河北省三次产业结构由1978年28.5∶50.5∶21.0（二一三）调整至1990年25.43∶43.23∶31.34（二三一），继续调整优化

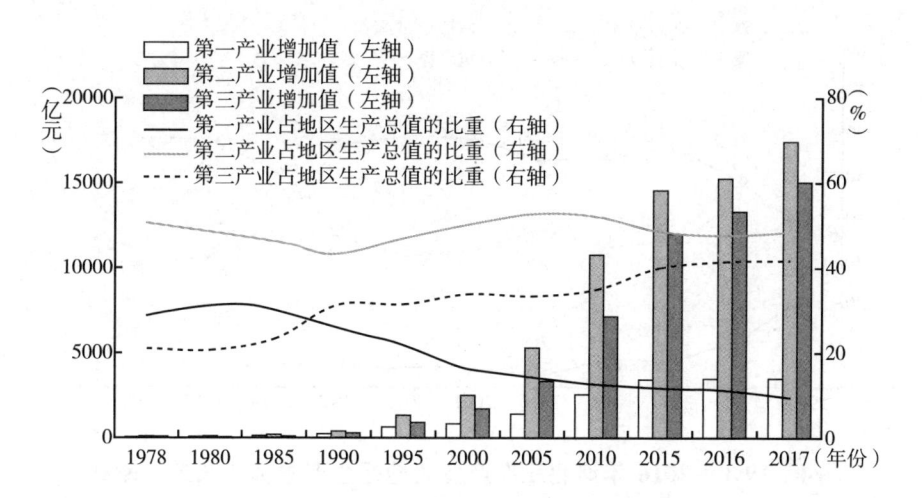

河北经济发展：长期走势、基本特征与未来思路

图3 改革开放以来河北省产业结构演变

资料来源：2017年《河北经济年鉴》；《河北省2017年国民经济和社会发展统计公报》。

为2017年9.8∶48.4∶41.8（二三一），在占比方面虽然未调整至"三二一"结构，但已呈现第一产业比重逐步下降，第三产业比重持续上升的趋势，正逐步向"三二一"迈进。同时通过三次产业对地区生产总值增长的贡献率可以看出，2014年第三产业对地区生产总值增长的贡献率超过第二产业，在三次产业中占据主要地位，在贡献率方面已从"二三一"转变为"三二一"（见图4）。

二是形成以重化工业为主体的产业结构。改革开放以来，工业始终是河北省经济发展的主要动力和增长点，在全省经济中比重长期保持在40%以上。从轻重工业占比来看，1978年轻重工业分别占44.5%和55.5%，随后轻重工业占比逐渐靠近，1990年分别占48.5%和51.5%。在此之后重工业快速发展，占比持续上升，轻

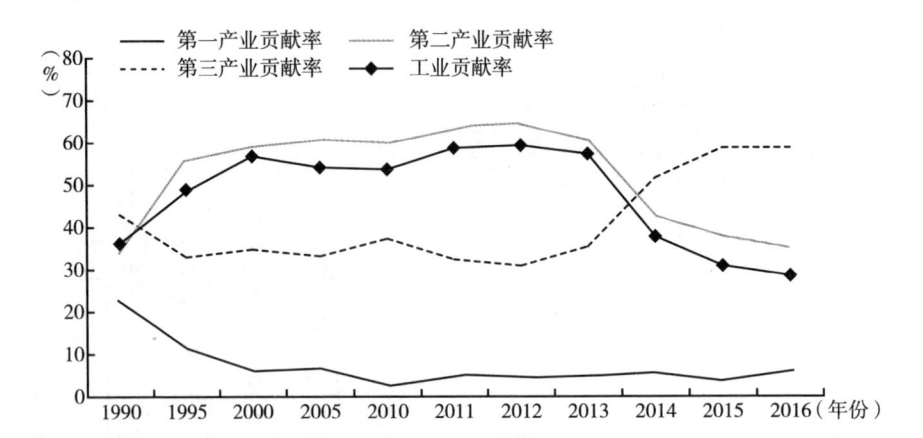

图4 1990~2016年河北三次产业对地区生产总值增长的贡献率

资料来源：1990~2017年《河北经济年鉴》。

工业占比则不断下降，轻重工业差距快速扩大，到2010年重工业占比达到80.1%。2010~2015年，重工业发展受到制约，占比略有下降（见图5）。

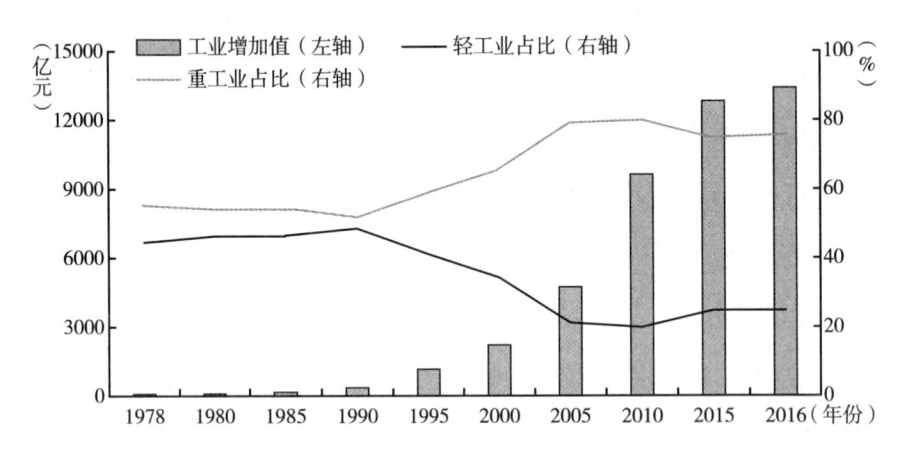

图5 1978~2016年轻重工业结构变化情况

注：2000年后轻重工业结构为规模以上工业。
资料来源：2009年《新河北60年》；1990~2017年《河北经济年鉴》。

三是产业结构调整优化的步伐慢于全国。2017年河北省三次产业结构调整优化为9.8∶48.4∶41.8（二三一），在占比方面仍未调整至"三二一"的结构。而全国三次产业结构在2013年已调整为9.3∶44.0∶46.7（三二一），第三产业占比高于第二产业，到2017年继续优化为7.9∶40.5∶51.6，第三产业已占据主导地位。与全国三次产业结构相比，河北省第一、第二产业比重均高于全国水平，第三产业比重则低于全国水平，虽然差距正在逐步缩小，但产业结构升级调整的步伐略显缓慢。

（三）调控能力

财政收入状况是一个区域调控能力的重要体现，河北省总体上属于调控能力不高的省份。

1. 变动趋势

改革开放以来，河北省地方一般预算收入和人均地方财政收入持续上升，地方一般预算收入从1978年45.1亿元增至1995年120亿元，随后迎来了快速增长期，每五年都得到翻倍增长，2017年达到3233.3亿元（见图6），同期人均地方财政收入由89.18元增至4300元，河北省财政调控能力不断提升。

2. 变动特点

一是地方一般预算收入占地区生产总值比重快速下降后缓步提升，全国排名也随之骤降后回升。河北省地方一般预算收入占地区生产总值比重从1978年的24.64%快速降至1995年的4.21%后缓步提升，近三年保持在8.8%以上。同时，地方一般预算收入占地区生产总值比重在全国排名从第10位下降到

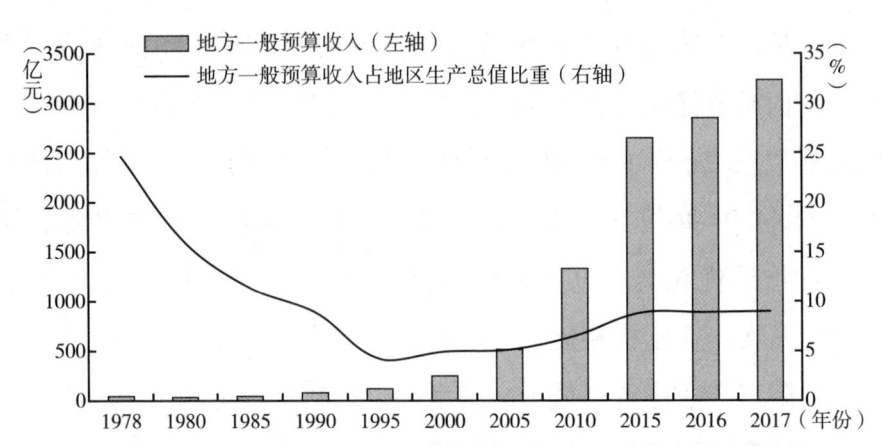

图6 改革开放以来河北地方一般预算收入及其占地区生产总值比重变化情况

资料来源：2010~2017年《河北经济年鉴》；《新中国60年统计资料汇编》；2000~2017年《中国财政年鉴》；国家统计局网站，http：//data.stats.gov.cn/。

2005年第29位，之后缓慢回升，2017年排在第24位，仍然处于相对落后的位置（见图7）。

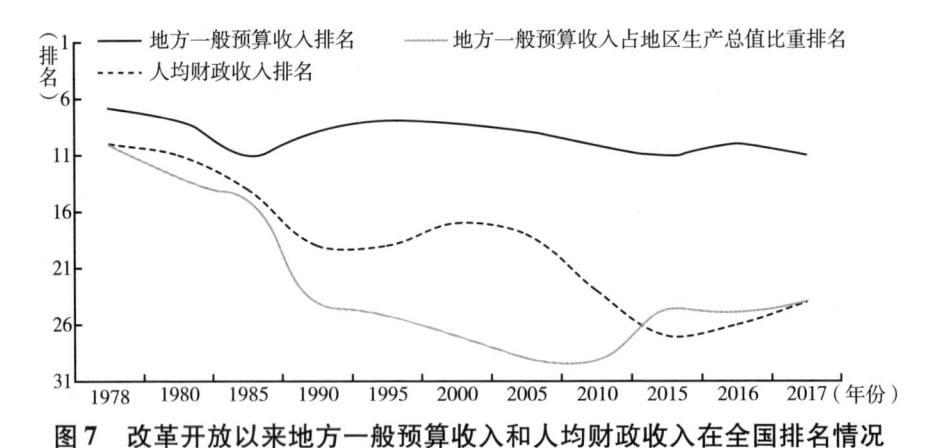

图7 改革开放以来地方一般预算收入和人均财政收入在全国排名情况

资料来源：2010~2017年《河北经济年鉴》；《新中国60年统计资料汇编》；2000~2017年《中国财政年鉴》；国家统计局网站，http：//data.stats.gov.cn/。

二是人均财政收入与全国水平差距不断扩大，排名呈阶梯下降后有所回升。河北人均地方财政收入与全国人均财政收入相比，

2000年之前两者不相上下，差距在150元以内，之后差距开始不断扩大，2016年差距为2482元（见图8）。在全国排名呈阶梯下降的趋势，1978~1990年从第10位持续降至第19位，之后有小幅回升，2000年之后又开始下降，直到2015年降至第27位后才有所回升，2017年排名第24位，仍处于较低水平。

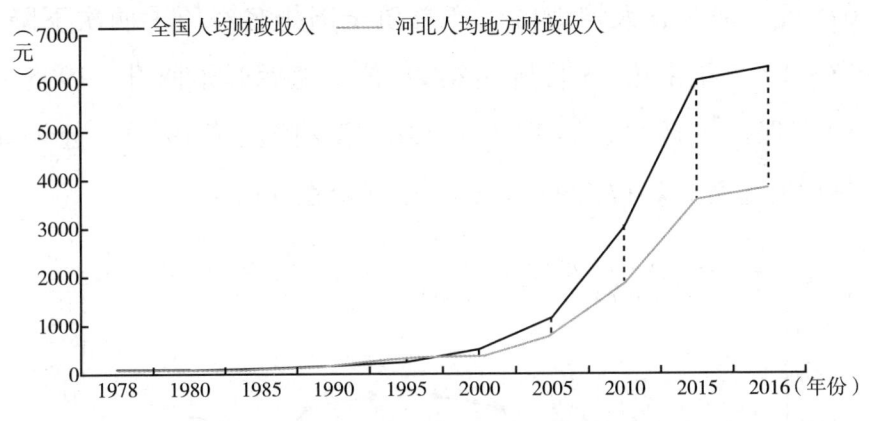

图8 河北省人均地方财政收入与全国比较情况

资料来源：2010~2017年《河北经济年鉴》；《新中国60年统计资料汇编》；2000~2017年《中国财政年鉴》；国家统计局网站，http://data.stats.gov.cn/。

（四）生产效率

1. 变动趋势

生产率是反映发展质量的重要指标，一般可用人均GDP来分析。改革开放以来，河北人均地区生产总值呈不断上升的态势，从1978年364元增至2017年47985元，增长130.8倍，折合成美元，人均地区生产总值达到6917美元，达到中等偏上收入水平。人均地区生产总值增速呈高低起伏形态，近年来由10%以上降至6.0%后趋于平缓。

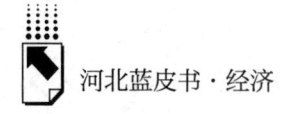

2. 变动特点

河北省人均地区生产总值与地区生产总值变动趋势相关，随着地区生产总值降速，人均地区生产总值增速也下降。与全国水平相比，2010年之前河北人均地区生产总值基本与全国人均GDP保持一致，但在2010年以后差距迅速扩大，差值由2068元增至11675元。河北省人均地区生产总值全国排名经历了两次下降，1978~1985年由第13位降至第20位，随后开始回升，1995~2010年保持在第11、第12位，2015年又降至第19位。近年有缓慢回升态势，2017年排名第18位（见图9）。

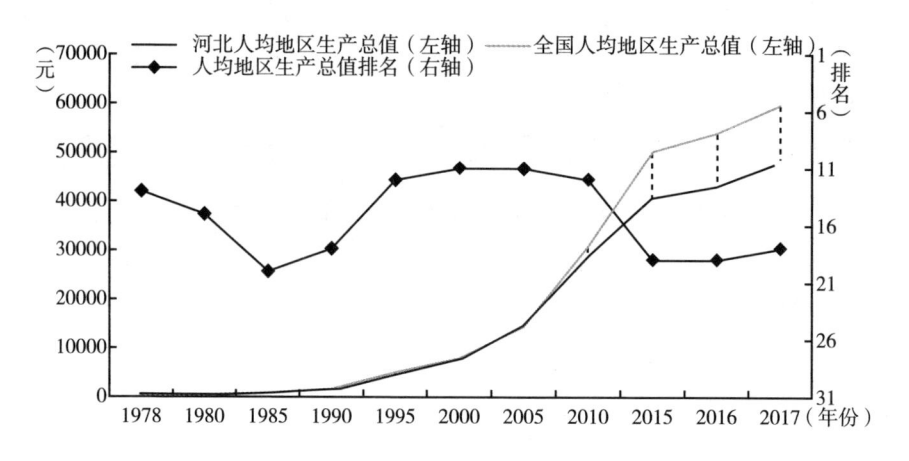

图9 改革开放以来河北人均地区生产总值发展状况

资料来源：2010~2017年《河北经济年鉴》；《新中国60年统计资料汇编》；2000~2017年《中国财政年鉴》；国家统计局网站，http://data.stats.gov.cn/。

（五）人民生活

1. 变动趋势

改革开放以来，河北省城乡居民收入随着经济的高速增长连续提升，城镇居民人均可支配收入从1978年的276元提高到2017年的30548元，增长109.7倍。同期农村居民可支配收入由114元增加到12881元，增长112倍。城乡居民收入逐渐趋于均衡化，居民消费水平持续提升，恩格尔系数不断下降，人民生活水平得到较大提升。河北省城乡居民收入比（反映城乡居民收入均衡程度，差距越小显示均衡程度越高）由1978年的2.42扩大到2010年的2.73，其间经历了起伏的过程，其中1985年为城乡收入差距最低点，收入比为1.64，2010年收入差距达到最大。从2015年起，城乡收入比保持在2.37。2018年上半年城乡居民人均收入比为2.19，比上年同期缩小0.02（见图10）。

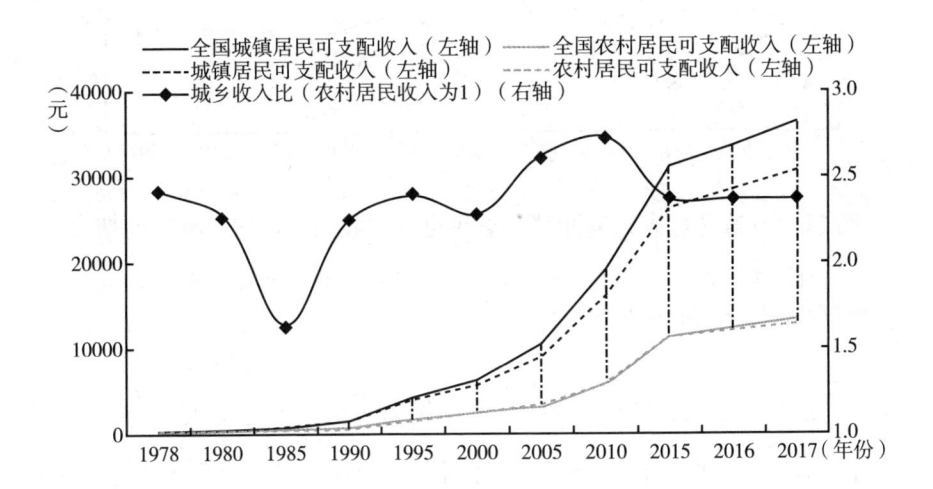

图10 改革开放以来河北城乡居民收入变化及全国水平对比

资料来源：2017年《中国统计年鉴》；2017年《河北经济年鉴》；《河北省2017年国民经济和社会发展统计公报》。

2. 变动特点

一是可支配收入增速减缓趋稳，城乡差距日渐均衡。改革开放以来，随着经济快速增长，河北城乡居民收入增速在1995年达到一个峰值后大幅回落，在2005年小幅回升后呈回落态势，在经济发展增速逐步减慢的同时，人均收入增速也随之下降，2015年开始农村居民收入增速与城镇持平，均保持在8%左右（见图11）。

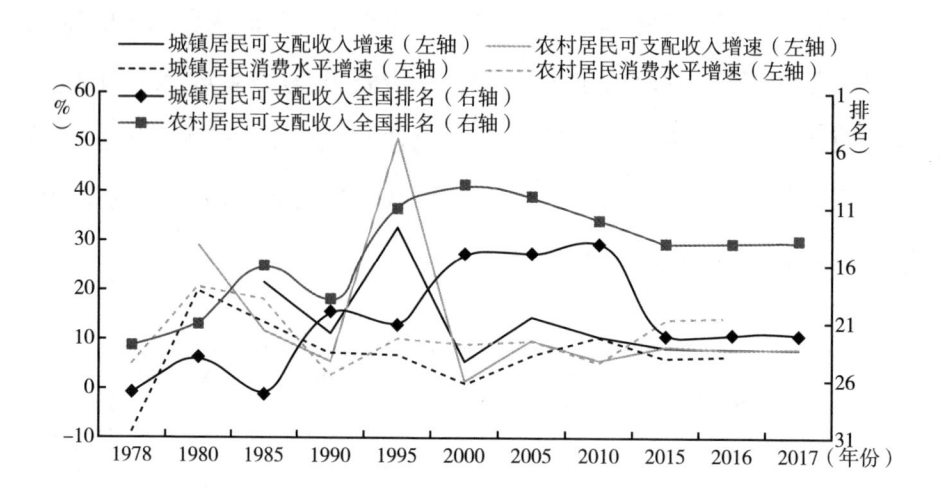

图11 改革开放以来河北城乡居民可支配收入、消费水平变动情况

资料来源：2017年《中国统计年鉴》；2017年《河北经济年鉴》；《河北省2017年国民经济和社会发展统计公报》。

二是居民消费水平不断提升，增速呈波浪式发展，城乡差距有缩小趋势。河北省居民消费水平从1978年的165元增至2016年的14328元，消费水平大幅度提升。城乡居民消费水平增速呈波浪式交替增长，城镇居民消费水平在2000年以后得到快速提升，与农村差距不断扩大。2015年后农村居民消费水平增速提升，城乡之间消费水平差距目前呈缩小态势。从消费结构来看，城乡居民的恩格尔系数整体呈下降趋势，从60%左右降至30%以下，居民生活从温饱线上奔入小康水平,人均消费结构得到较大改善(见图12)。

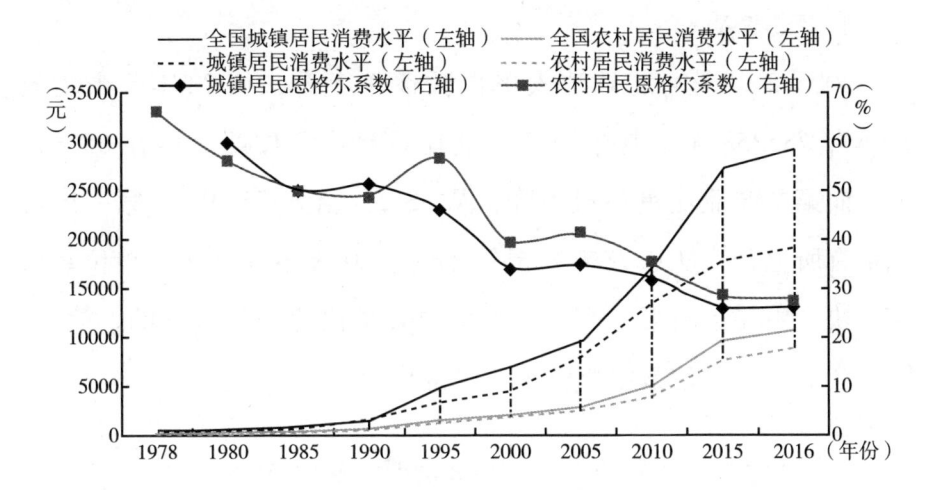

图12 改革开放以来河北城乡居民消费水平变化及全国水平

资料来源:2017年《中国统计年鉴》;2017年《河北经济年鉴》;《河北省2017年国民经济和社会发展统计公报》。

三是长期以来河北居民生活水平低于全国平均水平,且差距呈扩大趋势,其中城镇居民差距更甚。从城乡居民收入与全国水平对比发现,农村居民收入与全国水平差距较小,基本保持一致,而城镇居民收入与之差距较大,并有不断扩大趋势。从全国排名来看,农村居民收入在全国排名近年稳定在第14位,保持中等水平,而城镇居民收入排名靠后,近年都处在第22位,可见河北省城镇居民收入水平低于国内大部分地区。从居民消费水平来看,1990年开始长期低于全国消费水平且差距不断扩大,与农村居民相比,城镇居民消费水平与全国水平差距更大。可以看到河北省城镇发展的不足,因此在关注农村发展的同时,不能忽视城镇的发展。

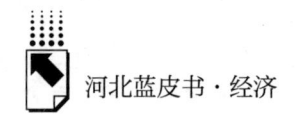

（六）市场主体

1. 变动趋势

2005年以来河北省法人单位数逐年上升，从227105个增至2016年785258个，其中第三产业比重最高，长期保持在65%以上，而第二产业比重略有下降，从33.5%降至25.3%，第一产业比重有所上升，从0.78%升至7.95%。2012年开始法人单位数增速变快，主要是由第三产业法人单位数量快速增长带来的，第一、第二产业法人单位数增幅较小，保持平稳上升态势。

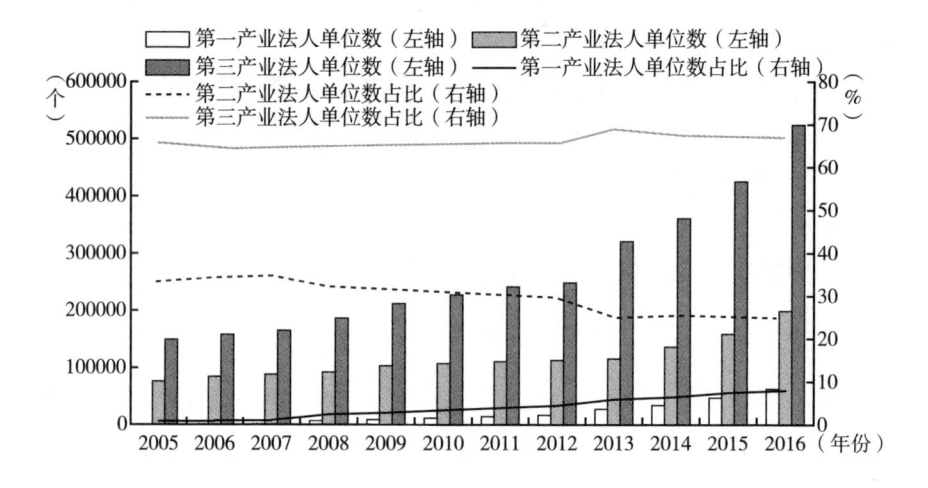

图13　2005~2016年河北省法人单位数量变化

资料来源：2005~2017年《河北经济年鉴》。

2. 变动特点

一是企业法人占主体地位，其中第三产业法人单位数增长最快。法人单位中企业法人占据主体地位，2010年企业法人单位数约占法人总数的68%，2016年上升至78%。2010~2016年，企业法人单位数增长了1.6倍，2012年之后增速有了明显提升。其中第一产业企业法人占比在2010~2015年持续增长后于2016年出现下降。第二产业企业法人单位数在2010~2016年不断上升，然而占比持续下降，从45.6%降至32.4%。其中规模以上工业企业法人单位偏少，2010年仅占13%，到2016年占比下降到7.5%，呈现持续下降的趋势，且规模以上企业法人数量已出现减少。第三产业企业法人单位数在2010~2016年增长2.6倍，增长最快，占比从46%增至64%，在三次产业中占比最高（见图14）。市场主体的变化也反映出河北省产业结构优化调整的进程，第一产业逐渐萎缩，第二产业保持相对稳定，第三产业逐步向好发展。

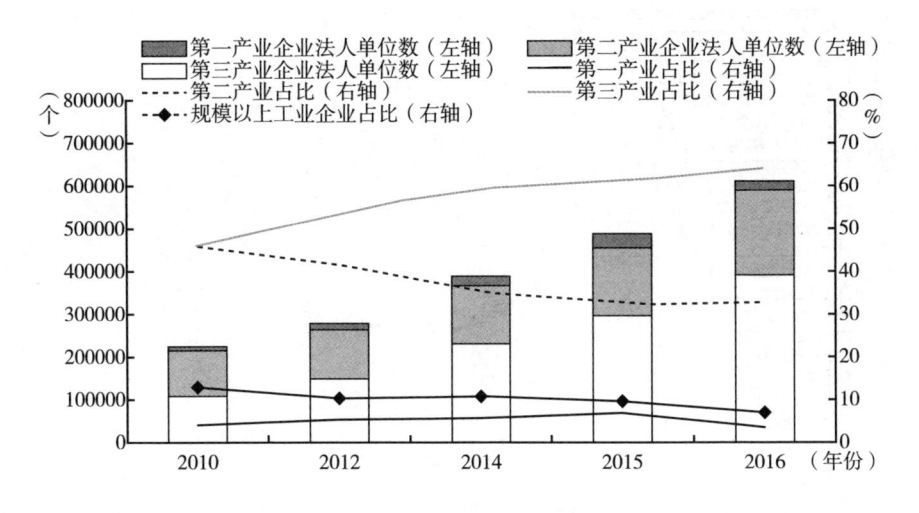

图14 2010年以来河北省三次产业企业法人单位数量变化

资料来源：2010~2017年《中国基本单位统计年鉴》。

二是科技型中小企业和高新技术企业不断壮大，在全国处于中等水平。近几年河北省高新技术企业在数量、年末从业人员和营业收入方面逐年上升、持续向好，行业规模呈持续扩大的态势。截至2018年8月底，河北省已有五批共2181家企业纳入"国家科技型中小企业信息库"，根据其网站数据（持续更新中）可以看出各省份之间科技型中小企业的数量存在很大差距，广东省注册数达到了23779家，紧接着是江苏省、北京和上海，都超过10000家，而河北省注册数为4512家，在全国排名第13位，处于中等水平（见图15）。2016年河北省高新技术企业2061家，在全国排名第13位，但仅占排名第一位的广东省数量的10.6%（见图16），体现了各地区高新技术企业发展之间存在较大差距。

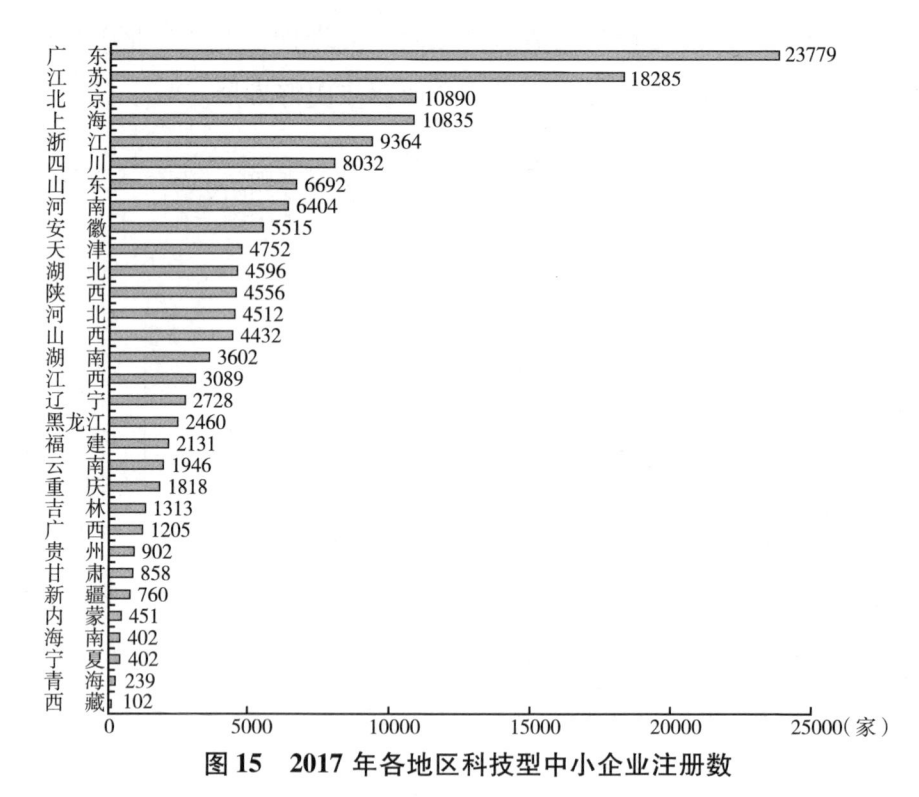

图15 2017年各地区科技型中小企业注册数

资料来源：《国家科技型中小企业信息库》，科技型中小企业服务网，2018年9月10日，http://www.innofund.gov.cn/。

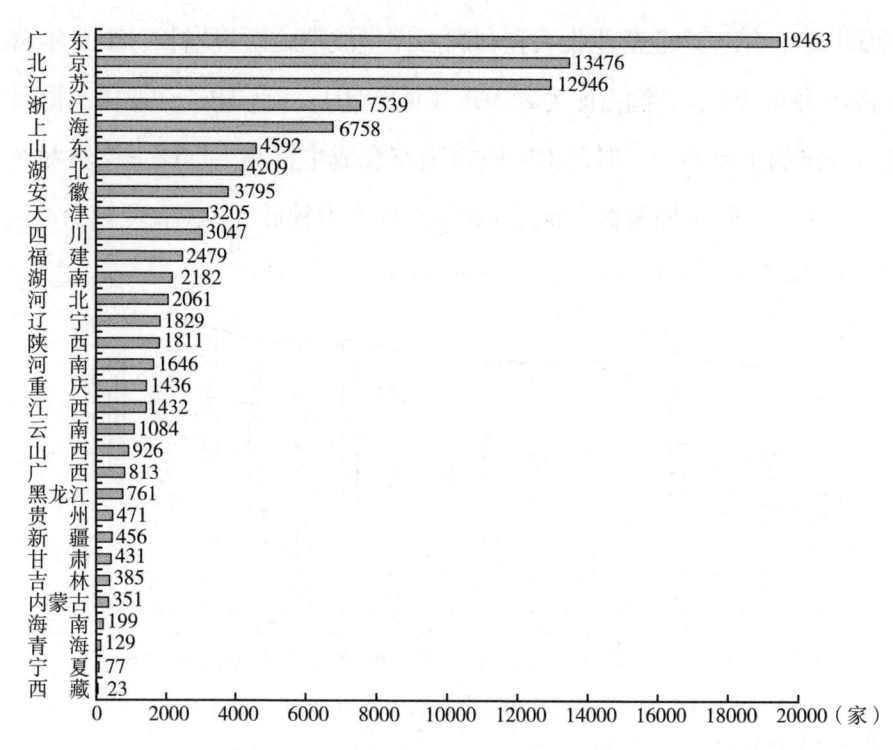

图 16 2016年各地区高新技术企业数量

资料来源：2017年《中国火炬统计年鉴》。

三是中国企业500强中河北入围企业长期以第二产业如钢铁、煤炭行业为主，服务业企业发展尚显不足。根据中国企业联合会、中国企业家协会发布的2002~2017年中国企业500强名单，河北省企业入围数量从2002年15家增至2017年的24家，在全国排名保持在前十位，累计入围314次（见图17）。从行业来看，黑色冶金及压延加工业承包了半数以上，其次是煤炭采掘及采选业占9.87%，建筑业占6.37%，其他行业较为弱势（见图18）。从营业收入和利润来看，钢铁和煤炭行业营业收入持续增长，但煤炭行业营收自2015年后出现下降趋势。钢铁行业利润经过大幅下降后有所回升，煤炭行业甚至已出现负利润

（见图19）。第三产业营业收入和利润占比呈波浪式缓慢增长，2017年营收占比为14.4%，利润占比为26.9%（见图20）。可见第二产业仍占据河北省经济的主要地位，但是由于政策限制和成本提高，钢铁、煤炭发展压力较大，经营更加困难，而目前第三产业实力较低，入围企业较少。

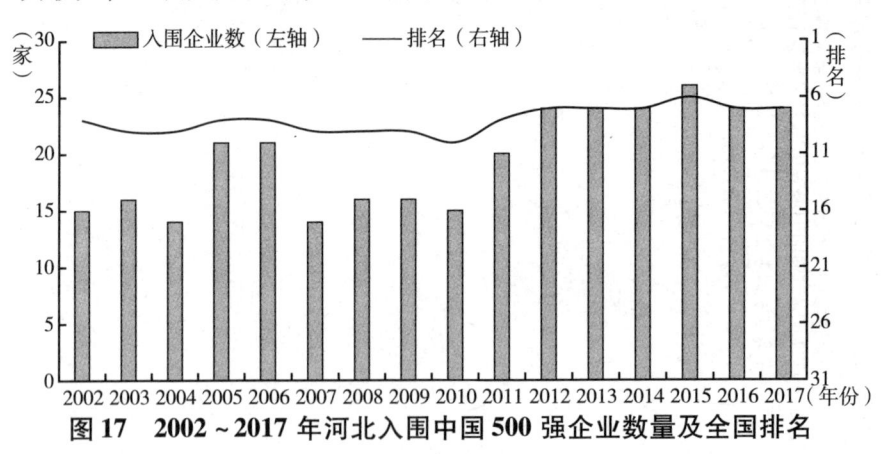

图17 2002~2017年河北入围中国500强企业数量及全国排名

资料来源：2002~2007年《中国企业发展报告》；2008~2017年《中国500强企业发展报告》。

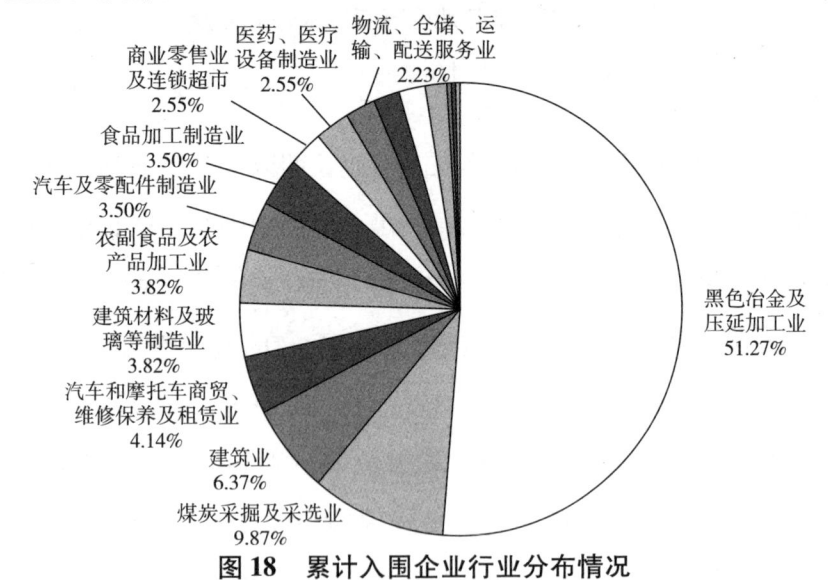

图18 累计入围企业行业分布情况

- 黑色冶金及压延加工业 51.27%
- 煤炭采掘及采选业 9.87%
- 建筑业 6.37%
- 汽车和摩托车商贸、维修保养及租赁业 4.14%
- 建筑材料及玻璃等制造业 3.82%
- 农副食品及农产品加工业 3.82%
- 汽车及零配件制造业 3.50%
- 食品加工制造业 3.50%
- 商业零售业及连锁超市 2.55%
- 医药、医疗设备制造业 2.55%
- 物流、仓储、运输、配送服务业 2.23%

资料来源：2002~2007年《中国企业发展报告》；2008~2017年《中国500强企业发展报告》。

河北经济发展：长期走势、基本特征与未来思路

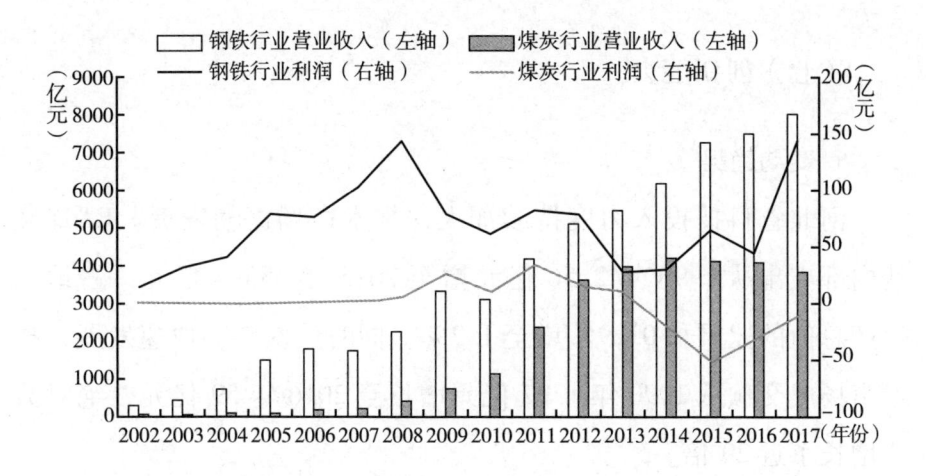

图19 钢铁和煤炭行业营业收入与利润情况

资料来源：2002~2007年《中国企业发展报告》；2008~2017年《中国500强企业发展报告》。

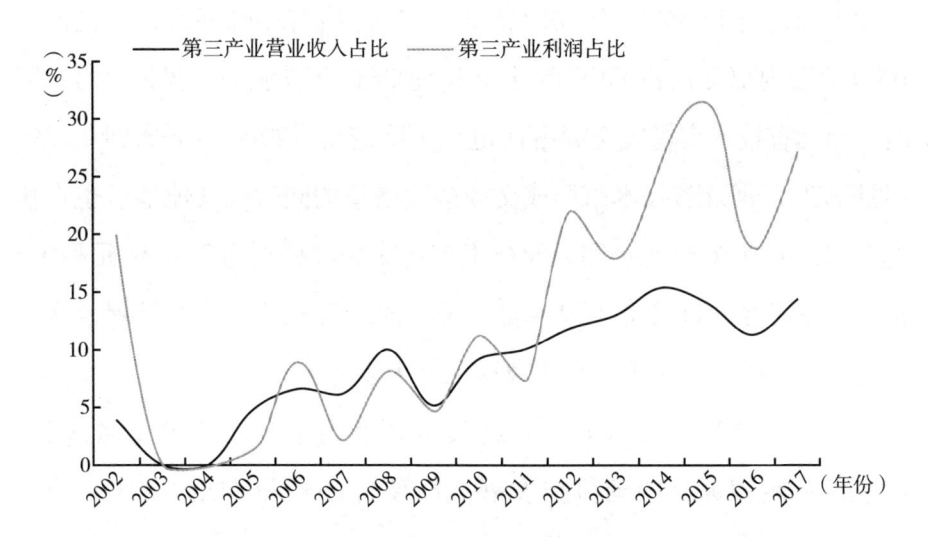

图20 第三产业营业收入与利润占比情况

资料来源：2002~2007年《中国企业发展报告》；2008~2017年《中国500强企业发展报告》。

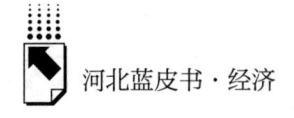

（七）创新能力

1. 变动趋势

河北省科技投入力度持续加大，技术市场蓬勃发展。R&D 经费内部支出从 1990 年 2.56 亿元增至 2016 年 383.4 亿元，占地区生产总值的比重从 0.29% 增至 1.2%。同时技术市场快速发展，技术市场成交额从 1990 年 1.97 亿元增长至 2016 年 59 亿元，绝对数值增长了近 29 倍。

2. 变动特点

一是河北科技投入虽然不断增大，但长期低于全国平均水平。河北 R&D 经费内部支出占全国 R&D 经费内部支出的比重自 1995 年之后持续下降，由 4.55% 降至 2010 的 2.2%，之后有小幅回升，并且河北 R&D 经费内部支出占 GDP 的比重长期低于全国水平（见图 21）。同时，河北省技术市场成交额占比也呈下降态势，2016 年下降到 0.52%（见图 22）。河北省技术市场成交额持续增长的同时，其他地区也在快速发展，如 2016 年北京和天津技术市场成交额分别为 3941 亿元和 553 亿元，是河北的 66.8 倍和 9.4 倍。可见河北省科技投入和发展速度并不能跟上全国发展水平，京津冀地区差距显著。

二是权威机构评价河北省科技创新能力不高，全国排名落后，与京津差距较大。中国科技发展战略研究小组发布的 2001~2017 年《中国区域创新能力评价报告》结果显示，河北创新能力长期处于全国中等偏下水平，2012 年以后排名快速下降，近年保持在第 23 位，综合指标评价值不及北京的一半（见图 23）。科技部发布的 2002~2016 年《全国科技进步统计监测报告》结果显示，

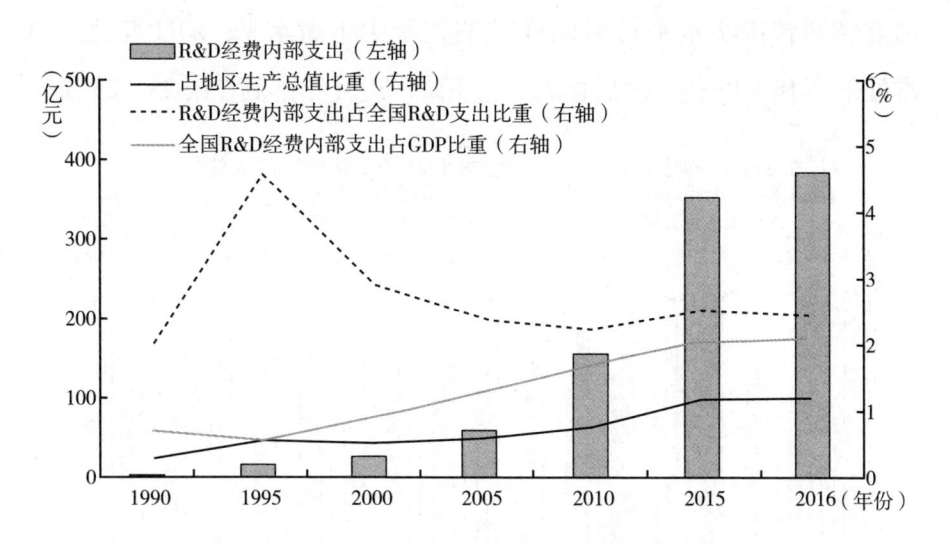

图 21　R&D 经费内部支出及占比变化情况

资料来源：1991~2017 年《中国科技统计年鉴》，2006~2017 年《河北科技年鉴》，1991~2017 年《中国统计年鉴》。

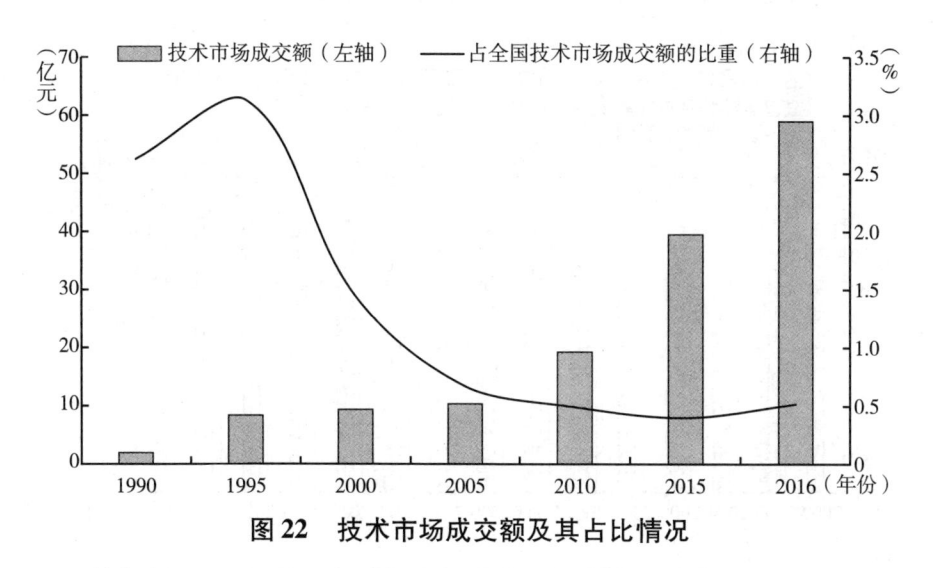

图 22　技术市场成交额及其占比情况

资料来源：1991~2017 年《中国科技统计年鉴》，2006~2017 年《河北科技年鉴》，1991~2017 年《中国统计年鉴》。

河北省科技进步水平排名同样长期处于中下游水平，2011年之前基本处于第18~19位，之后排名快速下降，近几年徘徊在第24~25位。

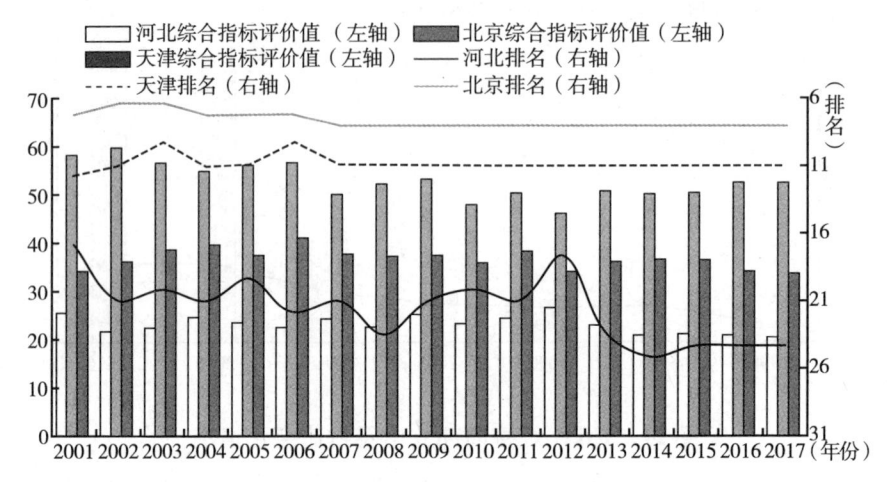

图23 河北创新能力综合指标评价值及排名情况

资料来源：2001~2017年《中国区域创新能力报告》。

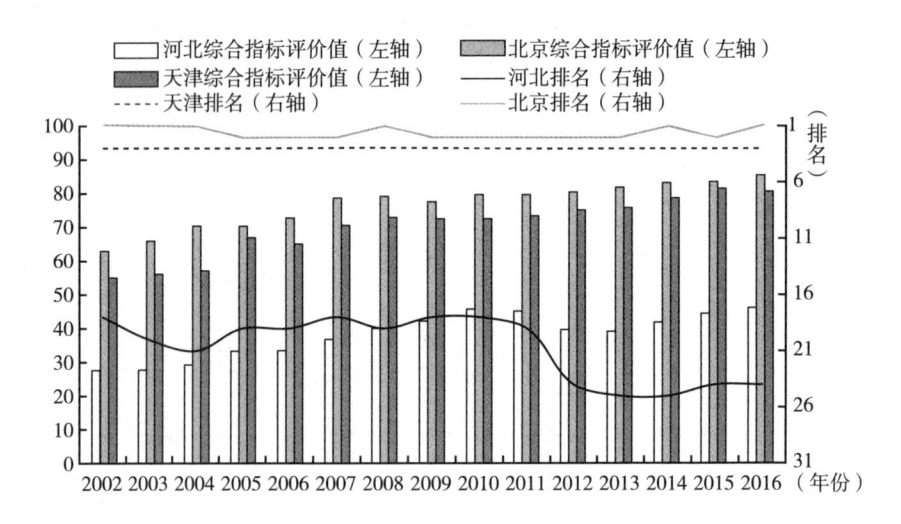

图24 河北科技进步水平指数及排名情况

资料来源：2002~2016年《全国科技进步统计监测报告》；《中国区域科技创新评价报告（2016~2017）》。

相较之下，北京、天津长期保持在前列。虽然京津冀签署了关于协同创新发展的一系列合作协议，但是区域间发展水平悬殊，科技资源存在极大差异，北京、天津的带动作用并不明显，区域内部科技创新资源与创新成果共享程度仍然有待提高。

二 战略选择与面临矛盾

（一）战略选择

从上述分析可以看出，河北省经济还存在主要经济指标在全国排名继续下滑的可能性。更重要的是，继续下滑将带来经济深层矛盾凸显、社会问题增多，也必然使"中等收入陷阱"的一些特征显性化。显然，采取针对性措施遏制主要经济指标下滑趋势，步入高质、快速、持续发展轨道，是河北省的必然战略抉择。

因此，河北省未来经济增长的思路应以加快提升创新能力为突破口，以新思路构建起新增长点动力体系、创新型现代产业体系和适应高质量发展的营商生态体系，形成引领支撑经济增长、动力强劲而持续的新引擎，实现经济高质、快速、持续增长。具体要实现三个增长。

高质增长，即科技进步贡献率成为主要动力，过度依赖投资的状况得以根本扭转，全部产业达到绿色发展标准。

快速增长，即经济增长率努力实现高于全国平均水平1个百分点以上、年均增长率达到7%以上的目标。

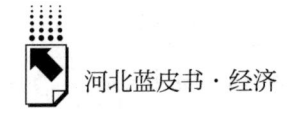

持续增长,即经济增长平稳性强劲,波动性较小,呈现长期持续稳定增长的特征。

(二)制约因素

深入分析现实状况,推进高质量发展、实现未来发展目标,河北省明显存在四个突出矛盾。

其一,实现高质、持续、快速增长,与接续性强的经济增长极、增长点缺乏的矛盾。

雄安新区的特殊性决定了其发展模式是创新驱动发展、高质量发展,不可能也不能够在短期内单纯过度扩张,当然也不能寄希望于雄安新区在短期为河北省提供较多地区生产总值增量份额;张家口冬奥会对基础设施、旅游、商贸服务等有一定的带动作用,但后奥运时间难以形成较大份额的持续动力;其他区域目前的增长极、增长点不明确,也不明显。如何培育形成一批接续性强的增长极、增长点是要解决的重大问题。

其二,实现增长动能转换亟须构建创新型现代产业,与河北省产业整合能力较低、自我优化升级能力弱的矛盾。

现代产业体系是实现高质量发展的主要载体,但目前河北省受到原有产业自我转型升级能力弱的影响,进程缓慢。传统优势产业受到市场需求约束和环境压力制约,处于支柱性地位不断下降、进一步发展方向不明的状态;战略性新兴产业整体规模与水平还较小,与主导产业的地位还有较大差距。河北省原知名的企业、企业集团也呈整体下滑趋势,在中国企业500强中的企业数量持续下降。如何加快转型升级,壮大新兴产业,构建形成创新驱动的现代产业体系是要解决的关键问题。

其三，高质量发展需要以创新为核心动力，与河北省区域创新能力不高、难以支撑引领的矛盾。

达到高质量发展的重要标志是创新成为经济增长的第一动力、核心动力，但河北省区域创新能力整体上处于下降趋势，与河北省产业发展相对应的技术供给明显不足，创新平台不多，创新人才严重不足。如何构建形成与河北省快速发展相适应的创新能力与技术供给，是需要解决的重大现实问题。

其四，经济快速持续增长必然对环境资源带来负面影响，与河北省资源开发与生态环境承载能力已经脆弱的矛盾。

改革开放40年来，河北省经济快速增长主要依赖丰富资源、低成本劳动力和大量投资，形成以能源原材料、重化工业为主的产业结构，带来的另一个效应是对资源的过度开发和环境的恶化。通过近两年的努力，资源环境矛盾有所缓解。目前河北省在经济增长与资源环境矛盾突出的格局下推进高质快速增长，矛盾十分突出。如何在环境友好框架下发展产业以实现河北经济快速持续增长是需要破解的难题。

三　可行思路与政策建议

实现高质快速持续增长，必须将创新作为第一动力，以创新的思维、创新的方法来破解河北省高质量发展中的矛盾与问题，需要全省上下齐心协力，系统谋划与推进。

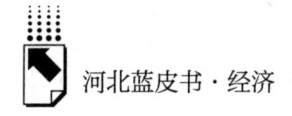

（一）提高以创新破解矛盾与问题的能力，将第一动力变成经济增长引擎

创新是破解河北省突出矛盾的唯一出路，要从思维方式、解决问题思路、重点任务部署、政策导向等方面，突出创新的引领支撑作用。其一，转换思维方式，提高各级领导利用创新来破解问题、推动工作的能力。特别是转变加快产业发展就是建设大厂房、大量投资的观念，为创新创业提供更高的平台、提供全程良好服务。建议通过专题培训、专题研讨的形式，提高相关各级各部门领导创新发展能力。其二，突破提升创新能力的难点，加快形成与经济发展相匹配的创新能力与产业技术供给。重点是聚集关键要素，支持领军人才与团队、产业链条和创新集群中的核心企业等，突破创新发展的瓶颈；强化科技合作与协同创新，在京津冀协同发展、对外科技合作中吸引河北省稀缺的高端创新要素；突出产业技术创新，聚焦传统优势产业升级、新兴产业发展中的关键技术等。其三，积极探索以科技创新为核心全面创新的模式、方法，在政府支持政策中注重全面创新、融通创新，放大技术创新的能量，将技术创新的市场效应充分发挥出来。

（二）以创新发展的理念培育壮大增长极和增长点，形成快速高质增长的动力体系

创新发展具有高质量、持久性等特点，虽然在短期内不会陡升，一旦形成将带来持久动力。河北省要以创新的视角、创新的标准来衡量、谋划、培育新增长极、增长点，形成接续能力强、区域

协同的空间增长动力系统。一是瞄准"一体两翼",建设好雄安创新发展示范区和张家口奥运绿色发展示范区,并充分利用两区创新发展、绿色发展引领、示范作用,带动河北省高质快速发展。二是瞄准沿海巨大增长潜力,以创新发展的标准,深度挖掘沿海地区的优势,在临港经济、精细化工、高端新材料、现代服务业等方面规划建设,形成未来发展的重要增长极。三是瞄准高新区和经开区,重点支持吸纳创新要素、聚集创新型企业,构建创新产业集群和产业生态圈,成为全省各地市创新发展的增长点,在空间上形成全省创新发展、协调发展之势。

(三)传统优势产业、新兴产业和现代服务业共同发力,构建创新驱动型现代产业体系

现代产业体系是现代化经济体系的重要内容,在高质量发展阶段加快构建创新驱动型现代产业体系,是河北省面临的一项紧迫任务。一是顺应技术革命和产业变革趋势,大力发展战略性新兴产业。根据"多点培育—几点优势——点突出"的国内外发展经验,在多个新兴产业培育中形成主导产业优势。特别注意政府支持的重点是新兴产业中的高端环节,而不是中低端环节。二是以混合创新为重点重塑河北省传统产业优势。例如,德国工业虽然技术领先,但也存在大量的非研发型企业,其产值占工业总产值的42%。德国的做法是通过混合创新、现有技术智能化提升,不断增强市场竞争力。河北省也应积极推动传统优势产业的数字化、智能化、网络化,让传统优势产业焕发活力。三是现代服务业是高质量发展阶段的重要动力,潜力巨大,河北省要根据地域性服务业、竞争性服务

业进行分类谋划培育。特别是通过制定行业规范等措施，消除低度均衡现象，将潜在的服务消费释放出来，变成河北省增长的重要增长点。

（四）营造适应高质量发展的营商环境，吸引创新创业要素和企业向河北省聚集

河北省是一个一般发展要素（自然资源、能源、劳动力等）充裕但高端要素（技术、人才、资本等）缺乏的区域，在高质量发展阶段，吸引、聚集起与高质量发展相适应、相匹配的发展要素非常关键。一是研究高端发展要素流动的一般规律，按照需求来分类研究制定相应政策，吸引高端要素到河北。特别要研究互联网经济下新业态、新模式对环境的要求，有针对性地采取措施。二是营造适应高质量发展的营商环境。与粗放发展阶段营造环境的重点不同，高质量发展阶段对高端人才、配套能力、高品质公共服务、创新创业氛围等要求很高。应将营造创新创业环境的重点放在这些方面，采取针对性措施。

参考文献

2018年上半年河北省国民经济形势新闻发布稿。

科技部火炬高技术产业开发中心：《河北省2018年第五批入库科技型中小企业名单公示》。

国家统计局社会科技和文化产业统计司、科学技术部创新发展司：《中国科技统计年鉴》，中国统计出版社，1991~2017。

B.5 加快推进河北省公共资源市场化配置改革对策研究

——以公共资源交易平台为例

河北省委政策研究室

摘　要： 建立统一规范的公共资源交易市场，充分发挥市场优化资源配置的决定性作用，是深化政府放管服改革的重要内容。推进公共资源市场化配置改革，创新政府配置资源方式，持续释放公共资源配置市场化红利，对河北省深化供给侧结构性改革、加快转型升级、深化绿色发展具有重要意义。本文通过借鉴兄弟省份经验做法，就河北省发展壮大平台经济、拓展约束性资源市场化交易、强化平台信息化建设和大数据开发、完善交易规则和制度体系改革等方面，提出了符合河北省区域特色的可行性建议。

关键词： 公共资源　市场化配置改革　平台经济

建立统一规范的公共资源交易市场，充分发挥市场优化资源配置的决定性作用，是深化政府放管服改革的重要内容。推进公共资源市场化配置改革，创新政府配置资源方式，持续释放公共资源配置市场化红利,对河北省深化供给侧结构性改革,加快转型升级、绿色发展具有重要意义。为进一步做好这项工作,近期课题组会同河北省公共资源交易监督办公室在赴贵州、四川、陕西三省考察的基础上,对河北省公共资源市场化配置改革进行了深入研究。河北省公共资源交易平台始终紧扣河北省委、省政府工作部署,坚持改革创新,主动担当作为,服务全省大局,积极为河北省优化公共资源配置、打造良好营商环境、化解过剩产能探索新的路径和模式,工作扎实、成效显著。同时,河北省也应学习借鉴兄弟省市的好做法、好经验,更加扎实推进公共资源配置市场化改革。

一 公共资源交易改革的重要性和必要性

党的十八大以来,党中央、国务院高度重视公共资源交易改革,多次强调要加快建立统一规范的公共资源交易平台,充分发挥市场在资源配置中的决定性作用。以2012年全国公共资源交易市场建设工作推进会为标志,全国各地按照决策权、执行权、监督权既相互制约,又相互协调的原则,完善公共资源交易市场管理体制和监督机制,把公共资源交易操作环节从行业主管和监督部门中剥离出来,逐步实现公共资源由行政配置向市场配置转变,由管理、操作一体化向"管办分离"转变,由分散市场交易向集中市场交易转变。2015年8月,国务院印发《整合建立统一的公共资源交易平台工作方案》,明确提出整合各部门分散设立的工程建设招标投标、土地使用权和矿业权出让、政府采购、国有产权交易等平台,形成规则统一、公开透明、服务高效、监督规范的公共资源交易平台体系。

历史发展的必然性。公共资源交易改革可以追溯到我国改革开放之初。1978年，一大批既符合我国国情，又与国际惯例接轨、契合市场竞争机制的先进管理经验和理念，被引进国内。当时，为解决工程建设中普遍存在的超预算、超工期及质量低下、监管缺位、效率低下问题，我国开始尝试采用招投标制。1980年10月17日，国务院颁布的《关于开展和保护社会主义竞争的暂行规定》指出："对一些适宜于承包的生产建设项目和经营项目，可以试行招标、投标的办法。"以此为标志，工程建设项目、国企技改项目、世界银行、亚洲开发银行援助投资项目等，在建设过程中也纷纷采用招投标制。此后招投标制逐渐成为我国改革开放后在各领域广泛运用的现代采购制度，并在我国经济社会的发展中起到了不可替代的作用。但随着时间的推移，在实践过程中，招投标制所应有的"公开、公平、公正"性，越来越多地被体制机制及人为因素掣肘，出现了条块分割、多头管理、围标串标、规避招标、权力干预、地方保护等问题，从而使其应具备的效力大打折扣。在此背景下，一些地方尝试开展工程建设项目、土地使用权和矿业权出让等公共资源交易市场建设，并取得了一些成绩。但由于市场总体上仍处于发展初期，各地在建设运行和监督管理中暴露出不少突出问题：各类交易市场分散设立、重复建设，市场资源不共享；有些交易市场职能定位不准，运行不规范，公开性和透明度不够，违法干预交易主体自主权；有些交易市场存在乱收费现象，市场主体负担较重；公共资源交易服务、管理和监督职责不清，监管缺位、越位和错位现象不同程度存在等。这些问题严重制约了公共资源交易市场的健康有序发展，加剧了地方保护和市场分割，不利于激发市场活力。2012年6月4日，中央治理工程建设领域突出问题工作领导小组在江西省南昌市召开全国公共资源交易市场建设工作推进会，明确指出建设统一规范的公共资源交易市场，是中央确立的社会主义市场经济体制改革的方向，也是各地在工程治理工作实践中探索出来的有效途径和治本之策。由此，全国范围内公共资源交易改革工作全面启动。

反腐倡廉的利器。公共资源交易是行政审批权力集中、资金资源管理权力集中、各种利益集中和矛盾交织的领域，也是腐败高发易发领域。近年来查办的很多违纪违法案件与领导干部违规插手干预招标投标等公共资源配置活动有关。工程建设领域容易滋生腐败，与投资和建设管理体制不完善有关，加之不规范的招投标行为，很容易导致权力部门化、部门权力个人化，以及"条子工程""人情工程"泛滥。中央纪委历次全会都将建设统一规范的公共资源交易市场列为源头治腐的重要工作内容。2013年3月，李克强总理在国务院第一次廉政工作会议上强调："防止腐败的利器之一是深化改革，特别要加快推进公共资源交易市场化改革，同时，以完善的规则和严格的法律制度，来约束和规范权力运行和政府行为，从源头上减少和治理腐败。"2018年4月，李克强总理在新一届国务院廉政工作会议上再次强调："推动公共资源阳光交易。工程建设项目招投标、政府采购、土地使用权和矿业权出让、国有产权转让等公共资源交易领域，行政权力干预交易、暗箱操作、牟取私利等问题突出。防治这一领域腐败问题，根本在于推进公共资源配置市场化改革，一个有效手段是打造统一规范、公开透明、服务高效、监督到位的交易平台。"河北省委、省政府在进行工作部署时也多次强调，要坚持以"双创双服"为抓手，积极营造有利于全面创新改革的政策环境和制度环境，要聚焦重点领域和关键环节，加强对政府权力运行的制约和监督，严格公共资源交易监管。公共资源交易成为反腐倡廉的前沿闸口和约束权力运行的制度笼子，以及落实"放管服"改革的服务平台。

市场经济的内在要求。习近平总书记在党的十九大报告中强调指出："经济体制改革必须以完善产权制度和要素市场化配置为重点，实现产权有效激励、要素自由流动、价格反应灵活、竞争公平有序、企业优胜劣汰。"当前，我国公共资源配置方式还不完全适应经济社会发展需要，不同部门和行业分散市场的交易，影响了公共资源的配置效率，增加了交易成本；有的地方和部门排斥外地企业竞争、违规设置行业壁垒，形成行业垄断和地区封锁；有的中介机构不能做到独立公正，内通业主、外联投标企业，组织策划围标串标。市场价格扭曲、配置效率较低、公共服务供给不足等问题突出。建立统一规范的公共资源交易市场，有利于打破市场的条块分割，引导各方主体按照市场规则有序竞争，实现各类生产要素自由流动，提高公共资源配置的质量和效率；有利于政企分开、政事分开、政府与市场中介组织分开，减少行政权力对微观经济运行的干预；有利于促进中介服务机构专业化市场化的规范运作，建立起公共资源交易领域公开公平公正、诚实信用的市场秩序，推动社会主义市场经济体制不断完善。

"放管服"的重要载体。公共资源交易改革实际上是政府落实"放管服"改革效果的一面镜子，是检验群众是否满意、改革是否到位的一个重要标准。建立统一规范的公共资源交易市场，进一步简化办事流程，降低交易成本，增强公平性和透明性，构建"一网、一站、一窗"服务，从群众"线下跑"变为信息"网上跑"，提高为市场主体服务的能力和水平，有利于促进各级各部门转变职能，改进作风，提高服务质量和效率，从根本上解决多头管理、同体监督、暗箱操作等突出问题，让企业、群众少跑腿、好办事，为各类市场主体创造公开、公平的发展环境；有利于把政府主要经济管理职能转移到为市场主体服务上来，降低行政成本，提高行政效率和行政效能；有利于激发市场活力和创造力，增强群众满意度和获得感，构建"亲""清"新型政商关系，营造良好的营商环境。

二 河北省公共资源市场化配置现状

建立统一规范的公共资源交易市场，创新公共资源配置管理体制和监督体制，扎紧织密制度的笼子，有利于规范权力运行、加大治本力度，切实从源头上遏制滥用权力、以权谋私和权钱交易等现象，推进惩治和预防腐败体系建设。破除管办不分的利益藩篱，清除交易流程不公开、不透明的暗箱操作，消除权力滥用、权力寻租的违规空间。深化公共资源交易市场化改革，消除体制机制障碍，打破市场壁垒，最大限度实现各类生产要素有序流动、自由竞争，激发市场活力，是公共资源交易领域改革的指导思想和根本目的。河北省公共资源交易监督办公室始终聚焦主责主业，正确把握改革方向，主动作为，积极创新，整合平台资源，强化软硬件基础设施投入，初步建立全省统一规范的公共资源交易平台体系，实现了公共资源交易配置效率和效益双提升。其成效主要体现在两个方面。

（一）公共资源市场化配置发展快、效益好、潜力大

1. 发展势头迅猛强劲，交易平台快速成长

经过五年多的改革实践，覆盖全省的省、市、县三级公共资源交易市场体系基本形成。省本级及13个市全部完成工程建设项目招标投标、土地使用权和矿业权出让、国有产权交易、政府采购、排污权交易等交易平台的实质性整合。95个县级平台单独保留并通过验收，60个平台整合为市级分支机构。高起点高标准服务支持雄安新区建设，第一时间赴新区实地调研，第一时间制定工作方案，成功完成新区"第一标"进场交易。目前，已顺利组织完成12宗新区招投标公开交易，交易额为31亿元，确保新区重大项目顺利开工建设。推进公共资源跨区域合作，牵头组织召开京津冀公共资源交易协同发展研讨会，就加快推进专家共享、信息互联、电子化交易、诚信体系建设达成共识，近期将签署《京津冀公共资源交易区域一体化行动方案》。

2. 交易项目应进必进，市场环境持续优化

全省各级平台将工程建设项目招标投标、土地使用权和矿业权出让、国有产权交易、政府采购、医疗设备采购、排污权交易六大类133项公共资源交易项目纳入统一平台。同时，省级平台大力推进涉诉资产、约束性资源交易、机电产品国际招标、疫苗采购、省直公车拍卖、政府特许经营权、扶贫领域招投标项目等统一进场，在全国范围内统一进场覆盖面最广。市场主体CA证书互认，一地注册，全省通用。通过降低市场准入门槛，减少制度性交易成本，消除地方保护主义，公平竞争、服务高效的市场环境逐步形成。

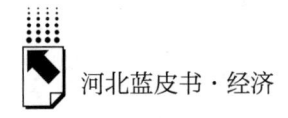

3. 市场主体交易活跃，改革创新走在前列

省级平台注册市场主体93423个，其中河北省企业61721家，外省企业31702家。首创煤炭产能置换指标公开交易，并实现跨省指标捆绑集中转让，为河北省市场化去产能闯出新路，在全国创出多个第一：第一个落地实施煤炭产能置换指标公开交易，第一个建立起煤炭去产能市场化交易长效机制，第一个实现去产能捆绑打包、集中交易，第一个开创用煤权交易市场化竞争模式。拓展排污权市场化交易、探索碳排放权跨区域合作，推进京津冀低碳经济市场化交易取得突破性进展。成功组织石家庄地铁广告位经营权、站内及附属用地商业经营权网络拍卖，成交价为13.23亿元，增值率为308%，创国内单条地铁广告经营权最高成交价。

4. 综合实力稳步提升，平台经济效应凸显

河北省公共资源交易平台功能设施居全国前列，综合信息服务平台终端覆盖所有市县交易平台、行政主管部门和市场主体。2017年，全省完成交易项目43826宗，交易金额为5015.3亿元，为国家节约和增收资金1051亿元；2018年，全省完成公共资源交易项目67509宗，交易金额为6221.45亿元，为国家节约和增收资金1484.47亿元，创公共资源配置效率效益新纪录，河北省公共资源交易平台经济效应初显。

（二）坚持改革引领，在创新公共资源市场化配置新模式、新路径、新机制方面取得新进展

1. 创新了煤炭产能置换指标的公开交易机制

推动市场化、法制化去产能是供给侧结构性改革的主要着力

点。省公共资源交易平台主动服务去产能工作大局，会同省发改委在全国首创"公开挂牌、网络竞价"交易新模式。通过科学界定指标权属主体、确定交易方式、制定交易规则、公开发布交易信息、接受报名咨询、组织交易竞价等，探索建立煤炭产能置换市场化交易长效机制，2017年6月，河北省公共资源交易平台在全国率先举办煤炭产能置换指标挂牌交易网络竞价会，两次交易共完成66处煤矿、1309万吨煤炭退出产能指标市场化交易，获取收益23.7亿元，取得显著的经济效益、环境效益和社会效益，对推动全国市场化去产能具有标杆性影响力和示范引领作用。2018年5月，河北省公共资源交易平台又在全国创新实施打破区域限制、广泛整合资源、实现集中交易的模式，组织河北、安徽、甘肃3省40处煤矿1209.56万吨产能指标捆绑挂牌，来自陕西、内蒙古、黑龙江三省的七家企业购买了全部指标。此举得到国家发改委和各省高度认可，也为下一步整合全国去产能资源实现集中交易积累了宝贵的实践经验。

2. 拓展了约束性资源市场化的配置路径

约束性资源市场化交易能够有效倒逼企业树立环保意识，主动减少排放，加快推进产业结构调整，推动经济转型升级。2017年3月，交易平台与北京环境交易所就共同推进京津冀地区环境资源市场建设和发展，打造低碳经济市场化交易体系签署战略合作协议，在推进碳排放权交易跨区域合作方面取得新的进展。2017年6月，河北省公共资源交易平台完成深能保定西北郊热电排污权交易项目，涉及二氧化硫559.09吨、氮氧化物798.7吨，交易总额为759万元。这是河北省开展的首个跨市的省级排污权交易项目，可关停保定市现有燃煤小锅炉60台,为推进新旧动能转化、加快经济高质量发展提供了市场配置资源的新路径。2018年初,河北省交易平台首次探索开展用煤权跨市域公开交易,迈出了运用市场化手段优化煤炭消费结构的第一步。2018年5月,通过公开竞价转让用煤权指标18万吨,成交价为每万吨263.5万元,溢价率达1217.5%。

3. 营造了全方位监管公开透明的市场环境

河北省公共资源交易平台将公开透明贯穿项目交易各个环节,初步构建起"全方位、电子式、立体化"交易监督体系,确保整个交易过程既公开、公平、公正、透明,又依法依规运作。实行分段式流程化管理运行新机制,从以"业务类型"为主导向以"流程管理"为主线转变,有效遏制了人为干预、暗箱操作等问题的发生。全力推进全流程电子化交易,2018年10月,省级平台政府采购集采项目全部网上运行,极大提高了效率,降低了成本,实现全程动态监管。积极推行电子监管,实现各行业监督部门对公共资源交易项目远程、实时、在线监督。建立市场主体以及第三方参与社会评价机制,加大对交易平台服务管理的社会监督。开通举报电话,依法受理交易投诉和举报,将交易活动置于阳光下进行。

4. 培育了市场主导以信息化支撑的平台经济

河北省在推动公共资源市场化配置改革实践中,注重发挥公共资源交易平台信息公开、流程规范、规则统一、资源共享等主体功能,通过平台的信息优势打开交易空间,促进要素流转,优化存量资源;通过平台网络竞价的公开、公平优势,充分发现价格、形成价格,有效解决了公共资源交易的定价难题;通过平台规范高效的服务优势,提高交易效率,降低交易成本,使公共资源交易平台在扩大交易品种项目、集聚有形无形资源、发现创造市场价值上发挥了重要作用，创造出引人注目的平台经济效应。

三 公共资源市场化配置改革存在的困境与难点

从全国范围看，经过十多年的发展，已初步形成统一规范的公共资源交易市场，实现了公共资源由行政配置向市场配置的转变，由管理、操作一体向管办分离转变，由分散交易向集中交易转变，市场交易信息更加公开透明，市场秩序逐渐规范有序，公共资源配置效率和质量明显提升。但由于我国公共资源配置市场化改革起步较晚，顶层设计和制度供给相对滞后，随着公共资源交易市场化进程不断加深，一些深层次矛盾和问题也开始暴露，如市场化程度不均衡，进场交易范围和深度不一；交易竞争不充分，一些领域尚未形成有效竞争；交易规则和制度体系不健全，标准化建设和规范化运行存有偏差；监管体制不理顺，职能交叉、同体监督问题仍然存在。从河北省的情况来看，主要是存在"六不到位"。

（一）体制机制改革不到位

公共资源交易监督管理体制尚未理顺，"管办分离"的改革目标尚未实现，存在监管职能分散、多头监管和监管缺失问题。在实际运行中"一委一办一中心"管理模式未能有效发挥作用，省本级尚未成立公共资源交易监督管理委员会，无法形成对公共资源交易改革以及招投标、政府采购等交易和交易活动的统一领导。个别地区和部门"管办不分"情况仍存在；个别地区公共资源交易监督管理机构和交易平台对自身职能定位、职责权限把握不够好，对相关法律法规和有关政策界限定位不准，在落实工作方面与上级要求相背离、标准不高，对权利清单把握不准，工作方向跑偏，如有的平台存在行使审批权、收取场地占用费、要求市场主体到中心备案，实行中介超市等违规现象。

（二）项目统一进场交易"应进未进"不到位

河北省制定的《公共资源交易目录》涵盖了六大类133项进场交易项目，但进场交易覆盖面还不够广，个别交易项目仍仅是物理进场，实际操作权还在行业监管部门。从河北省2017年开展的"一问责八清理"专项整治行动中招投标不规范清理工作情况来看，各级公共资源交易平台仍存在大量"应进未进"现象，特别是一些医院、高校和国有企业技改项目，仍在场外交易。

（三）交易过程综合监管不到位

有的地方公共资源交易监管机制建设不完善，在进场交易活动中，对投标人、招标代理机构、评标评审专家等不规范行为监管不力。2017年国家取消了招标代理机构资格认定，转为加强事中事后监管。截至2018年，河北省工程建设项目招投标全部由代理机构组织实施，交易平台只负责提供场所、设施和信息服务，对其场内行为无法采取有效约束。有些代理机构在自行发售招标文件时，存在选择性发售、屏蔽潜在投标人的现象。同时，交易平台对评标评审专家的评审行为和打分结果，也缺乏有效制约手段。

（四）法制建设不到位

随着公共资源交易改革的不断深入，在进一步规范交易行为、加强源头防腐方面，还存在法规制度建设滞后的问题。河北省于2018年初印发《公共资源交易平台服务管理细则》，对规范交易平台运行提出明确要求，将《河北省公共资源交易管理办法（草案）》列为2018年河北省政府立法计划二类项目，但总体来说，公共资源交易法制化、规范化水平，还有待进一步提高。

（五）平台运行规范服务不到位

平台运行规范服务不到位表现在三个方面。例如，部分市县交易中心违规行使招标投标审批、备案、监管、处罚等行政管理职能和增加非必要交易环节；有的违规收取交易场地费和违规收取交易服务费；个别交易平台未在规定时间内退还保证金等。

（六）平台体系建设与运行不到位

由于改革不彻底等诸多客观原因，部分市县平台存在机构、编制、人员、职能等方面的问题，如专业人员数量不足、素质不高，造成管理不顺、运行不畅；个别市级平台机构对所属县级平台机构业务指导不力，督导检查不到位，压力传导不够，导致一些县级平台建设层次偏低，交易活动不规范，服务水平偏低，缺乏高效运行的长效机制。

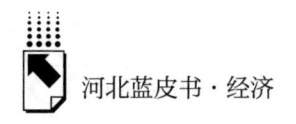

四 进一步完善体制机制，推进河北省公共资源交易更规范、更专业、更高效的措施和建议

随着公共资源交易改革进入新时代，以创新资源配置方式、提升公共资源配置效率和效益为核心的改革方向更加明确，目标更加清晰。在深入分析公共资源交易市场化配置改革的历史沿革，学习比照兄弟省份的好做法的基础上，提出以下建议。

（一）深入谋划河北省平台经济发展战略

河北省公共资源交易平台通过整合资源、拓展交易范围、探索约束性资源市场化交易新机制，使省级平台不断发展壮大，显现出平台经济的蓬勃活力。实践证明，平台的作用不可低估。随着信息网络技术的飞速发展和互联网的普及应用，平台经济因其强大的资源整合能力迅速崛起。据不完全统计，全球最大的100家企业中，有60家企业的大部分收入来自平台类业务。研究发现，平台经济具有极强的创新性、极高的成长性和极大的市场适应性，对推动创新驱动发展和产业转型升级都将起到巨大的作用。拥有什么样的平台，很大程度上决定了一地资源、资本、人才聚集和配置能力，是赢取区域竞争新优势的一个新的制高点。上海、江苏均已出台平台经济发展指导意见，明确了平台经济发展的任务目标、工作重点和政策措施。建议河北省不失时机地抓住平台经济大发展的黄金机遇，研究制定河北省平台经济发展战略和支撑政策。当前应以河北省公共资源交易平台为抓手，通盘考虑京津冀协同发展和雄安新区规划建设需要，按照建设全国现代商贸物流重要基地和产业转型升级试验区的功能定位，围绕商品交易、服务供给、要素支撑等重点方向，积极谋划、打造一批具有重要影响力的平台型交易中心，推动平台经济成为河北省经济转型升级的重要引擎。

（二）继续拓展深化约束性资源市场化交易

通过公共资源交易平台开展约束性资源市场化交易，实质上是发挥市场在资源配置中的决定性作用。应该看到，这种交易不具有垄断性，跨区域交易是必然趋势，市场竞争不可避免。继河北省开展煤炭产能置换指标公开交易之后，上海、江西、宁夏等地也陆续开始筹划组织同类交易活动。建议河北省因势利导，支持河北省公共资源交易平台进一步做优做强，积极开展与国内其他交易市场的合作，深入推进煤耗、水耗、能耗交易试点，建立完善用能权、用水权、排污权、碳排放权等约束性资源交易新机制，打造河北省环境权益交易平台、低碳技术对接平台、绿色融资服务平台、国际交流合作平台，持续释放约束性资源市场化配置红利，为推动河北省转型升级绿色发展发挥更大作用。

（三）强化互联互通信息平台建设和大数据开发应用

公共资源交易平台系统建立在互联网信息技术的基础上，一方面，统一的电子交易平台实时会聚各类交易数据；另一方面，海量的数据信息背后隐含着规律和价值，具有特殊的经济社会管理意义。贵州省2015年建成覆盖全省统一的公共资源交易互联互通服务平台，打通了全省各个交易平台的数据通道，实现了交易大数据的会聚。在此基础上，围绕数据理政、数据监管、数据服务三大主题，从市场主体交易行为、宏观经济趋势预测、交易价格合理性分析等多个维度对公共资源交易活动开展深度分析、预警、监测，为各级党委政府、行政监管部门、市场交易主体和社会公众提供交易大数据服务，实现了"经济形态清晰可见，违规行为无处遁形，公共服务精准有效"的大数据应用价值。河北省应主动对标贵州公共资源交易大数据发展模式，加大力度推进公共资源交易一体化信息平台建设，加快省市县三级平台电子交易系统与服务系统的对接联通，构建起全省公共资源电子化交易平台的完整体系。同时，加大对公共资源交易和公共服务数据的会聚分析研究，使之成为服务经济社会发展和公共事务决策的重要支撑。

（四）进一步完善公共资源交易平台规则和制度体系

河北省公共资源交易平台在组织实施煤炭产能置换指标交易过程中，探索形成一整套市场化指标交易的制度办法和工作程序，创新制定了公开挂牌和网络竞价的方式和规则，对约束性资源指标市场化交易方式和交易价格产生风向标作用。实践证明，公共资源交易平台的发展壮大，不仅在于平台功能设施的完善，更在于对游戏规则的制定，这是掌握行业话语权、培育市场竞争力的关键所在。河北省公共资源交易平台应进一步完善交易规则和制度体系，推进流程化、标准化运行，规范高效地组织交易活动，优化交易服务。省级层面要加强顶层设计，在深入贯彻落实2018年初省政府出台的《河北省公共资源交易平台服务管理细则》基础上，推动地方立法调研前期工作有序开展，积极探索建立"非交易清单"制度和"权责清单"制度，加快构建全省统一的交易规则体系，努力营造公开透明公正的营商环境。

（五）深化"公共资源交易+政务服务"管理体制改革

"互联网+公共资源交易"和"互联网+政务服务"都是深化放管服改革的重要抓手。两个平台体系虽然功能定位不同，但在建设和管理上具有同构性。从资料整理和调研了解的情况看，各地普遍注意整合利用公共资源交易中心现有场地设施资源，建设实体政务大厅和网上政务服务平台，但在管理上尚未形成统一的管理架构，存在过渡性和模糊性。建议河北省借鉴贵州、四川经验，建立健全省级政务服务管理体制和运行机制，进一步加强互联网与政务服务的深度融合，统筹管理公共资源和电子政务，推进政府信息资源整合利用，打破信息孤岛，实现数据共享。利用河北省公共资源交易中心现有硬件设施，建设独立运行的省级政务服务中心和网上办事服务大厅，推进服务事项网上办理，切实提高政务服务质量和实效。在管理体制上，进一步完善"一委一办一中心"组织架构，强化顶层设计，加强工作协调。积极探索公共资源交易与政务服务管理体制改革，落实监管分离要求，整合优化管理职能，理顺管理机制，切实发挥市场在资源配置中的决定性作用，更好发挥政府作用。鉴于上述事项涉及省级公共资源交易和政务服务管理体制改革问题，建议由河北省有关部门牵头组织，就其可行性和具体方案做出进一步论证。

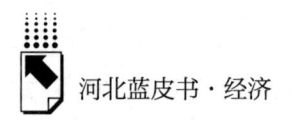

参考文献

中共中央办公厅、国务院办公厅《关于创新政府配置资源方式的指导意见》（中办发〔2018〕75号）。

国务院办公厅《关于推进公共资源交易配置领域政府信息公开的意见》（国办发〔2017〕97号）。

国务院办公厅《关于印发整合建立统一的公共资源交易平台工作方案的通知》（国办发〔2015〕63号）。

易招标、张利江、汤海华：《多地探索"互联网+"公共资源交易市场化模式》，《中国招标》2018年第39期。

王辰：《河北省公共资源交易市场建设现状与对策研究》，硕士学位论文，天津大学，2014。

《河北省公共资源交易市场建设成效显著》，《中国政府采购》2015年第11期。

B.6
全面建设高质量财政
努力为经济强省美丽河北提供坚强支撑

李志平[*]

摘　要： 2018年以来，河北省财政厅聚焦全面建设高质量财政目标，坚持"讲政治、重质量、求绩效、防风险、促提升"，改革创新，攻坚克难，推动各项工作取得新进展。2019年河北省财政改革发展既面临有利条件，也面临不少困难挑战，将坚持习近平新时代中国特色社会主义思想为指导，认真落实中央和河北省委、省政府决策部署，按照"三六八九"基本思路和"稳、进、好、准、度"要求，以全面建设高质量财政、更好地服务全省高质量发展为主线，以"五个聚焦"为着力点，以加强党的建设为保证，奋力开创全省财政改革发展新局面，努力为新时代全面建设经济强省、美丽河北提供更加有力的支撑。

关键词： 高质量财政　财税改革　风险防控

---

[*] 李志平，河北省财政厅办公室秘书科科长。

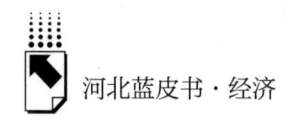

习近平总书记指出，新时代我国经济发展已由高速增长阶段转向高质量发展阶段。推动高质量发展，是当前和今后一个时期确定发展思路、制定经济政策、实施宏观调控的根本要求。2018年以来，河北省财政厅认真学习贯彻习近平新时代中国特色社会主义思想和党的十九大精神，深入落实河北省委、省政府"三六八九"基本思路，牢牢把握"稳、进、好、准、度"要求，聚焦助推全省高质量发展、全面建设高质量财政目标，坚持"讲政治、重质量、求绩效、防风险、促提升"，改革创新，攻坚克难，推动各项工作取得新进展。

一 开拓进取，确保财政运行跃上新台阶

（一）收入质量实现新提高

坚持保任务与提质量同时发力，强化分析预判，坚持每月调度通报，通过各级各部门共同努力，全省一般公共预算收入连续实现高质量"开门红""双过半"，税收占比持续保持在70%以上较高水平。2018年，全省一般公共预算收入累计完成3513.7亿元，同比增长8.7%，其中税收收入占一般公共预算收入的比重为72.7%，同比提高4.7个百分点。一般公共预算支出完成7720.2亿元，同比增长16.7%，其中民生支出占比为80%，各项民生政策得到较好实施。

（二）支持发展取得新成效

坚持主动作为，制定出台促进县域经济高质量发展10条财

政政策，引导支持县级加强财源建设。规范省级产业发展资金使用管理，积极助推全省转型升级。发行政府债券2123.36亿元，其中新增政府债券支持了2800余个公益项目建设。规范PPP项目运作，全省累计有177个项目签约落地，投资额达到3123亿元，落地率为53%；28个示范项目获国家以奖代补资金1.54亿元，项目数量位居全国第三，奖励数额位居全国第五。统筹省以上相关资金500多亿元助力"双创双服"，支持创新创业平台培育，助推保定、石家庄等五市开展大学生科技创新创业试点，对14家省级示范性创业就业众创空间和31家孵化基地给予奖补；开展科研机构绩效拨款改革试点，实施省属高校基本科研业务费制度，大力推动科研领域放管服改革；着力支持20项民心工程实施，各项民生提标政策得到有效落实，职工医保、城乡居民医保异地就医住院费用直接结算实现全覆盖；全面落实减税降费政策，预计全年减轻企业负担400亿元以上，省立涉企行政事业性收费项目实现清零。

（三）争取支持又有新进展

坚持政策、资金、试点一起争，2018年，河北省转移支付2814.6亿元，超过上年总量的304.4亿元，增长12.1%，其中均衡性转移支付531.8亿元，增长14.8%，增幅排全国第三位；新争取国家试点14项，试点期间补助资金合计170多亿元；争取新增政府债务限额1319亿元，增量、增速均为全国第一位。推动财政部提出雄安新区规划建设六个方面23条财税支持政策，明确每年给予财力补助100亿元，并单独安排新区地方政府债务

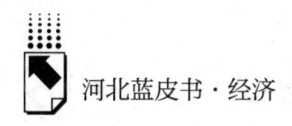

额度300亿元。争取冬奥资金31亿元和50亿元专项债务额度。此外，争取16个县（市）获批国家电子商务进农村综合示范县，组织唐山市成功争取第三批中央财政支持开展居家和社区养老服务改革试点。

（四）财政扶贫再增新举措

以国家考核反馈问题整改为重点，全力打好扶贫资金监管"翻身仗"，落实河北省委"两个确保"要求，对标国家考核口径，加大资金投入力度，安排2018年省级财政专项扶贫资金40.4亿元，较去年实现大幅提升，并指导市县调整优化预算足额给予保障；持续加强监督检查，组织开展扶贫领域设立"小金库"等违反财经纪律问题专项清理，财政扶贫资金拨付、使用和绩效评价"回头看"，组织对全省62个贫困县开展拉网式专项检查，查纠解决了一批突出问题；建立长效监管机制，制定河北省扶贫资金监督管理追责和扶贫项目资金绩效管理实施办法，推动落实资金支付"四方联签联审"、公告公示等制度，构建"横向到边、纵向到底"的扶贫资金动态监控系统，对财政扶贫资金实行全过程监管。

（五）生态治理收获新成果

加大投入力度，省级统筹大气污染防治资金投入89.3亿元，支持打好蓝天保卫战，较2017年增加67.8亿元。大力支持"双代"工程实施，新争取邯郸、邢台、沧州、张家口4市成为冬季清洁取暖试点，目前河北省8个大气污染传输通道城市和张家口市已全部纳入国家试点，三年累计可获中央资金141亿元。着力推进生态修复和污染治理，争取雄安新区成功入围全国第三批山水林田湖草生态保护修复工程试点、邯郸市成为首批20个城市黑臭水体治理示范城市之一，预计两项试点三年将获中央奖补26亿元；推动地下水超采综合治理范围扩大到164个县（市、区）、山水林田湖生态保护修复试点项目完工35个、建立引滦入津上下游横向生态补偿机制。

（六）风险防控有了突破

围绕债务风险，在全国率先开展全口径债务清查统计，初步摸清了全省126家省直部门、11个设区市、168个县（市、区）、3万余家单位债务底数，并组织全省制定隐性债务化解方案，相关做法得到财政部肯定。积极推动政府债务防范化解，省级设立政府举债融资负面清单，各地全部制定政府性债务化解方案；科学分配新增政府债务限额，严控高风险地区新增政府债务；完善债务绩效考核评价机制，将考评结果与新增债券分配挂钩；积极发行置换债券448.7亿元，顺利完成全部存量政府债务置换。围绕运行风险，强化源头防范和过程管控，扎实做好县级"三保"支出预算审核，完善县乡财政预算管理业务操作"两个规程"，开展市县运行风险监控，县级财政运行保持平稳。围绕社保基金风险，全面落实企业养老保险中央调剂金制度，健全绩效考核机制，制定河北省《社会保险基金监督办法》，切实扎紧制度笼子。

（七）资金监管得到新加强

认真落实河北省委"一问责八清理"部署要求，牵头开展全省专项资金、乱收费乱摊派和"小金库"等违反财经纪律问题专项清理"回头看",发现问题2215件,全部进行整改。重点围绕污染防治、科技创新、转型升级等12个方面专项资金开展绩效评价,将评价结果与预算安排、政策调整等挂钩,有力促进了资金规范高效使用。完善财政资金即时分析监控系统,实时掌握各项资金安排、拨付、使用情况,有效防范资金使用和监管风险。推进财政涉农资金整合,2018年整合省以上资金156.2亿元,同比增长13.9%,进一步提高投入的精准度。大力盘活财政存量资金1725.5亿元,比2017年底下降83.6%。

(八)财税改革迈出新步伐

预算管理改革方面,认真开展绩效预算管理改革对标评估,推动基层改革有效落实;同时按照中央改革部署,研究制定河北省《全面实施预算绩效管理的实施意见》,明确改革时间表、路线图。体制改革方面,扎实推进财政事权与支出责任划分改革,基本公共服务领域8类18项事权得到明确,并对外事领域11项、医疗卫生领域10项财政事权进行明确划分;深化省对下财力性转移支付改革,县级财力保障能力与支出责任相匹配的财力性转移支付体系正加快建设。税制改革方面,稳妥推进环保税改革,2018年前三季度累计征收17.2亿元,通过正向激励与反向约束,提升了企业节能减排、转型升级的积极性;个人所得税改革顺利启动,离境退税政策全面实施。资产管理改革方面,推动国有资产管理情况报告制度率先在全国实现市级层面全覆盖,研究制定河北省完善国有金融资本管理的实施意见,省级经营性国有资产集中统一监管实现首批改革企业统一监管。此外,差旅电子凭证网上报销试点顺利通过国家初步验收，试点工作得到韩正、丁薛祥、刘鹤等中央领导批示，2018年底前实现试点省市县三级"全覆盖"；政府财务报告编制试点任务圆满完成；县级财政管理绩效评价、农村综合改革、政府资产报告试点等20多项工作得到财政部表彰。

二 财政经济运行深度分析

当前及2019年财政运行既面临改革开放全面深化，京津冀协同发展、雄安新区规划建设、冬奥会筹办"三件大事"加快推进，全省经济总体平稳、稳中向好、稳中提质，创新驱动、转型升级、结构优化成效显现，特别是全省财政收入质量不断提升、市县运行总体保持平稳等有利条件，也面临不少困难和挑战。一是外部经济环境发生变化，中美贸易摩擦对河北省直接影响虽然有限，但间接影响、延时传导效应不容忽视。二是河北省经济运行下行压力加大，2018年以来工业持续低位运行，全省规模以上工业增加值增速一直在4%徘徊，固定资产投资增速持续低于6%计划目标，直接影响财政收入后续增长。三是减税降费效应逐步放大，2018年执行中密集出台的增值税、企业所得税、个人所得税减税政策将扩展到2019年全年，预计新增减税50亿元，再加上国家2019年还要出台更大规模的减税和更为明显的降费政策，如果按增值税税率降低2个百分点测算，将减少地方收入130亿元左右。四是2018年钢铁业由于产品不断升级、价格保持高位（螺纹钢价格达到每吨4500~4600元），1~10月税收增长72.7%，占税收增量的30.1%，但受固定资产投资不足等因素影响，即使钢铁价格不发生大的波动，企业税收也难以持续大幅增长。五是房地产调控效应继

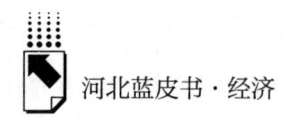

续显现，房地产业对税收的贡献由2017年同期的23.9%下降为22.9%，增长空间依然有限。六是2018年以来规模以上工业停减产企业始终在6000家左右，停减产率在40%以上，随着采暖季到来，企业停限产面有可能进一步扩大，税收增长压力将有所增加。七是由于2018上半年收入月增长较快，尤其是一季度收入月增速分别为14.4%、13.5%和11.1%，均保持在两位数的较高水平，形成高基数，给2019年上半年增收带来较大压力。综合分析，2019年财政收入增速将有所放缓。

三 2019年财政工作思路及展望

未来河北省将坚持以习近平新时代中国特色社会主义思想为指导，认真落实中央和河北省委、省政府决策部署，按照"三六八九"基本思路和"稳、进、好、准、度"要求，以全面建设高质量财政、更好地服务全省高质量发展为主线，以"五个聚焦"为着力点（聚焦财力匹配、保障有力，狠抓财源建设；聚焦配置优化、绩效突出，实施绩效管理；聚焦规范透明、约束硬化，推进依法理财；聚焦权责清晰、体制顺畅，深化财税改革；聚焦基础扎实、运行稳健，防范化解风险），以加强党的建设为保证，奋力开创全省财政改革发展新局面，努力为新时代全面建设经济强省、美丽河北提供更加有力的支撑。2019年重点抓好"六个三"工作。

（一）全力支持三件大事

积极推动协同发展战略实施，完善园区共建及项目合作财税分享机制，研究确定北京大兴国际机场和临空经济区财税利益分享办法，以及廊坊北三县与通州区协同发展财政支持政策，推动协同创新平台建设。全面对接落实财政部支持雄安新区财税方案，研究谋划京企迁入新区税收分享办法，完善省级财政支持措施。用好管好冬奥资金，支持比赛场馆和基础设施建设，探索赛会服务保障机制。

（二）坚决打好三大攻坚战

脱贫攻坚方面，按照"两个确保"要求，持续加大扶贫专项资金投入，推动支持深度贫困县发展财政政策落实；加大涉农资金统筹整合力度，重点支持扶贫、产业结构调整等十个方面，并用好市场化机制，发挥"四两拨千斤"作用。污染防治方面，组织开展好冬季清洁取暖、黑臭水体治理、山水林田湖草生态保护修复等试点示范，并争取中央新的试点政策支持，推动建立京津冀横向生态补偿机制。风险防范方面，组织开展地方政府隐性债务统计监测，建立全省化解台账，坚决遏制隐性债务增量；组织高风险地区落实风险化解规划，积极稳妥化解存量债务。同时，完善市县财政运行监控机制，以及企业养老保险基金绩效考核补助挂钩机制，防范运行风险。

（三）突出保障三个重点

一是保民生。统筹财力支持河北省委、省政府民心工程实施，落实好国家各项民生提标政策。加大教育投入，确保做到两个"只增不减"；探索公共文化体育场馆运营管理创新；研究完善改革和奖励性补贴政策,做好省直基本工资调整工作。二是稳增长。落实促进县域经济高质量发展十条财政政策,激发县域发展内生动力。实施降本减负专项行动,认真落实国家减税降费各项政策,巩固省立涉企行政事业性收费清零成果,全年降低企业负担不少于300亿元。深化政府采购监管和"一网、一门、一次"等财政放管服改革,进一步优化财税环境。三是调结构。调整化解过剩产能奖补政策,用好财政专项资金,推动传统产业加快转型升级;积极落实战略性新兴产业发展、科技创新等三年行动计划,助推创新河北、质量强省建设和军民融合发展,推动新旧动能转换。

(四)全面加强三项管理

一是加强预算编制管理。实施预算绩效管理,加强资金统筹使用,优化支出结构,财力配置重点向民生、"三农"、科技和发展方面倾斜,新增项目围绕落实中央、河北省决策部署安排,坚决取消政策到期项目。精编项目预算,将所有资金全部细化到具体项目,并组织做好机构改革相关部门预算编制工作。二是加强预算执行管理。把收入提质放在更加突出的位置,强化财税部门协调联动,做好收入分析预测、运行监控、调度督导等工作,确保完成收入目标任务,并不断优化收入结构、提高税收占比。完善预算管理信息系统,对绩效目标实现程度和执行进度实行"双监控";健全激励约束机制,强化部门主体责任和市县工作责任,确保财政资金均衡支出;除按规定或确有特殊原因结转外,项目资金当年全部形成支出。三是加强财政资金监管。认真执行专项资金管理制度，突出抓好扶贫资金监督、管理和追责等制度落实；建立健全涉农资金监管、绩效管理和全面审计制度，完善用好财政资金监控系统，实施全流程预算监管；开展重点领域专项资金检查，及时发现问题，严肃问责处理。

（五）扎实推进三项改革

一是深化预算改革。根据中央改革部署，积极构建全方位、全过程、全覆盖的预算绩效管理体系，推进在省市县全面实施。推动财政重点评价覆盖所有专项资金，将评价结果与预算安排和政策调整挂钩。完善出台《河北省预算管理规定》，深入实施中期财政管理，完善跨年度预算平衡机制。二是深化税制改革。落实综合与分类相结合的个人所得税制度改革，做好房地产税、消费税、城镇土地使用税改革准备，逐步培育地方税体系。三是深化体制改革。合理划分省以下财政事权和支出责任，调整收入划分，加大转移支付力度，增强市县政府基本公共服务保障能力。同时，扎实推进国有资产管理、国有金融资本管理、司法体制财物统管等领域改革。

（六）着力抓好三项建设

一是加强思想政治建设。深入实施《加强机关党的政治建设十项规定》，巩固完善严肃党内政治生活"四项机制"，开展思想政治学习"以考促学"活动，把"四个意识""两个维护"坚决落实到财政工作中。二是加强干部队伍建设。实施干部素质提升工程，组织开展"大学习、大培训、大练兵、大交流、大比武"等

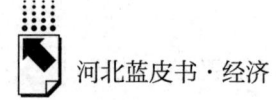

活动，深入推进党风廉政建设和系统作风转变，进一步提升财政干部综合素质和履职能力。三是加强基层基础建设。健全基层财政组织机构，优化工作流程，规范业务操作；完善督办落实机制和基础台账系统，加强信息化建设，提升依法办事能力和财政服务水平，更好支撑高质量财政建设、服务全省高质量发展。

高质量发展篇

High-quality Development Reports

B.7
稳增长　抓改革　促转型　防风险　强监管　努力推动全省国有经济实现高质量发展

——2018年全省国企经济运行情况及2019年工作初步安排

董文艺*

摘　要： 2018年以来，委监管企业在复杂多变环境中保持了稳中趋好发展态势。展望明年，更需理性分析当前经济运行中存在的矛盾，准确把握国有经济运行内外环境，不失时机地落实河北省委、省政府关于推进国企改革发展

---

* 董文艺，河北省国资委信访工作处处长。

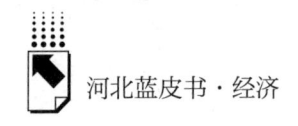

决策部署，进一步探索加大推进供给侧结构性改革、深化国企混改、做强做优做大国有资本的有效途径。本文在重点分析河北省国有经济运行存在主要问题的基础上，提出着力调优产业结构、调精企业组织结构、调优公司治理结构、调新投资结构、调升国资布局区域结构的发展思路与政策举措。

关键词： 稳增长　混改转型　防控风险　加强监管

2018年以来，全省国资委系统坚持稳中求进工作总基调，紧紧围绕做强做优做大国有资本，着力抓好国有经济稳增长、抓改革、促转型、防风险、强监管等持续攻坚，坚持党对国企的领导不动摇、坚持建强国企党组织不放松，大力推进国资国企质量、效率、动力"三大变革"，全面准确把握国资国企改革发展稳定辩证关系，合力推动国有经济实现高质量发展、科学发展，委监管企业在复杂多变环境中保持了稳中有进、稳中向好的发展态势。

一　2018年1~10月全省国企经济运行稳中趋好

全省国企经济运行良好态势集中体现在以下三个方面。一是营业收入同比稳定增长。2018年1~10月，全省国企累计实现营业收入7881.5亿元，同比增长8.1%。二是资产总额、净资产同比稳定增长。截至2018年10月底，全省国企资产总额为31776.8亿元，同比增长8.7%；负债总额为23341.4亿元，同比增长7%；净资产为8435.4亿元，同比增长13.5%。资产负债率为73.5%，同比下降1.1个百分点。三是经济效益同比大幅增长。实现利润232.8亿元，同比大幅增长28.3%。全省国有经济呈现稳中趋好的运行态势。

二 2018年1~10月委监管企业经济运行效益趋优、改革发展稳定监管工作扎实推进

（一）各项指标同步跟进，整体趋好

一是营业收入同比稳增。委监管企业累计实现营业收入6121.2亿元，同比增长5.6%。二是资产总额、净资产同比持续稳升。截至2018年10月底，委监管企业资产总额达到10744.8亿元，同比增长7%；负债总额为7383.6亿元，同比增长5.2%；净资产达到3361.2亿元，同比增长11.2%。资产负债率为68.7%，同比下降1.2个百分点。三是委监管企业实现利润125.8亿元，同比大幅增长33.4%。四是固定资产投资额为159.3亿元，同比下降8.5%。企业出口产品销售收入为181.6亿元，同比下降35.2%。企业进口额262.1亿元，同比增长2.4%。五是企业研究开发费用、新产品产值同比快速上升。委监管企业研究开发费用为58.5亿元，同比增长40%；企业新产品产值182.9亿元，同比增长14%。六是企业用电量为296.5亿千瓦时，同比增长1%。工业用电量291.5亿千瓦时，同比增长0.9%。

（二）国有经济运行稳中趋好的良好态势主要得益于以下工作

一是得益于国企深化改革、推动混改、完善制度，进一步激发了国企活力。通过不失时机地一手抓方案制定、一手抓落地实施，国企改革的整体性、系统性、协同性不断增强，国企活力、竞争力不断释放。先后研究起草了《河北省国资委监管企业开展混合所有制改革工作流程》《河北省国资委监管企业引进合格战略投资者专家评审办法》等混改工作相关配套文件。深化推进十项改革试点，改体制、改机制、改模式，加快试点评估，着力形成可借鉴、可复制经验。总结差异化薪酬分配改革和信息公开试点经验，在监管企业逐步推广。委监管企业"三供一业"分离移交取得积极进展。积极推进国企改革"双百行动"，指导省资产管理公司、唐钢公司等6家企业制定了"双百行动"综合改革实施方案及工作台账。二是得益于大力推进供给侧结构性改革，坚定不移去产能、调结构，进一步优化了国有经济布局。2018年以来，河钢集团压减炼铁产能86万吨；开滦集团、冀中能源集团共退出煤炭产能1075万吨。河钢产业升级及宣钢产能转移项目正按照时间节点计划顺利推进。河钢集团石钢退城搬迁方案已经通过河北省政府审核。引导监管企业持续深化"增品种、提品质、创品牌"，夯实企业高质量发展基础。河钢集团品种钢比例提高到70.3%，增长动能进一步转化、优化。三是得益于大力推进创新驱动，进一步提高企业科技进步效益。目前监管企业建成"一院一室两站两中心"创新平台78个。河钢集团与全球17个著名科研院所建立了协同创新平台，为产业转型升级提供了坚实

稳增长 抓改革 促转型 防风险 强监管 努力推动全省国有经济实现高质量发展

支撑。四是得益于下大力完善监管体制，进一步增强了监管的针对性、有效性。制发了《河北省国资委以管资本为主推进职能转变方案》，取消一批、下放一批、授权一批监管工作职能，加快国资监管机构向资本管理、布局优化、结构调整、资源配置、资本监管等职能转变。制发了《河北省国资委监管企业违规经营投资责任追究实施办法》，确保责任追究到位。五是得益于管党治党责任落实，国企党的领导作用进一步得到加强。指导推动委监管企业所属234户国企将党建工作要求写入公司章程。探索建立企业党建工作考核评价制度，起草了《河北省国资委监管企业基层党建工作考核评价办法（试行）》，确保基层党建工作的实效性。

三 当前国有经济运行中存在的问题与矛盾分析

（一）国有经济运行层面存在的主要问题

一是企业负债成本依然高企，融资难度日益凸显。面对错综复杂的外部市场环境，企业减卸债务包袱的压力不断加大，压降债务杠杆、实施市场化债转股、强化资金集中管控、拓宽融资渠道、活化资本运营、优化债务结构和期限配置、降低资产负债率、保障生产经营资金需要和资金链安全任务依然很重。截至2018年10月底，全省入统国企利息支出同比增长19.1%，高出带息负债增速16.3个百分点。河北省国资委监管企业利息支出同比增长15%，高出带息负债增速10个百分点。企业债券发行

123

难度不断加大，融资利率大幅提高。这对企业进一步扩大股权融资比例、盘活存量资产、推动僵尸企业出清、消灭亏损源、堵塞出血点、确保企业生产经营资金正常需求提出了更加严峻的课题。二是企业持续去杠杆、减负债任务依然艰巨沉重。提高省国资委监管企业负债总额7383.6亿元，同比增长5.2%。财务费用206.04亿元，同比增长10.1%，高于营业收入增幅4.5个百分点；市县属国有企业负债总额同比增长7.3%，企业持续稳妥去杠杆、减负债工作任务仍然艰巨，防范化解金融风险依然任重而道远。三是企业税费负担依然较重，减负合力仍需进一步加大。2018年1~10月，全省入统国企已缴税费同比增长23.6%，超过应交税费增幅4.1个百分点。河北省国资委监管企业已缴税费同比增长25.4%，超过应交税费增幅2.8个百分点，是实现利润的2倍；已缴税费持续大幅攀升事实上侵蚀了企业利润，亟须各部门在推进减税降费政策落地、落实上加大工作力度。四是三项费用升幅较大，存货依然居高不下，资金占用进一步挤占了企业资金运转空间。企业强化全价值链成本费用控制、实现降本增效压力依然较大。2018年1~10月，委监管企业三项费用为503.96亿元，同比增长7.91%，分别高于营业收入、营业成本增速2.3个百分点和3.1个百分点；存货648.7亿元，同比增长2.6%。占企业当期营业收入的比重达10.6%；委监管企业应收账款537.2亿元，同比增长3.3%，占企业当期营业收入的比重达8.8%。存货资金占用和应收账款高企不仅成为企业资金运营成本上升的重要原因，而且带来未来资产减值损失的隐忧。五是固定资产投资呈下降态势。委监管企业完成固定资产投资同比下降了8.5%，投资项目中尚缺少具有重大战略支撑作用的新项目，战略性新兴产业项目储备不足、支撑未来企业高质量发展的动力尚不充分，推进企业创新驱动、转型升级依然缺少有效到位的优质项目载体。六是行业企业间效益极化效应显现。从盈利结构看，委监管企业净利润主要贡献来自建投集团、河钢集团、三友集团、港口集团等四家企业，四家企业实现净利润73.04亿元，占委系统企业实现净利润总额的96.4%。随着时间的推移，这种极化效应更加明显。

（二）国有企业体制机制层面存在的主要问题

一是企业防控风险的任务依然很重。部分企业特别是企业集团所属二三级企业资产负债率还比较高，债务风险仍然比较大。一些企业的投资、金融、资金、法律、环保风险依然较高。钢铁、煤炭、焦炭、医药、电力、化工、建筑等行业面临严峻环保压力挑战。二是有的企业还不具备"坚决去落后产能、主动调结构、加快转方式"的思想和行动自觉。一些企业对生态文明、绿色发展的认识还不到位，仍未摆脱传统发展模式的束缚，企业节能减排、创新驱动任务还很重。三是有的企业得了改革"疲劳症、依赖症"，推动改革的思路窄、办法少；有的对改革的认识还不到位，对深化国企改革的曲解仍不同程度地存在。四是一些企业聚焦主责主业不够，产业结构调整动力不足，做大规模的冲动和意愿比较强烈，高质量发展意识有待进一步提升。五是转型升级、结构调整压力大。国企新兴产业和现代服务业占比较低，尚未形成对国企转型升级的强力支撑，发展高新技术企业、加大投入力度、提高对高新产业投资强度任重道远。一些企业创新发展动力不足，关键核心技术攻关需进一步加强，实现企业可持续、健康发展还缺少坚实到位的核心技术的有力支撑。六是一些企业结构性降杠杆工作推进难度加大，部分企业资产负债率和"两金"规模居高不下。盘活、融通资本仍需要一定量的增量资金投入。七是融资成本提高。在金融去杠杆、强监管背景下，央行实施严格的规模管控，央行贷款利率攀升，加上资本市场企债违约事件频发，推高债券市场成本，导致集团层面融资成本压力加大。八是在大力推进中国特色现代国有企业制度上，还需要加快探索突破。在党的领导融入公司治理上，还不同程度地存在层层递减问题；在突出基层党组织政治功能、提升组织力上，还存在一些不到位的短板和薄弱环节；在严控"四风问题"、违规违纪问题增量上，还需要保持重遏制、强高压、长震慑的力度，进一步完善长效机制。

四 关于2019年工作的初步思路和工作举措

（一）未来国有经济运行面临的内外环境分析

1. 国内形势分析，深化改革是加快企业崛起和振兴的根本推动力

习近平总书记明确指出，国有企业是中国特色社会主义的重要物质基础和政治基础。混合所有制改革是国企改革的重要突破口。积极发展混合所有制经济，是新形势下坚持公有制主体地位，增强国有经济活力、控制力、影响力的一个有效途径和必然选择。全国

稳增长 抓改革 促转型 防风险 强监管 努力推动全省国有经济实现高质量发展

国企改革座谈会上，国务院副总理、国务院国有企业改革领导小组组长刘鹤明确指出，要准确研判国有企业改革发展的国内外环境新变化，从战略高度认识新时代深化国有企业改革的中心地位。要以"伤其十指不如断其一指"的思路，扎实推进国企改革。河北省委、省政府高度重视企业改革工作，决定以混合所有制改革为突破口，全面深化省属国企改革，这既是中央的明确要求，也是发展的迫切需要，对发展壮大国有经济，增强全省经济综合实力具有战略意义。

2. 从国际态势分析，当今世界正面临百年未有的大变局

尽管世界经济面临人口变化、气候变迁、科技发展促动治理能力提升、发展不平衡加剧、全球治理机制亟待完善、民粹思潮和单边主义抬头、部分地区矛盾冲突加剧等一系列严峻挑战，但要看到国际经济总复苏态势趋于明朗，国内企业出口形势明显好转，支持国内经济恢复增长的态势已基本确立。一是中美贸易争端对我国出口的影响总体是局部的，远达不到国际金融危机的量级。预计未来我国出口增速虽有所下降，但不会持续大幅度下滑，也不会陷入负增长。与2010~2016年出口滑坡比较，2018年我国出口形势已经总体转好。

（二）2019年工作总体思路与战略重点

总体思路。2019年是进一步推进思想解放、转变作风、引领企业强管理，控风险、转机制、推改革、调结构、促发展、保稳定、强监管的攻坚之年；是在稳中有变、错综复杂的国内外环境下，更加自觉地贯彻落实习近平新时代中国特色社会主义思想，以"改革开放再出发"的决心和勇气，认真贯彻落实河北省委、省政

府关于推进国企改革发展的一系列决策部署，始终坚持以职工群众为中心的根本立场，更加注重用法治方式和法治思维推进国企改革发展稳定、大力推进供给侧结构性改革、深化国企混合所有制改革、做强做优做大国有资本的落实之年；是进一步扩大开放，积极融入"一带一路"建设，大力实施海外投资、国际化经营战略及深化国际交流合作的关键之年。

战略重点。要以推动国有经济高质量发展为根本落脚点，主动作为、扎实工作，统筹推进国企党建、生产经营、深化混改、创新驱动、转型升级、风险防控、企业稳定等各项重点工作，着力调强产业结构，解决结构偏重痼疾、提升产业核心竞争力；着力调精企业组织结构，解决企业层级衍生多、僵尸企业退出难，推进主体精干、高效运营；着力调优公司治理结构，提高企业制衡管控效能；着力调新投资结构，加大跨领域战略性、牵引性新兴产业重大项目谋划、投资强度力度，激发发展后劲和后发优势；着力调升国资布局区域结构，促进国有资本主动作为、有进有退、双向开放、交互融入；着力防控各类风险，防范风险处置不当、隐患预警不力，努力实现国有经济做强做优做大，为开创新时代经济强省、美丽河北建设新局面做出更大贡献。

（三）工作举措

1. 进一步解放思想，奋起直追抓混改、凝聚推进国企改革强大正能量

发展是第一要务、改革是第一动力。国企改革在整个经济体制改革中处于中心环节。必须下大力推进改革，再难也要深化改革、打破坚冰、解决改革滞后制约的历史性、现实性课题。改革的推进必将触及深层次的社会关系和利益调整，势必带来思想上的碰撞、观念上的交锋，必须下力破除不想改、不愿改、不敢改的思维观念；破除因循守旧、循规蹈矩的安稳思维；破除瞻前顾后、裹足不前的为难思维；破除故步自封的自满思维。自觉联系中国特色社会主义进入新时代的大背景、联系经济发展进入新常态的新变化、联系河北省国有经济改革发展的战略定位，坚决破除不合时宜的思想观念，强化久久为功意识，把实施和推进混合所有制改革同结构调整、转型升级、"腾笼换鸟"、股权转让、加快转型项目落地生效有机地结合起来，加快改革步伐、加大改革力度，营造出、凝聚起进一步解放思想、奋起直追抓混改、推进国企改革发展强大正能量，形成推动国有经济高质量发展的坚实动力。

2. 坚持以人为本、和谐稳定为要，妥善做好企业去产能、改革改组中的职工安置工作

稳定是第一责任。一是要在保持企业稳定的前提下推进国企改革发展，进一步明确广大职工是国有企业价值主体地位这个改革的价值尺度，在国企去产能、改革改组工作中把握好时机、掌握好力度、控制好节奏，积极引导企业通过内部安置、外部分流、转移就业、创新创业、自主择业、培训转岗、内部退养、灵活就业、公益性岗位托底安置、组织专业化队伍劳务输出、分流转岗、劳务派遣等形式分流安置职工，确保职工队伍稳定，为国企改革发展营造良好环境和和谐工作氛围。二是随着国企去产能等改革举措的推进，要稳妥处理好职工安置和相应生活保障，尤其要守住底线、突出重点，保障危困企业低收入群体基本生活，形成良好的舆论氛围和社会预期，确保企业稳定。要未雨绸缪，切实做好连续多年亏损、资

不抵债、停业歇业、连续多年没有投资收益、投资余额为500万元以下投资企业、四级五级六级企业参股投资企业改革改组中的企业风险预警预判工作，切实防患于未然。三是要注重做好改革的评价工作。国企改革发展是否到位、有无成效，要交给广大职工群众予以客观评判。四是认真开展社会稳定风险评估，把国企混改社会稳定风险评估作为开展国企混合所有制改革的前置条件和法定程序，纳入决策程序和工作规则、工作过程，对国企改制的合法性、合理性、可行性、可控性等指标逐一进行合法性、合理性、可行性、可控性评估，从源头上规避、减少、降低、控制和应对重大决策可能引发的社会风险。

3. 突出抓好企业经济运行、督导保障，确保稳增长目标的全面实现

一要强化目标刚性约束，狠抓责任落实。要严格对照目标任务逐一检查，对存在的问题进行全面排查梳理，根据每项指标完成进度情况进行目标再分解、责任再落实、措施再完善。各企业领导班子要深入生产经营第一线，将压力和责任明确到位，强化激励奖惩力度。各企业要密切关注国家宏观经济政策微调走向和市场供求格局的变化，准确把握生产要素市场供求和价格走势情况，适时采取灵活多样的应对之策，创新商业模式、改善营销策略，进一步加大市场开拓力度，着力提高企业经济效益。二要以更强的力度抓好经济运行调度。要采取切实有效措施，对各监管企业主要指标实行周分析、旬调度、月通报，以旬保月、以月保季、以季保年，强化分类调度、跟踪督导。各企业要大力强化集团管控，加强对子分公司经济运行调度，合力破解各类难题。

4. 依法有序科学推进国企混改、健全公司治理机制,全面激活企业内在改革动力、创新活力和可持续发展能力

改革激发活力,停滞必将倒退。一要始终坚持改革的正确方向,提高改革决策的科学性,增强改革措施的协调性,增强改革利益的普惠性,使广大职工群众从改革中受益。在改革中,不仅要解决职工群众最直接、最现实、最关心的利益问题,满足职工群众当下的合理需要和利益诉求,还要深谋远虑、未雨绸缪地思考、谋划职工群众带有根本性、长远的、全局的利益问题,在改革中稳定广大职工群众的心理预期。二要进一步细化实化、修改完善混改方案。推进混合所有制改革政策性、实践性都非常强。要高度重视,立足本企业实际,着眼创新机制、激发活力,进一步解放思想,冲破思想藩篱,打破传统思维惯性和路径依赖,积极学习、大胆借鉴先进省市和央企混合所有制改革的成功经验和先进做法,以开放性的思维和举措,一企一策细化完善混改方案,切实提高实施方案的质量、增强方案的可行性和可操作性。三要坚持实事求是、一企一策,在坚持透明化、规范化操作的前提下,积极探索混合所有制的多种有效实现形式。首先,推进有条件的企业整体上市和核心业务资产上市,对主业突出、行业优势明显的竞争类企业,推进整体上市;对业务多元的竞争类企业、功能类和公共服务类企业中优质的竞争性业务资产,发挥国有控股上市公司资源整合优势,提高资产证券化水平。其次,在科学考量自身竞争优势的基础上,积极推进国企引入民营资本参与改革改制,实现各种所有制资本相互促进、共同发展,进一步增强企业核心竞争力。最后,坚持试点引领,积极探索建立员工持股等长效激励机制。坚持分层推进,统筹考虑企业领导人员、销售、技术、管理骨干及职工的利益，国有企业经理层试点职业经理人薪酬制度改革，核心技术骨干和管理团队实施股票期权、分红激励，企业职工建立健全收入正常增长等机制。坚持分类指导，完善市场化、差异化、长效化薪酬分配机制，整体上市企业实施经营者、技术管理骨干股权激励；智力资本密集型企业采取科技成果收益分成等激励方式；劳动技术密集型企业加大员工持股力度；国有创投企业建立健全跟投机制，积极探索依法有序、科学推进国企混改、健全公司治理机制、助推国有改革发展的多种有效实现形式。

5. 不失时机地推进创新驱动、结构调整，加快国企转型升级进程

结构决定质量、制约效益、影响长远，调整优化国有经济布局结构和转型升级，是提升国有经济整体功能和效率的迫切需要，也是提高国有经济控制力、影响力、带动力，在高质量发展中更好发挥作用的内在要求。一要明确责任、统筹推进，切实加快钢铁企业退城搬迁和港口资源整合、转型升级的进程。钢铁企业的退城搬迁改造和港口资源整合、转型升级是河北省委、省政府做出的重大战略决策部署，既是促进大型企业集团拓展做强做大空间的需要，也是从根本上改善环境质量的要求。要把思想和行动统一到河北省委、省政府的决策部署上来，切实把搬迁的过程变成转型升级、高质量发展的过程，通过搬迁改造实现布局优化、结构调整、核心竞争力提升，钢铁企业的搬迁改造资金务必要确保部分有效投资投入到战略性新兴产业。要严格按照既定的时间节点，倒排工期，挂图作战，做到科学论证可靠充分、时间节点脉络清晰、工作节奏部署明确、系统运筹协调到位。二要强化领导、精心组织。以企业搬迁改造、企业战略整合为契机，加快推进委监管企业转型升级和高质

量发展。力争通过三年的努力，到 2020 年底，委监管企业结构偏重、商业模式陈旧落后的问题得到明显改善。

6. 切实筑牢防范重大风险堤坝，防范风险叠加释放，推动风险化解于未萌

有效防范和化解重大风险，是监管企业实现高质量发展的前提和基础，必须坚持问题导向，强化底线思维，多措并举加强风险管理体系建设，积极处置、严格防控融投风险、债务风险、经营风险、安全生产风险及职工稳定风险等。认真按照河北省委、省政府的要求，用改革的思路、发展的理念、创新的办法制定周密的防范预案，千方百计化解不稳定因素，特别是要警惕多种因素叠加共振产生的风险隐患，加强研判、完善预案，真正做到未雨绸缪、防患于未然。一要以开放的思维依法合规处置已发生的各类风险。要加快调整、充实、优化各类风险处置领导小组办公室的机构设置和职能，充分发挥省领导小组办公室在风险处置中的职能作用。要进一步砸实各类风险处置化解过程中的企业主体责任、当地政府的属地责任和省国资委的管理责任等"三个责任"。强化调度、加强督导，形成责任层层传递的有效链条，确保更多项目尽快进入风险化解通道。要进一步做好风险排查和稳定工作，特别是要突出做好敏感债权人的维稳工作，进一步健全完善对接沟通机制，最大限度取得债权人的理解和支持，确保社会稳定。要用法治的思维、法治的理念和法治的手段，积极学习借鉴外省市处置、化解金融风险的成功经验和做法，依法合规、积极稳妥打好各类风险处置化解攻坚战，确保风险不扩散、不深化、不蔓延。二要健全完善内控机制，全面防控企业各类风险。要严控债务风险，要切实强化监管企业负

债规模和资产负债率的双重管控，加强债券特别是短融、超短融债券风险排查，严防投融资期限错配，坚决杜绝非法、高息、违规融通资金。要高度重视资金链安全，进一步加强集团资金统一管理和调配使用，积极做好应对困难局面的准备，确保企业稳健经营、风险预警到位及时。要严控经营风险，严格落实《河北省国资委监管企业投资经营"十个严禁"》《河北省国资委监管企业投资监督管理办法（试行）》，严控企业经营、投资风险。要严控安全生产风险。严格落实《河北省党政领导干部安全生产责任制实施细则》，认真履行安全生产职责，持续深入开展安全生产事故隐患大排查大整治攻坚行动，切实强化风险防控，确保各监管企业安全生产形势总体平稳、稳中向好，确保教委属各学校教职员工和广大学生人身安全。要扎实维护好职工稳定。强化责任追究，严格落实信访维稳"党政同责、一岗双责"职责，妥善处置好部分企业欠薪欠保、搬迁改造、去产能过程中的职工安置和稳定工作。

7. 旗帜鲜明讲政治、理直气壮抓党建，把切实加强国企党建和党风廉政建设同企业生产经营深度融合

坚决贯彻落实习近平总书记关于加强国有企业党的领导、党的建设一系列重要论述，始终坚持以政治建设为统领，充分发挥企业党委领导作用，把方向、管大局、保落实。各监管企业、委属各事业单位党组织切实担负起政治责任，要敢于担当、真抓实干，始终做到自觉践行"四个意识"，认真落实"两个维护"，增强"四个自信"，把忠诚核心、拥戴核心、维护核心、捍卫核心融入思想中、落实到行动上，在政治立场、政治方向、政治原则、政治道路上坚决同以习近平总书记为核心的党中央

保持高度一致,坚决贯彻落实河北省委、省政府的各项决策部署。一要坚持政治引领,坚持党管意识形态、党管干部、党管人才,从严治党,助推企业改革发展。要加快健全完善监管企业党建工作考核体系,强化监管企业党建工作考核评价结果同领导班子综合考评、经营业绩考核的有机衔接。要切实加强混合所有制改革中党的领导、党的建设,明确将建立党的组织、开展党的工作作为企业混合所有制改革的基本前提。二要持续抓好中央巡视反馈意见的整改落实,深入巩固已取得的整改成效,对已经完成和取得阶段性成效的整改任务逐项进行"回头看",确保各项整改措施真正整改到位、落地见效,坚决防止出现反复。对需要分步整改、长期推进、尚在整改落实过程中的整改事项,坚持机构不撤、人员不散、力度不降、工作不断,坚决做到不解决问题决不放手,不达标准决不销号,加快构建起常态化、长效化机制。要持续推进党风廉政建设和反腐败斗争,推动全面从严治党向纵深发展。持续强化政治性警示教育,努力构建不敢腐、不能腐、不想腐的常态长效机制,推进全面从严治党向纵深发展。三要积极探索把国企党建和党风廉政建设同企业生产经营深度融合的有效实现形式,自觉推动党委在党的建设中主动发挥领导作用的有效实现形式,始终站在企业发展最前沿研究大势、把握大势、顺应大势,与企业战略、生产经营同频共振、双促共赢。要积极探索企业基层党组织融入经营、作用发挥有为有位的有效途径,明确要求企业党组织用生产经营的实效和广大职工群众的满意度作为检验基层党建工作的标尺,把改革发展的成效体现在以人为本上。

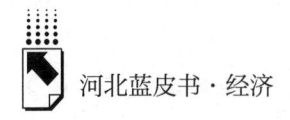

8.加快自身职能转换、强化服务意识，大力推动服务型、效能型机关建设

当前，监管企业的改革与发展已进入关键阶段，委机关肩负着重要使命和神圣职责，大力加强委机关工作作风和干部队伍建设，事关改革发展和稳定的全局，事关工作质量的优劣。一要强化服务意识、效能意识。国资监管机构要坚持工作高标准、办事高效率、履职高效能，要形成作风重落实、纪律严要求的良好工作氛围，把全身心服务好企业作为根本宗旨，以争先创优、事争一流、奋发有为的精神状态，想企业之所想、急企业之所急、办企业之所盼、解企业之所困，紧密结合本处室职责，主动作为、提质提效、热情帮扶，要一切围绕企业转、一切围绕企业干，为深化监管企业改革、加快转型升级步伐、实现高质量发展创造良好的条件和氛围，努力建设一支作风上硬、业务上精、工作上强、服务上优的极具改革意识、创新意识、担当意识、奉献意识的服务型、效能型、实干型、创新型国资监管机构。二要坚持开放式学习，借鉴省内外优秀公司在规范公司治理、选人用人、治理模式、运营监管与体制机制市场化改革等方面的先进经验和做法，引领委监管工作形成管理理念先进、管控举措到位、运营机制高效、以管资本为主的国有资本授权经营体制、以董事会为核心的现代企业治理体系、以市场化为导向、以客户为中心的公司经营管理机制和国资监管运行模式。三要积极探索以管资本为主做强做优做大国有资本投资运营公司的有效实现形式。按照国有资本运作主体、国有企业持股主体、国有资产有进有退通道工作定位，推动国有资本投资运营公司战略转型，盘活存量、引入增

量、提升价值、活化资源,不断提升国有资本投资运营公司资源配置能力和国有资产保值增值"放大器""倍增器""压舱石""镇海针"功能,着力在试体制、机制、模式、授权放权、组织架构、运营模式、经营机制、党的建设等方面取得新经验。四要不断改进完善监管方式,加快构建发现问题、移交线索核查追责的工作闭环,推动责任追究制度体系全覆盖。强化对投资、产权、财务考核分配、选人用人等重点环节的监督。

参考文献

莫少昆、余继业:《问道淡马锡》,中国经济出版社,2015。
邵宁主编《国有企业改革实录(1998~2008)》,经济科学出版社,2014。
《朱镕基讲话实录》(第1~4卷),人民出版社,2011。
习近平:《决胜全面建成小康社会 夺取新时代中国特色社会主义伟大胜利——在中国共产党第十九次全国代表大会上的报告》,人民出版社,2017。
杨信礼:《重读实践论、矛盾论》,人民出版社,2017。
张维迎:《企业的企业家——契约理论》,上海人民出版社,1995。
铃木淑夫:《日本的金融政策》,中国发展出版社,1995。

B.8
以优化营商环境为突破口推动河北经济高质量发展

王晓霞[*]

摘　要： 优化营商环境是高质量发展的基础,高质量发展是优化营商环境的必然选择。河北着力改善和提升营商环境,取得了较为明显的成效,但对标世界银行评价指标体系,与面临的新形势新任务的要求相比,与广大市场主体的期望和先进地区相比,在行政审批和服务效能、惠企政策落实等方面,还存在较大的差距。有鉴于此,河北应放眼国际、对接世界银行指标,借鉴先进经验,实现自我突破,逐步形成法治化、国际化、便利化的营商环境,为将河北省打造成聚集优秀人才、聚集先进要素、聚集优势产业的高质量环境"基地"奠定坚实基础。

关键词： 营商环境　高质量发展　河北

一　优化营商环境是高质量发展的现实基础

优化营商环境是当今世界的普遍共识,对建设现代化经济体

[*] 王晓霞,河北省委党校发展战略研究所研究员。

系、培育经济发展新动能、构建开放型经济新体制、提高开放型经济发展水平、实现高质量发展具有重要意义。打造良好的营商环境是建设现代化经济体系、促进高质量发展的重要基础，也是政府提供公共服务的重要内容。

（一）优化营商环境的核心要义

营商环境是指伴随市场主体从开办、营运到注销整个过程各种周围境况和条件的总和，包括影响市场主体活动的自然因素、社会因素、经济因素、政治因素和法律因素等。这一系列因素几乎全部涉及制度性交易成本，对经济要素（资本、技术、劳动力等）的配置效率、经济合同的法律保障、经济活动中的产权制度等，都会产生直接影响。世界银行的报告表明，良好的营商环境会使投资率增长 0.3%，GDP 增长率增加 0.36%。

良好的营商环境有利于吸引各种发展要素的聚集，有利于激发各类市场主体的活力，是国家或地区高质量发展的基础。它通常具备五个核心要素。第一，体现为高质高效的政务环境。可以为企业开办、运营提供政策更优、审批更少、体制更顺、机制更活、效率更高、服务更好的审批和服务，更多从管理者转向服务者，为企业服务，为推动经济高质量发展服务。第二，表现为宽松规范的市场环境。吸引优质的资金、人才等各类发展要素，激发市场活力和创新动力，优化市场资源配置，促进创新创造成果就地转化成产品、转化成产业，形成高质量发展的新动力。第三，表现为公平公正的法治环境。坚决维护公平正义，坚决保护各类市场主体合法权益，重点解决有法不依、执法不严、违法不究和责权脱节的问题，更好地维护公共安全和社会稳定，尤其是保护中小企业产权，让知识产权、财产权等不受侵犯，真正为高质量发展保驾护航。第四，表现为亲商安商的社会环境。为企业提供良好的生活服务，如教育医疗社保等公共服务，交通顺畅、治安环境、空气质量好、休闲娱乐生活便利，社会诚信度高等，为高质量发展提供优质的人文环境。第五，表现为包容有序的开放环境。高标准对接国际通行规则，建立开放型经济新体制，为高质量发展塑造优良的开放平台，培育开放经济发展新优势。因此，营商环境就是实实在在的生产力，优化营商环境就是解放生产力，良好的营商环境能够直接推动高质量发展。

（二）高质量发展是优化营商环境的结果

以世界银行为代表的国际机构对营商环境的重视，推动了各个国家和地区不断努力改善各自的营商环境，提升国际竞争力。

发达国家经济之所以高质量发展，关键在于其高水平的营商环境。营商环境效率排在前十位的均为发达国家和地区，其中新西兰多年排在第一位，平均进口关税为4.1%，一般货物通关在一天内即可完成，除了核技术、转基因技术等世界各国都严格控制的领域，在其他领域，对内外资企业一视同仁，开办企业注册时间仅需0.5天，办理施工许可只需不到80天。香港特区政府通过方便营商咨询委员会，一直致力于优化香港的营商环境，同时推行涵盖29个政府部门的精明规管计划，目的是改善政府效率、透明度及营商便利程度，推广营商文化，持续改善营商环境。过去十年，中国香港的营商环境一直处于全球前五名。

发展中国家也在积极致力于营商环境的优化。2017~2018年，全世界128个经济体实行了314项关键性的营商改革，发展中国家超过75%。印度成为其中进步最大的国家之一，排位从2017年第130位上升为2018年的第100位，主要得益于"印度制造"倡议——将印度打造成全球最受欢迎的制造业目的地，采取了实行全国统一的货物服务税和加强对中小投资者保护等一系列强有力改善营商环境的措施。中国营商环境的改善也是有目共睹的。根据世界银行发布的《2019年营商环境报告》，我国营商环境国际排名从2013年的第96位上升至2017年的第78位，再到2018年大幅跃升至第46位，这么大幅度的进步是多方面改革的成果。政府工作报告指出，五年来，国务院部门行政审批事项削减44%，非行政许可审批彻底终结，中央政府层面核准的企业投资项目减少90%，行政审批中介服务事项压减74%，中央政府定价项目缩减80%，地方政府定价项目缩减50%以上。全面改革工商登记、注册资本等商事制度，企业开办时间缩短1/3以上。营商环境持续改善，市场活力明显增强，群众办事更加便利。

二 优化营商环境是河北高质量发展重要而紧迫的任务

近年来，河北省委、省政府高度重视营商环境建设，坚持把优化营商环境作为建设经济强省、美丽河北的重要举措。先后组织开展了解放思想大讨论、机关作风整顿等活动，成立了省市优化营商环境工作机构，出台了大力改善营商环境的法律法规和系列政策文件，着力改善和提升河北省营商环境，取得了较为明显的成效。比如，大力削减审批事项，与2012年相比，省级行政许可事项削减率达到72%，非行政许可审批彻底取消；扎实开展审批流程再造，行政审批局实现市县全覆盖；深入实施"先照后证""多证合一"改革，工商登记前置审批事项由226项减少到32项，实现"五十证合一"；实现省立行政事业性"零收费"，减轻企业群众负担2.7亿元。

但同时我们更要清醒地看到，对标世界银行评价指标体系，与面临的新形势新任务的要求相比，与广大市场主体的期望相比，与先进地区相比，河北省的营商环境还存在较大的差距。粤港澳大湾区研究院发布"2017年中国城市营商环境报告"，对35个省会城市直辖市和副省级城市进行排位，石家庄排在第33位。零点有数研究院发布"2018年中国营商环境升维百强榜"，河北省仅有6个城市上榜，石家庄排在第27位，其他5个上榜城市均排在第50位之后，其中唐山第52位，廊坊第57位，保定第58位，秦皇岛第71位，邢台第96位。《环球时报》推出的2016年中国十佳最具投资营商价值城市（园区）、区域最佳投资营商环境城市（园区）榜单中，河北省无一城市和园区上榜。对河北来说，目前已经不是要优化营商环境的问题，而是要在国内外竞相改善营商环境的大潮中以更大的力度、更快的速度全面优化、全力打造河北省公平高效的营商环境。

（一）加快优化营商环境是全面贯彻落实新发展理念的必然要求

要坚定走加快转型、绿色发展、跨越提升的高质量发展新路。

走好高质量发展之路，要求我们必须贯彻落实好新发展理念。优化营商环境，有利于政府与市场的关系更加协调、作用更好发挥，进而促进投资兴业，维护公平交易，激励企业创新，促进经济增长和充分就业。同时，优化营商环境也是深化供给侧结构性改革的核心内容，有利于降低交易成本，优化资源配置，提升要素供给的质量和效率，推动经济向形态更高级、分工更优化、结构更合理的目标发展。

（二）加快优化营商环境是应对日趋激烈的区域竞争的必然选择

从国内看，无论是东南沿海省份，还是中西部地区，都普遍重视营商环境建设。从各地政府工作报告来看，超过2/3的省份把打造领先的营商环境作为吸引生产要素、赢得竞争先机、促进高质量发展的重要抓手。辽宁省提出要以优化营商环境推进振兴发展，2017年在全国率先出台了《优化营商环境条例》，2018年又组织"优化营商环境建设年"活动，频频出招、力度空前。浙江的"最多跑一次"已在全国推广，并且浙江已开始升级到"就近跑一次"。江苏省始于开展简政放权创业创新环境评价到"不见面审批"，受到李克强总理的高度肯定。山东省从2013年提出要"创造国内领先的营商环境"，各项措施密集出台，五年坚持下来，成效有目共睹。此外，云南省的"中介超市"，天津的"8890"热线，深圳为双创企业提供"保姆式"服务等，都是各地在营商环境建设中涌现的先进经验。

可以说，营商环境建设成为地方政府追求高质量发展、占据新一轮区域竞争制高点的重要抓手。这就需要河北省认清大势，奋起直追，全力打造优化投资环境的升级版，迅速扭转从单纯土地优惠甚至零地价、税收优惠等方面的比拼，转向全面降低制度性交易性成本的营商环境的打造。要由过去偏重追求政策洼地，转为倾力打造公平营商环境的"高地"。与先进省份相比，河北省的营商环境已经落后了，如果我们抓营商环境建设的决心、力度和手段再比不上他们，那与他们的差距只会越拉越大，在与他们的竞争中注定要败下阵来。

（三）加快优化营商环境是抢抓重大发展机遇的客观要求

当前，河北省正处于重大历史机遇最为集中的时期、各种优势最能有效释放的时期、实现高质量发展最为有利的时期，特别是党中央、国务院决定设立雄安新区这一"千年大计，国家大事"，在国际国内都产生了强烈反响，国内外大项目、大企业、大资本和高端技术人才关注河北、垂青河北，积极谋划进入战略。能不能抓住这样的历史机遇，取决于我们能不能不懈地营造更具吸引力、竞争力的营商环境，真正使河北成为投资置业的沃土、创业创新的乐园，使市场主体和投资者、创业者愿意来、留得住、发展得好，使各类生产要素会聚裂变不断成为新的增长点。只有这样，才能为转型提升、跨越发展，建设经济强省、美丽河北提供活力之基、动力之源。

（四）加快优化营商环境是回应企业和群众期盼的迫切需要

河北省营商环境还存在很多突出问题，经常会在各种场合听到企业和群众的抱怨和不满，特别是对政策落实、项目落地、政府诚信、政务服务等方面意见很大、反映强烈。尤其是在当前，经济下行压力加大，企业生产经营困难重重，市场主体更加渴望有一个良好的生存环境。帮助企业解决难题，扶助企业渡过难关，增强企业发展信心，既是现实迫切需要，更是高质量发展的长远要求。对此，我们责无旁贷，必须担当。总之，对于优化营商环境，河北省没有选择、没有余地、没有退路，必须顺势而为，乘势而上，坚决、全面、彻底地打一场攻坚战。

三 制约河北营商环境的痛点

全面客观地评价河北省营商环境总体状况，找出河北省营商环境的短板和痛点，才能提出改善和优化营商环境促进高质量发展的有益措施。近年，省内外多家部门和机构对河北省营商环境进行了调研，省里专门委托北京零点市场调查有限公司对河北省省本级和13个市营商环境进行独立调查评价，河北营商环境研究中心对全省13市进行营商环境的调查与评价。同时，河北省人大常委会和省政协今年也围绕优化营商环境开展了调研监督和专题协商议政，并分别形成调研监督报告和建议案，也指出河北省营商环境存在的差距和不足。综合各方面的情况看，当前河北省营商环境主要存在以下几个方面的突出问题。

（一）推进简政放权还不够彻底，行政审批和服务效能还有待提高

尽管河北省放管服改革力度很大，但仍然存在"多、繁、慢、难"。"多"是指审批事项还比较多。五年多来削减了1000多项，但目前河北省仍保留434项省级行政许可事项，与辽宁省193项、江苏省150项相比，仍有较大削减空间。"繁"是指审批流程烦琐。零点公司调查报告指出，46.9%的企业反映在项目落地环节审批流程和手续复杂，跑办起来不容易。"慢"是由于工作人员专业知识不足、业务操作不熟、"一次性告知"义务不履行，影响了办事效率。河北省人大问卷调查显示，有23%的企业反映审批盖章环节虽有减少，但花费时间并未缩短。"难"是在有的部门中存在"门好进、脸好看、话好说、但事难办"的现象，个别工作人员不作为、乱作为，甚至故意刁难。

（二）惠企政策落实打折扣，"肠梗阻"问题还未从根本上得到扭转

近年来，中央和河北省先后出台了一系列惠企政策，但政策含金量不高、针对性不强、落实困难等，政策"最后一公里"没有打通，致使政策红利效应没有得到充分发挥。

1. 含金量低

有政策规定创业型、小微型企业有营业执照后，可以发放5万元小额贷款，但必须有3个公务员担保，这样的担保条件对刚刚毕业急需创业资金的人甚为苛刻。公司上市奖补方面，北京对主板上市和新三板上市分别奖励300万~500万元和100万~150万元，而紧邻的廊坊市只有100万元和50万元，差距较大。

2. 缺乏创新和可操作性

有些政策只是简单落实上级精神或模仿外地做法，存在照转照搬现象，没有考虑当地情况，解决实际问题效果不好。

3. 缺乏宣传解读

涉企政策的发布渠道还比较分散，政策信息与企业需求不对称，有些政策企业不了解，基层职能部门也说不清楚。零点公司调查显示，31.5%的受访企业认为政策宣传力度小，近一半的企业表示主要从新闻媒体了解政策。

4. 缺乏跟踪问效

不少企业反映，相关部门很少对扶持政策执行情况进行检查评估，有时政策在部门之间打架，这家说可以，那家说不行，结果使企业左右为难。

（三）企业负担较重问题比较突出，亟须进一步减负助力

根据问卷调查，民营企业中有60.5%的认为税费负担重。

1. 涉企收费仍然较多

相比广东、山东两省推行的省定涉企"零收费"政策，河北省目前还保留有4项涉企收费；相比辽宁省16项政府性基金收费项目，河北省政府性基金收费项目还有19项。统计显示，河北省行政事业性收费收入由2010年的66.1亿元上升为2016年的208.7亿元。收费养人问题在一些基层执法部门仍然存在，各类涉企检查乱收费、乱罚款依然禁而难止，一些"红顶中介"攀附公权力违规收费牟利，加重了企业负担。

2. 营改增后税负不减反增

特别是如工程建设、农产品加工、园林绿化、餐饮、咨询服务类企业反映，因无法抵扣进项税或抵扣项目很少，缴税不减反增。

3. 企业融资难、融资贵

在零点公司调查中，河北省企业对融资难、融资贵的反映比较集中，融资成本高和融资政策支持力度不足，是各类规模企业面临的共性问题，尤以中小企业反映最为强烈。河北营商环境研究中心调查显示，民营企业成为银行抽断贷的首要对象，某些区域贷款利率为基准利率上浮40%，再加上2%的担保费率。企业反映，过去金融机构在企业间推行"接龙担保"，80%的企业进了"连贷圈"，一家还不了贷，一圈受牵连，谁也解不开套，拖垮了不少企业。

（四）人才科技等创新要素支撑不足，创新创业环境不优

河北营商环境研究中心调查问卷显示，对于"转型升级最大的障碍是什么"这个问题，有57.38%的企业认为是缺乏高端人才。许多企业反映，本地的人才留不住，外边的人才引不来，特别是行业领军人物、高级管理人才和技术人才。全国1600多名两院院士中，河北省仅有15人（包括中直单位），国家"千人计划"仅有30多人。科技创新方面，与北京、天津、山东、河南等省市相比，河北省高新技术企业、新型研发机构、科技孵化器在数量规模、创新能力等方面还有不小差距，科技成果转化能力偏低，北京科技成果就近到河北转化、孵化的不到5%。

1. 人才政策缺乏吸引力

与京津等周边省份相比，与各地抢人新政相比，河北省引进人才的激励政策存在较大差距。问卷调研显示，有41.92%的企业表示缺乏落户优惠，有49.59%的企业表示引进人才的住房保障不足。比如石家庄市2018年4月4日提出的"人才新政"：大专以上

学历可在石家庄落户；新引进的博士生、"双一流"高校和世界排名前500名国外院校的硕士、学士，五年内每月分别享受2000元、1500元、1000元的房租补助。首次购房分别给予15万元、10万元、5万元的一次性购房补贴。相对高昂的房价来说，购房补贴只能说是杯水车薪。2015年全省实施的"英才入冀"计划，房租补助每月1000元政策没有持续，而且许多地市没有落实。

2. 社会人文环境不优

京津冀协同发展，河北是短板，其中最大的短板是公共服务水平。突出表现在教育、医疗、社会保障等方面。高端管理、技术人才到冀工作，需要解决子女教育问题，居高不下的高考分数令他们望而却步。跨国公司高管的子女，需要就读国际学校，在河北也是难题。高技术人才来河北创新创业，普遍反映缺乏交流的创新平台、载体和氛围。

3. 空气质量不佳

空气质量不佳，也成为影响河北省营商环境一个重要因素。在零点公司评估报告中，河北空气质量评分为68.9分，在社会人文环境的指标中得分最低。空气质量不仅影响企业到河北投资的信心，也影响已有企业的发展。具体表现为"一增一减两个流失"。"一增"是相对其他省份，河北境内企业环保投入更多，生产成本增加；"一减"是对企业采取限产停产措施，致使企业产出减少、效益下降；"两个流失"是空气质量差导致的投资和人才流失，外边的不愿来，河北的往外走。据零点公司调查，在影响投资者入驻河北的各种因素中，空气质量占比最高，为28.43%。接受零点公司深度访谈的多名企业高层表示，外籍专家和外省管理人员由于雾霾原因，不愿到河北发展和长期居住。

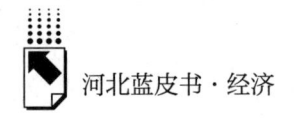

（五）法治化建设相对滞后，履约践诺的社会信用环境有待优化

有法不依、执法不严、选择性执法、吃拿卡要等问题在执法过程中还一定程度存在。破坏营商环境的黑恶势力在一些基层地方还比较突出，严重侵害了投资者的合法权益。招商引资中普遍存在"重招不重抚"现象，为吸引优质企业入驻，不切实际地开空头支票，在项目落地后不兑现承诺或兑现"打折扣"；有的地方领导变动后，"新官不理旧事"，既影响了政府信誉，又影响了投资者信心。社会诚信意识和信用水平偏低，政务诚信度、司法公信度距离人民群众的期待还有差距。

四 优化营商环境推动河北高质量发展的思路与举措

营商环境只有更好，没有最好。加快优化河北省营商环境，就要坚定不移地以习近平总书记系列重要讲话精神和对河北的指示要求为指导，牢牢抓住京津冀协同发展，特别是建设雄安新区、北京携手张家口举办冬奥会等重大历史机遇，紧紧围绕"走新路、补短板、快转型"和建设经济强省、美丽河北的核心任务，放眼国际、对接世行指标，借鉴先进经验、突破自我，综合施策、统筹推进，聚焦问题、精准发力，齐抓共管、久久为功，建设便利高效的政务环境、宽松优质的市场环境、公平公正的法治环境、亲商安商的社会环境、包容有序的开放环境，形成法治化、国际化、便利化的营商环境，为把河北省打造成聚集优秀人才、聚集先进要素、聚集优势产业的环境高地奠定高质量发展的坚实基础。

（一）在加快转变政府职能上下功夫，打造便利高效的政务环境

不断深化"放管服"改革，瞄准"审批事项最少、审批程序最简、审批时限最短、政府服务最优"的目标。

1. 继续加大简政放权力度

行政审批事项能取消的一律取消，能下放的一律下放，其他省市不再审批的河北省一律不再审批。围绕企业和群众期盼，在重点领域、关键环节继续加大放权力度，切实提高放权的"含金量"。对简政放权情况进行跟踪评估，着力解决不协调、不配套、不衔接、不落实等突出问题。

2. 在规范审批、简化审批、高效审批上实现新突破

以全面推开相对集中行政许可权、设立行政审批局改革为抓手，全力打造"一站式审批、一条龙服务"政务服务新平台，进一步放大"一颗印章管审批"效应。进一步完善清单管理制度，加强审批服务、办事流程、受理场所、监督检查等"全事项、全过程、全环节"标准化建设，使政府对审批什么、怎么审批清清楚楚，让企业对如何办理审批事项明明白白。深入推进"互联网+政务服务"，加快建设全省一体化的网上政务服务平台，努力实现更多事项网上办理，增强政务服务的主动性、精准性、便捷性。

3. 打通政策落实"最后一公里"

创新政策推送方式，加强政策宣传解读，开展"政策免费培

训"和"送政策上门"服务，帮助群众和企业了解政策，用足用好政策。加强对窗口单位、基层部门、关键岗位、重点人员的培训和监督，提高相关人员的政策水平和业务素质，确保执行"不打折"、落实"不走样"。强化政策落实情况督导检查和评估问效，推动各项惠民利企政策落实到位。

（二）在维护公平竞争上下功夫，打造规范有序的市场环境

按照"降门槛、同规则、同待遇"的原则，着力创新市场监管模式，维护良好的市场经济秩序。

1. 改革市场准入退出制度

实行负面清单管理，凡禁止和核准投资项目目录以外由企业投资的项目，一律实行备案制，允许各类市场主体平等进入。在更大范围、更深层次深化商事制度改革，落实"多证合一"登记、先照后证制度，扩大电子营业执照范围，推动企业名称核准网上申报，提高市场准入便利化程度。对已经停止生产经营、无债权债务以及未开业的市场主体，实行简易注销程序。

2. 加快构建市场监管新模式

积极推进"双随机、一公开"监管全覆盖，深入推进部门内部和多部门联合抽查，实现"一次抽查、全面体检"。及时查处假冒伪劣、虚假广告、价格欺诈、侵犯知识产权、欺行霸市、商业贿赂、非法交易等违法行为，依法规范市场秩序。

3. 让市场主体平等参与市场竞争

实施公平竞争审查制度，任何地方、任何部门不得禁止、限制外地企业到本地从事生产经营活动或进入政府采购市场和参与招投

标活动，不得禁止、限制外地商品、服务进入本地市场。平等对待不同所有制企业，禁止公布施行歧视非公有制企业的政策措施。

4. 加强信用监管和失信联合惩戒

建好用好"全国一张网"，实现企业信息归集于一网、企业信息公示于一网、企业失信惩戒于一网，建立协同监管、联合惩戒机制，构建"一处失信，处处受制"格局。

（三）在强化综合服务上下功夫，打造充满活力的创业创新环境

全面激发"双创"活力，努力让"双创"的每一粒种子生根发芽。

1. 完善财税扶持政策

加大财政资金支持力度，建立一批新兴产业"双创"示范基地，对众创空间等新型孵化机构的房租、宽带接入费、创业培训等给予补贴。严格落实国家扶持小微企业、高新技术企业、科技企业孵化器、大学科技园等税收优惠政策。对符合条件的众创空间和投向创业创新活动的天使投资等给予税收优惠支持，落实创业投资企业所得额税收抵免政策。

2. 构建多元化投融资体系

鼓励各类银行开发符合"双创"特点的结构性、复合性金融产品和服务，建立科技贷款风险补偿机制，发挥河北省战略性新兴产业创业投资引导基金、科技成果转化引导基金的杠杆作用和乘数效应。支持符合条件的创业企业在中小板、创业板、新三板等多层次资本市场上市融资，对挂牌成功的企业给予奖励。

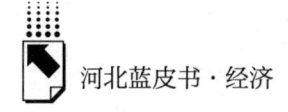

3. 创新更加灵活的人才发展机制

建立与京津接轨的高层次人才招聘、薪酬、考核、科研管理、社会保障等制度，推动京津冀人才流动共享，形成"京津研发、河北孵化""京津上学、河北创业"的格局。突出"高精尖缺"导向，积极引进培养高层次领军人才和高技能人才，鼓励引进一批带技术、带成果、带项目、带资金的高层次产业创新团队。

4. 打造创业创新支撑平台

在开发区、创业辅导基地、大学科技园建设一批线上线下、孵化投资相结合的众创空间、创业孵化器，建强创业创新技术平台，建设公共研发平台，健全大型科学仪器资源共享服务联盟，加快构建京津冀"科技服务云"，促进"互联网+"创业创新，为大众创业、万众创新提供有力支撑。

（四）在促进投资贸易便利上下功夫，打造互利共赢的开放环境

高标准对接国际通行规则，紧抓京津冀协同发展、雄安新区建设和北京联合张家口申办冬奥会的机遇，吸引国内外大项目、大企业、大资本关注河北、垂青河北，通过便利化、法制化及更具吸引力和竞争力的营商环境，培育开放竞争优势。

1. 深化开发区体制机制改革

把优化营商环境作为开发区改革发展的首要任务，在开发区率先复制推广自贸区试点经验，率先在机构编制管理改革、人事和薪酬制度改革、行政审批制度改革、投融资平台建设等四个领域实现突破，打造营商环境示范区和新高地。

2. 研究制定招商引资新政策

实施好河北省政府《关于落实国务院扩大对外开放积极利用外资若干措施的意见》，按照更有针对性、更有含金量的原则制定配套细则，确保政策落实到位、发挥效用。

3. 推进便利通关

围绕完善国际贸易"单一窗口"和跨境电商服务平台功能，加快推进电子口岸建设，确保实现一个"门户"入网、一次认证登录和"一站式"大通关服务功能。加快一体化通关改革，降低出口查验率，推进通关作业无纸化、进口货物预检验、第三方检验结果采信等出入境检验检疫措施。加快出口退税进度，提高一类企业和准一类企业比例。提升海关特殊监管区建设水平，充分发挥特殊监管区保税、免税、退税和便利通关的政策优势。

（五）在提升依法行政水平上下功夫，打造公平公正的法治环境

坚持科学立法、规范执法、公正司法，贯彻落实《河北营商环境条例》，让市场主体依靠规则和法律保护健康运行。

1. 建设法治政府

全面推进依法行政，规范行政权力运行，不断提高政府的公信力和执行力。加快推进"行政执法公示制度、执法全过程记录制度、重大执法决定法制审核制度"三项改革试点，着力解决行政执法中存在的不作为、乱罚款、乱检查、不透明、不文明等问题。

2. 完善政府守信践诺机制

建立健全政务和行政承诺考核制度，规范招商引资行为，认真履行依法做出的政策承诺和签订的各类合同、协议，不得以政府换届、相关责任人更替等理由毁约。因国家利益、公共利益或其他法定事由需要改变政府承诺和合同约定的，对相关企业和投资人的财产损失也要依法予以补偿。

（六）在补齐短板方面下功夫，打造有品质的社会人文环境

针对河北与京津在社会发展、公共服务水平和质量层次上的明显差异，甚至"断崖式"的差距，必须充分发挥政府引导作用，引入市场机制，促进优质公共服务资源均衡配置，尽快扭转不利于河北高质量发展的社会人文环境。一是统筹配置京津高等教育资源，提高河北考生进入"985""211"学校的指标份额，一方面促进河北优质人才的成长培育，另一方面解决外来人才子女教育的后顾之忧。二是加强统筹协调，积极推动落实基本养老保险关系跨区域转移接续、支持开展合作办医试点等政策，力争在社会保障、医疗卫生等公共服务领域一体化上取得明显进展。三是建立统一规范灵活的人力资源市场，提高河北人才新政含金量，促进人才为冀高质量发展贡献才智。

参考文献

世界银行集团：《2018中国营商环境报告》，社会科学文献出版社，2018。

王晓鸣：《着力优化营商环境　激发高质量发展新动能》，《中国经济导报》2018年4月12日。

路晓霞:《法治化营商环境建设研究》,上海人民出版社,2017。

河北营商环境研究中心:《先进省市营商环境建设十大范例》,河北人民出版社,2018。

中共浙江省委党校:《"最多跑一次"改革》,浙江人民出版社,2018。

中国社会科学院京津冀协同发展智库:《2017京津冀协同发展指数报告》,中国社会科学出版社,2018。

B.9
强化以消费引领河北经济快速发展的政策措施

王亭亭[*]

摘　要： 2008年以来，河北省与国内宏观消费环境同波共振，拉动经济"三驾马车"中，投资、净出口的带动作用正在减弱，唯有消费对GDP贡献率逐年上升并成为引领经济的关键力量，预示河北作为消费大省的姿态开始显现，并成为拉动经济增长的新亮点。为此，本文从加强组织领导、提高经济增长质量、锁定七大核心领域、培育消费增长热点等方面提出强化这一优势的对策建议，使其成为稳增长、调结构、促改革、惠民生的重要抓手与动力源，这对河北省持续低迷的经济现状而言，显得尤为紧迫而重要。

关键词： 高质量增长　消费升级　消费结构

一　河北省目前以消费引领经济面临的不适与困惑

国内经济正在由传统服务经济迈向现代服务经济，这一趋势必

---

[*] 王亭亭，河北省社会科学院宏观经济与区域公共政策研究中心首席专家，研究员。

定从多方面影响人的消费习惯和消费结构。2018年上半年，国内最终消费对经济增长的贡献率为78.5%，河北省与国内总体水平低近17个百分点。就2017年人均消费排名看，河北省以19346元的水平虽位居全国中游，但与北京（50703元）、上海（45322元）、江苏（35590元）和辽宁（30576元）等地存在"级层"上的差异。在消费已成经济增长主动力的大环境下，河北省消费引领经济的可能性及难点主要体现在几个方面。

（一）无法满足高品质消费的客观制约

从理论上讲，服务业与消费存在彼此依附的共生关系，消费支出的增加将直接刺激服务业发展，而服务业的有效供给则会更有力地反作用于消费增长与消费升级。如人均文教消费支出比重提高一个百分点，现代服务业产值比重将上升0.3个百分点；若人均吃喝穿用住行消费比重减少1个百分点，现代服务业产值比重将上升0.766个百分点。这一规律表明传统"生存型"消费支出的增加，与现代服务业呈负相关关系；而"发展型""享受型"消费支出的提升，不仅与现代服务业呈正相关关系，还可成为消费结构转型升级的直接推动力量。2018年上半年，河北省服务业对经济增长的贡献率达到70.2%，但消费需求对全省经济增长贡献率仅为61.7%。可以看出，消费增长远远滞后于服务业增长。其根源在于现代服务业供给存有缺口，高端消费找不到"引爆点"，影响消费增速与消费升级。据统计测算，河北省传统服务业占规模以上服务业比重为73.0%，而与民生紧密相关的文、教、卫、娱及医疗养老等现代服务业比重仅为3.0%，暴露出河北省现代服务有效供给的不足与短板，这是制约河北省消费增速的关键因素，更是驱使河北省消费结构必须转型升级的内在动力。

（二）偏重固化的产业结构，有碍居民财富积累

收入决定消费，既是客观因素，也是深层的本质因素。河北省多年来以能源和重化工为导向的固化结构形成的低加工度、粗放密集型及劳动生产率低的特点，决定了河北省劳动力"面大"低收入格局。而收入程度较高，特别是能够适应当代生活的现代服务与战略新兴产业，由于发育并不成熟，加上该领域产业工人实际覆盖面相对较小，影响全社会收入整体构成。2017年，河北省社会消费总额排名全国第八位，实际上与河北是人口总量排名全国第六位的人口大省有关。人口总量大，在消费规模上确有"量"的优势与稳定的消费能力，但却并代表消费强度。而人均社消总额才是真正反映实际消费水平的重要指标，它是既包括物质性消费也包含服务性消费的综合性考量。2018上半年，全国居民人均消费支出9609元，河北省仅为8055元，居全国第18位，比全国平均水平9609元低了1554元。这种情况既不利于河北省人均地区生产总值的财富积累，更抑制城镇居民的消费能力、消费冲动和消费潜力。

（三）城乡化滞后的牵绊，影响最终消费率

河北既是人口大省，也是农业大省。2017年，河北省城市化率达到55%，意味着河北省有近一半人口仍然沉淀在农村，

从侧面印证河北省虽为全国排名第八位消费大省，但实际上包揽了来自农村大部分一般性生存物质消费，走的是"量"，属于典型的高积累、低消费。2018年上半年，河北省城镇市场零售额为5660.5亿元，同比增长9.4%；乡村市场零售额为1711.1亿元，增长10.5%。这种趋势并不支持国内新常态背景下消费升级与转型的大趋势。目前，河北省消费品市场增速回落，就是受汽车类高消费商品销售下降因素的影响，加上城镇居民对教育、住房、医疗、社会保障缺乏安全感，特别是对未来预期的不确定性，从而导致全省整体性服务型消费支出的疲弱与动力不足。

（四）政策不明晰，制约宏观决策

近两年，敏感度高的省份都在主动抓消费、抓消费升级。河北省也制定了《关于积极发挥新消费引领作用，加快培育形成新供给新动力的实施意见》，但消费措施"摊大面广"，很难集中发力。而广东、四川、上海与湖南等地关于制定新消费的行动计划或综合性方案非常具体，有明显的区域特色和政策指向。另外，河北省"十三五"时期，2017~2018年河北省《政府工作报告》等一系列重大文件与政策，并未将消费拉动内需问题提上重要的议事日程，这对河北省抢抓国内以消费竞争为起点的新一轮战略机遇极为不利。

（五）区域文化的惯性制约思维，不利于消费升级

受北方地域人文性格的影响，河北省消费理念总体低调、

内敛的惯性思维一直占主导地位。例如，河北省虽与湖北、四川和湖南经济体量相仿，但在消费习惯上并不具备相似性。2017年统计资料显示，河北省与上述三个省份近2万元的人均消费支出相比，存在5000多元的差距。在全国属"第四集团"，与不发达地区的宁夏、新疆、陕西和江西同属一个层次。2018年中国城市实力大排名的资料显示，武汉、成都虽没有进入国内富豪最多城市前10位，但在排行榜上却是全国消费能力名列前茅的城市。可见，近两年湖北、四川地区生产总值与河北不相上下，很大程度上归因于两省区域消费文化的惯性思维及消费政策导向叠加效应的双向支持。

二 以消费引领经济的空间在哪里

李克强总理在不同会议曾多次强调"扩大内需的重点在于提振消费"。2018年9月20日中共中央国务院发布《关于完善促进消费体制机制，进一步激发居民消费潜力的若干意见》，紧接着国务院办公厅于10月11日发布《完善促进消费体制机制实施方案（2018—2020年）》。可见，国办发文破解消费体制机制障碍，将促进服务消费已提上重要的议事日程。如何顺应国内消费引领经济的新形势，河北消费引领经济有无增长空间，河北新的消费增长点在哪里，消费升级有无规律可循，破解制约河北省居民消费的体制机制障碍在哪里等一系列重大问题需要理论上的支持与佐证。

（一）如何看待"中高速"时代，消费作为新一轮经济增长点的历史机遇

与国内宏观形势一致，河北省社会消费总额以年均9%的增速稳步上升出现在2012年经济大环境持续偏冷以后，其增速远远高于工业化扩张期的"投资""出口"两大指标，而最终成为河北省经济稳增长的"压舱石"。目前，国内以最终消费对GDP的贡献率为78.5%的姿态进入一个现代型、发展型、享受型品质消费加速支出的黄金阶段。河北省一定要提振信心，主动顺应消费升级大势，为平顺实现以消费引领全省经济做必要的前期铺垫与政策准备。它意味着在消费转型升级的重要关口，谁对消费经济理论与发展规律认得清、看得透，谁就能在新一轮以消费升级为起点的区域竞赛中赢得主动、占得先机，谁就能够在未来较长一段时间内维持经济的稳健与高速增长。若想抓住国内进入消费时代的历史机遇、迎接新挑战，河北省破解消费转型升级的唯一出路是现阶段要尽快完成两大阶段性任务：一是大力推进传统制造业向战略新兴，特别是高端服务业领域全面进发；二是继续增加供给，加速实现河北省由投资拉动主导型向消费驱动型的根本性转变。

（二）消费经济学理论是构筑坚定河北省信心的基石

消费经济学理论与国外消费的成功经验验证了人均GDP达到8000美元既是衡量一国居民从物质追求到精神享乐的"时代坐

标"，也是衡量一国或地区消费升级的重要参照。当一国进入中上等收入国家行列，即人均GDP突破8000美元时，消费贡献率一般在66%以上，此时的商品消费占比让位于服务消费已是必经阶段。河北目前人均GDP虽达到7088美元，本质上还处于传统的未"达标"物质型生存消费阶段，加上河北省区域经济还面临许多国家层面的战略任务，投资主导型特征并未完全摆脱，当下进入消费主导型经济的时机并不成熟。然而从国内消费率由降转升拐点的大环境看，它并不影响河北省未来消费贡献率逐年上升。一般而言，从低收入迈向中高收入发展阶段，由于投资空间不断受到挤压，边际效益也会迅速下滑，此时的经济增长由于投资"失意"必然转向消费需求来带动，而消费一旦成为经济的主导力量，它就会转化为现实的生产力。所以，消费社会的到来是由新常态背景下增长动力正在转向以内需为主导的特殊阶段决定的。

（三）发达国家消费演进的路径与规律性特点，为河北省实现消费转型升级指明了方向

我国2017年实际人均GDP为8836美元，大致相当于20世纪70年代的美国、日本和90年代的韩国。此阶段发达国家消费结构变迁的轨迹及其"出场"顺序大致沿着医疗保健、旅游、娱乐、体育、金融证券服务、住房公用等社会服务业发展路径，其中教育、信息、医疗保健最为火爆，而汽车、住房等耐用消费类占比将会随着经济发展和人均收入水平的不断提高逐渐呈不升反降趋势。总体来说，非耐用品、耐用品和服务消费在中高速发展阶段，其演进规律将遵循2∶1∶7的比例关系。但对东亚地区的日韩两国来说，除遵循国际服务业转型升级路径的一般规律外，教育、大互联网通信业及医疗保健应该是该地区消费转型的重要风口。因此，尽快培育以上三大行业成为消费热点，并以此作为突破口带动消费结构转型升级，尽快摆脱经济困境，对河北省而言有极为重要的参考与借鉴意义。

三 强化消费引领河北经济的政策措施

（一）加强组织领导，全面推动消费升级促进工作

尽快建立由河北省商务厅牵头，河北省发改委、工信厅、财政厅、金融办、文旅厅、体育局和教育厅等部门共同参与的"新消费"联合机构，以联席会议制度的形式统筹推进实施计划，负责研究和协调消费推进工作中的重大事宜，加快培育形成新供给、新动力，争取在3~5年抓出成效。

（二）把提高经济增长质量作为政府工作的头等要务，全方位提升城镇居民的实际收入水平

加快落实2018年4月河北省政府常务会议审议通过的《关于加快推进工业转型升级建设现代化工业体系的指导意见》，努力构建消费升级、有效投资、创新驱动、经济转型有机结合的发展路径，加快以现代产业支撑为核心的政策体系建设，不断提高中高端技术和产品在总供给中的比重，加速实现河北省由投资拉动主导型

向消费驱动型的根本性转变，从整体上提升全省经济增长质量与居民收入水平，为激发居民"能消费""愿消费""敢消费"提供有力支撑与保障。

（三）锁定七大核心领域作为消费升级的重要"风口"，全面提升符合现代消费趋势的服务型品质需求

根据国际消费升级路径的一般规律及河北省现代消费占比偏低的现状，建议河北省委、省政府要重点谋划未来市场前景看好又具有比较优势的包括金融咨询、休闲（乡村自驾）旅游、健康养老、房地产及住房租赁、教育、文体娱乐，以及"互联网+"信息产品服务供给在内的七大消费领域，充分发挥其品质消费的引领与主体支撑作用，并以此为突破口和主攻方向，快速形成一批符合消费转型升级时代要求的新的经济增长点，使其成为引领河北省消费升级的主力军与重要推动力量，彻底改变河北省传统服务业供给结构"偏重"的现状。

（四）抓紧培育新的消费增长热点，努力将互联网信息、教育和医疗保健视为未来品质消费的重中之重

培育三大增长点的政策重点要强化城乡布局和区域布局的指向性与配套功能。一是从未来互联网数据服务增长趋势来看，努力减少要素流动成本，尽快实现物联网在省域范围内的全覆盖。二是对于养老保健消费热点应瞄准京津市场，完善托老、养老、残疾人及优抚对象服务政策体系。三是在教育层面，要注重两大关键环节：

在省域层面，重点体现支持各地在普惠性学前教育资源短缺的城乡社区、进城务工人员随迁子女聚集地、留守儿童集中地，新建、改建、扩建幼儿园的政策关照；在区域层面，积极拓展面向服务京津冀新型优质教育产品有效供给，全面提升教育供给端的服务质量、效率引领与政策创新。

（五）深化收入分配制度改革，优化财税政策机制，充分释放农村消费潜能

政策重点即在初次分配领域改革的同时，通过再分配领域调整抑制居民间收入差距扩大趋势。一是优化中小企业发展的财税政策扶持机制，降低中小企业融资门槛及其税负，促使进城农民牢牢依附于劳动密集型产业及服务业领域。二是改革财政转移支付制度，提高农村居民收入在国民收入分配中的比例，如调整财税政策体系，适当提高个人所得税起征点，增加进城居民可支配收入，对吸纳居民就业的劳动密集型行业给予适当的税收关照；三是优化财税政策体系，将财税政策向民生保障倾斜。四是完善社会保障机制，加大财政社会保障投入，扩大进城农民的社会保障范围，保障城乡居民的消费热情和消费能力。

参考文献

《国务院为激发消费潜力出文件　新增长点引领资金方向》，《证券日报》2018年9月21日。

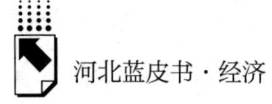

2006～2015年《河北省经济统计年鉴》。

周超、孙宏伟:《基于消费性服务业的价值链分析》,《江苏商论》2007年第9期。

《中国已经转变为以服务业和消费驱动为主的经济体》,和讯网,2017年9月19日,news. hexun. com/2017 - 09 - 19/190924188. html。

B.10
提升河北省实体经济发展质量的突破口与路径选择

姚胜菊*

摘 要： 本文从支柱产业、高新技术产业、工业整体效益和生产性服务业等层面对河北实体经济发展质量进行横向与纵向对比分析，发现存在的主要问题是支柱产业带动作用不强、高新技术产业贡献度不高、工业整体效益不优、生产性服务业助推作用不够。建议在传统支柱产业和高新技术两个领域率先突围，为全省实体经济质量提升创典型、树标杆；在营造宏观环境和强化生产性服务业两个方面全面推进，为企业发展保驾护航，实现全省实体经济质量的全面提升。

关键词： 实体经济 发展质量 营商环境

实体经济发展质量代表一个地区的核心竞争力，提升河北省实体经济发展质量是今后相当长一段时期经济发展的中心工作。2018

---
* 姚胜菊，河北省社会科学院经济研究所研究员。

年上半年，河北省地区生产总值位列全国第8，比上年同期下降了2位。作为实体经济的核心与代表，河北省规模以上工业增加值增速为3.2%，远低于全国6.7%的平均增速，全省实体经济提质增效面临巨大压力，必须改变河北省经济发展被动多于主动、跟跑多于领跑的现状。在环境保护和供给侧结构性改革的双重约束下，推动全省实体经济实现质量的提升，是河北省实体经济突出重围、摆脱困境、实现重生的根本出路。在这个进程中，既要强调重点突破，在传统支柱产业和高新技术产业两个领域率先突围，为全省实体经济质量提升创典型、树标杆；又要注重整体推进，在营造宏观环境和强化生产性服务业两个方面整体推进，为企业发展保驾护航，实现全省实体经济质量的全面提升。

一 提高实体经济发展质量是新时期我国综合国力在国际竞争中勇立潮头的必然选择

（一）实体经济发展质量是国家综合实力的核心内容

2008年世界性的金融危机源于美国，但波及世界主要经济体。十年来，世界经济在动荡起伏中艰难前行。深刻反思之后，欧美许多国家认识到，虚拟经济与实体经济发展之间的比例失衡、实体经济"空心化"是造成金融危机的根本原因。在这一背景下，美国推出了"再工业化"战略，德国制定了"工业4.0"计划，英国实施"重新工业化"，发达国家纷纷将实体经济的振兴和提质作为夯实经济基础的战略选择。改革开放40年来，我国实体经济发展主要以速度取胜，长期处于追赶阶段，尽管有些领域取得了一些成绩，也在国际市场上拥有了一席之地，但只局限于有限的几个产业领域，离制造业强国的目标还有相当距离，实体经济的发展质量与我国在国际上的政治地位还不匹配，与我国的经济体量还不相称，提高实体经济发展质量的任务紧迫而艰巨。为稳定我国在国际竞争中的经济地位，应对世界经济的诸多不确定性因素，抵御意识形态领域的干扰，必须振兴实体经济，打牢实体经济持续发展的根基。

（二）实体经济发展质量是推进我国货币国际化的有力保障

在激烈竞争的国际市场中，一国货币具有公认的可靠性是其国际地位提升的重要标志，国家货币的权威性是由实体经济发展水平支撑的。只有实体经济强国才能使本国货币成为国际货币的一员，才能在国际金融市场上拥有更多的话语权和影响力。实体经济质量如果不能在国际市场中走在前列，其货币价值对其他国家而言就会大打折扣，也就不可能成为各国的储备货币。目前，国际上公认的世界性金融中心主要有伦敦、纽约、东京等城市，其背后都有雄厚的制造业基础做后盾，以制造业为核心构筑的坚实的实体经济大厦，也为本国货币拥有较为完善的国际结算功能创造了条件。因此，加快提升人民币在金融市场的国际地位，必须提高我国实体经济的发展质量，全面推进三次产业，否则实现人民币国际化就是一句空话。

（三）实体经济发展质量是我国经济社会持续发展的强大根基

十九大报告明确指出，中国特色社会主义进入新时代，我国社会主要矛盾已经转化为人民日益增长的美好生活需要和不平衡不充分的发展之间的矛盾。解决这一矛盾，最根本的就是要贴近百姓需要，紧跟消费动向，为人民提供充裕的生产生活物资。必须提高本国的生产能力，提高本国实体经济的产出水平，将关键技术、关键领域等经济命脉掌握在自己手中，打牢社会持续稳定增长的基石。2017年，按不变价格计算，我国国内生产总值相当于1978年的34.5倍，年均增速达到9.5%，平均每8年就能翻一倍，大大高于世界平均水平，使我国成为世界第二大经济体，为实现经济转型升级打下了坚实的基础。未来我国经济社会发展跃上新台阶，侧重点从高速增长转向高质量发展，脱贫攻坚、"一带一路"建设都必须依靠实体经济质量的跨越式提升，实体经济高质量发展成为新时期的必然选择。

二 提高我国实体经济发展质量面临严峻的挑战

（一）我国实体经济发展面临"前有堵截、后有追兵"的挑战

虽然世界经济一体化进程面临逆全球化的羁绊，但一体化的趋势是阻挡不了的，也是不会停滞的。在这一进程中，我国实体经济质量的提升之路，前有发达国家在高精尖技术、基础科学方面的制约，后有大量的发展中国家在中低端制造业方面的争夺，我们必须在这一严峻的竞争形势下，找到自己的立足点，确立自己的竞争优势。首先，发达国家在许多科技前沿领域、基础研究领域都具有控制力，我国尽管是制造业大国，制造业产值领先，但关键技术、核

心部件还需要大量进口，核心技术还掌握在发达国家手中。其次，东南亚、拉丁美洲等发展中国家的制造业水平不断上升，再加上劳动力成本较低，环境承载能力还有空间，使许多欧美品牌及我国企业，纷纷到这些地区投资建厂。总之，在发达经济体先进制造业回流和新兴经济体制造业中端分流的夹缝中，我国实体经济艰难成长，实体经济必须实现成功转型。

（二）我国实体经济发展面临结构调整任务繁重的挑战

一是供给与需求结构的调整。随着我国经济发展水平的提高，世界市场与国内消费群体实现无缝对接，消费者拥有更多的选择空间，消费需求已经达到国际水平，但我国的生产能力总体上还处于中低端，尤其是日用消费品、医疗保健产业的供应还存在一定差距，第三产业发展还不理想，制造业还无法满足现实的需要。二是虚拟经济与实体经济发展结构的调整。随着市场经济繁荣，实体经济与虚拟经济的依存度日益加强，两者之间的衔接机制不健全、发展步骤不协调的问题也凸显出来，对社会的影响日益加深，大量资本的"脱实向虚"使实体经济的基础地位受到动摇。2017年，我国固定资产投资额同比增长7.2%，工业投资额仅增长3.6%。与往年相比，增速比2015年降低了4.1个百分点，与2016年基本持平。统计显示，我国规模以上工业企业主营业务收入利润率只有6.46%，而银行、证券等行业的平均利润率均在30%上下，两者相差近4倍。资本的趋利本性，导致了实体经济的"空心化"。

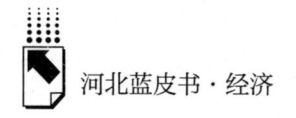

（三）我国实体经济发展面临软硬环境不利的挑战

近年来，为促进实体经济发展，我国围绕"放管服"改革一直在不懈努力，但与实体经济的诉求和期望还不相匹配，宽松、和谐、激励的市场经济秩序还没有完全建立起来。现行的行政管理体制、生产性服务体系建设和完善都需要加快步伐，有些属于制度安排本身的缺陷，有些属于政策操作中的问题。针对市场准入政策的落实，还有许多源于观念、管理、其他竞争主体方面的制约；科技、工信、市场监管、税务等部门对实体经济都有管理职能，各部门出台的政策有些方面还存在交叉重叠和衔接空白的现象；由于落实不力，一些市场期望值较高的政策达不到预期效果，甚至出现了"雷声大、雨点小"的结果。诸如此类体制机制上的弊端成为实体经济反映最多的障碍制约。

（四）我国实体经济发展面临自身提质动力不足的挑战

经济发展进入新常态后，一些经营者对企业未来的发展谋划跟不上时代发展的需要，跟不上建立现代产业体系的步伐，旧的企业经营机制与国内外市场竞争的大环境不协调。改革开放初期粗放的经营理念和管理方式是出于当时的经济发展需要而确定的，"速度取胜"成为那个时期我国经济社会发展的主基调，也是在市场竞争中最有效的战略选择，"深圳速度"就是公认的标杆。经济发展到现阶段，传统的经营方式必须转变，必须建立与实体经济高质量发展相适应的公司治理结构，必须建立多元化的企业资本结构，以此为企业发展注入新的活力，形成持续的发展后劲。

三 河北省实体经济发展存在的差距

(一)支柱产业:钢铁产业和装备制造业作为两大支柱产业,对河北省提升实体经济质量的带动作用不强

1. 钢铁产业作为河北省传统意义上的第一大产业和招牌产业,经济效益偏低

2016年,占河北省钢铁工业增加值2/3以上的黑色金属冶炼和压延加工业的总资产贡献率是5.55%,比工业平均水平11.06%低了5.51个百分点,仅相当于全省工业平均水平的一半;成本费用利润率为2.95%,比工业平均水平6.25%低了3.3个百分点,不足平均水平的一半;资产负债率却高于平均水平7.92个百分点。此外,作为规模效益制胜的产业类型,河北省钢铁产业的集中度偏低,全省钢铁产量居前4位的企业,产量之和仅占全行业钢铁产量的不足50%;产量居前8位的企业,产量之和仅占全行业钢铁产量的60%以下。钢铁产业的规模效益远没有发挥出来。而山东、辽宁、安徽、江西、湖南、福建等省的钢铁产业集中度都明显高于河北省。世界其他主要钢铁生产国的产业集中度也远远高于河北省水平,美国、日本和韩国的钢铁产业前4位企业,产量总和占该国全行业钢铁产量的比重在2008年就已分别达到74.9%、77.6%和80%。

2. 装备制造业作为近年来河北省寄予厚望的新兴龙头产业,发展状况并不乐观

2017年,尽管河北省装备制造业规模以上工业增加值增长了

12.1%，高于工业平均水平，但其行业利润总额却下降了6.7%，增速居七大支柱产业的最后一位；2018上半年，装备制造业规模以上工业增加值增长速度也比全省平均水平低了0.5个百分点。从主要经济效益指标来看，总资产贡献率、工业成本费用利润率、资产负债率与全省工业平均水平相比，优势并不突出。大部分产业、产品处于价值链的中低端，带动力强的整机产品少。低端产品产能过剩，高端装备产业化程度及保障能力不足，特别是航空航天装备、高精度数控机床、海洋工程装备、智能制造装备等领域还存在较大差距。河北省装备制造业主营业务收入居全国第10位，规模以上工业增加值居全国第10位，利润居全国第10位，税金总额居全国第16位。从河北省装备制造业在全国的位次来看，还不足以担当起经济社会发展龙头支柱产业的重任，不足以承担起全省产业转型升级领头羊的历史使命。

（二）高端产业：代表产业发展前沿水平的高新技术，对全省实体经济发展的贡献度不高

1. 河北省高新技术企业数量不多

2017年底，全省高新技术企业总数为3174家，占全国高新技术企业总数的2.40%，占东部省份总数的3.24%。与其他省份相比，是广东的9.59%、北京的15.76%、江苏的24.09%、山东的75.34%、浙江的34.87%，而且与湖北、安徽、四川、湖南等省相比，也是偏少的，比湖北少了近2000家。

2. 河北省高新技术产业增加值偏低

2017年，河北省规模以上工业高新技术产业增加值为2392.5

亿元，在全省规模以上工业增加值中占 18.4%，明显低于江苏（42.7%）、浙江（42.3%）、广东（28.8%）、山东（35.0%）、安徽（40.2%）等先进省份。

3. 河北省研究与开发经费投入偏少

2016 年，全国共投入研究与试验发展（R&D）经费 15676.7 亿元，投入强度（研发经费与国内生产总值之比）为 2.11%；而河北省这方面经费支出为 383.4 亿元，投入强度为 1.20%，比全国低了 0.91 个百分点，不仅与广东（2035.1 亿元，2.56%）、江苏（2026.9 亿元，2.66%）、山东（1566.1 亿元，2.34%）、浙江（1130.6 亿元，2.43%）等省差距巨大，而且与河南（494.2 亿元，1.23%）、四川（561.4 亿元，1.72%）、湖北（600.0 亿元，1.86%）、湖南（468.8 亿元，1.50%）、福建（454.3 亿元，1.59%）等省相比，也相形见绌（见表 1）。2017 年，长三角、珠三角和京津冀，以及山东，只有河北研发经费投入强度低于 2%，其他省份都在 2.2% 以上。

表1　2016 年部分省市研究与试验发展（R&D）经费投入情况

地区	R&D 经费（亿元）	河北省 R&D 经费投入占全国及其他省份的比重(%)	R&D 经费投入强度(%)	河北省 R&D 经费投入强度与全国及其他省份的对比
全国	15676.7	2.45	2.11	+0.91
河北	383.4	100.00	1.20	0
广东	2035.1	18.84	2.56	+1.36
江苏	2026.9	18.92	2.66	+1.46
山东	1566.1	24.48	2.34	+1.14

续表

地区	R&D 经费（亿元）	河北省 R&D 经费投入占全国及其他省份的比重(%)	R&D 经费投入强度(%)	河北省 R&D 经费投入强度与全国及其他省份的对比
浙江	1130.6	33.91	2.43	+1.23
河南	494.2	77.58	1.23	+0.03
四川	561.4	68.29	1.72	+0.52
湖北	600.0	63.90	1.86	+0.66
湖南	468.8	81.78	1.50	+0.30
上海	1049.3	36.54	3.82	+2.62
北京	1484.6	25.85	5.96	+4.76
天津	537.3	71.36	3.00	+1.80
安徽	475.1	80.70	1.97	+0.77
福建	454.3	84.39	1.59	+0.39

注："+"表示高于河北。

（三）工业整体效益：工业效益作为体现实体经济发展质量的代表性指标，整体情况不容乐观

为对河北省实体经济发展质量进行量化分析，我们用规模以上工业企业的几个主要效益指标进行横向和纵向对比。横向来看，河北省工业企业利润率较低，2017年，全省规模以上工业企业的主营业务收入利润率为6.01%，比全国平均水平低了0.45个百分点，不仅低于广东、江苏、浙江、河南等一直领先的省份，而且低于四川、贵州、福建等赶超势头强劲的省份，与上海（8.58%）相比更是相差很大。其中，大中型工业企业的主营业务收入利润率仅为5.99%，国有及国有控股工业企业的这一指标为3.38%，均低于全省平均水平，没有起到引领带动作用。河北省每百元主营业

务收入中的成本为87.33元，比全国平均水平高出2.41元。纵向来看，河北省规模以上工业企业主要经济效益持续下滑，2007年河北省规模以上工业企业总资产贡献率、工业成本费用利润率分别是15.95%和8.15%，2010年两项指标分别下降为14.75%和7.43%，2017年则进一步下降到11.90%和6.50%，工业效益连续多年下滑。

表2 2017年全国部分省市规模以上工业企业效益指标

单位：亿元，%

地区	主营业务收入	利润总额	主营业务收入利润率
全国	1164623.80	75187.10	6.46
河北	51900.50	3118.70	6.01
广东	135598.67	8985.97	6.63
江苏	154899.90	10359.70	6.69
山东	142660.20	8327.60	5.84
浙江	67081.00	4569.80	6.81
河南	80605.71	5272.37	6.54
四川	42423.40	2610.60	6.15
湖北	43531.20	2470.60	5.68
湖南	39463.90	1930.89	4.89
上海	37426.80	3210.90	8.58
贵州	11085.70	873.10	7.88
福建	48004.30	3208.55	6.68

资料来源：《中国统计年鉴》、《河北经济年鉴》、国家统计局及省统计局官网、国家及各省份国民经济和社会发展统计公报，或根据以上渠道获得数字计算所得。

（四）辅助能力：生产性服务业作为区域经济发展的助推与保障，对河北省实体经济的助推作用不强

生产性服务业是实体经济的重要组成部分，影响制造业的发展

潜力和后劲，更是营商环境优劣的重要体现。从国际经验看，提高实体经济发展质量、推进工业转型升级的关键在于生产性服务业的发展，如2008年抵御世界经济危机能力最强的德国，尽管制造业是其最强大的支撑，但其有两个"70%"：一是服务业占GDP总量的70%，二是生产性服务业占服务业的70%。没有研发设计、信息服务、金融服务、节能与环保服务、生产性租赁服务、商务服务、人力资源管理与培训服务等众多生产性服务业的发展，想从产业链的低端迈向中高端是不现实的。河北省生产性服务业的差距主要体现在以下几方面。

1. 生产性服务业的集聚程度不强

河北省生产性服务业的集聚程度仅是全国平均水平的80%，与北京、天津的250%和106%相比，弱势明显，而且石家庄、唐山作为河北省经济发展的龙头，近年来其生产性服务业的集聚程度有所下降。

2. 生产性服务业结构不优

在河北省生产性服务业中，技术含量最低的货物运输、仓储和邮政快递服务占比最高，为44%；而制造业迫切需要的节能与环保服务、生产性支持服务和生产性租赁服务占比偏低，均不足0.6%。尤其是河北省制造业最急需的节能与环保服务，供给能力跟不上发展的需要。

3. 生产性服务业增速不快

2017年，全国生产性服务业营业收入同比增长15.0%，但河北省规模以上生产性服务业营业收入仅增长了14.3%，低于全国平均水平0.7个百分点。

四 提高河北省实体经济发展质量的突破口与路径选择

提高河北省实体经济发展质量要重点突破与整体推进相结合，在重点突破方面，要集中力量实现传统支柱产业和高新技术产业质量的赶超；在整体推进方面，要从优化宏观环境和发展生产性服务业两方面下功夫。

（一）做强主体板块：将提高传统支柱型产业的发展质量放在首位

河北省传统支柱型产业在全国的影响力和市场地位不能丢，提高河北省实体经济发展质量，首先应以传统支柱型产业的转型升级为重心，实现"老树发新芽"，在传统产业内部培育新的"发动机"，这将大大降低河北省提升实体经济质量的成本，提高成效。对河北省而言，一些传统支柱型产业现在、未来都是支撑全省经济发展的基础，也是河北省彰显竞争力和实力的根基，这一点从当前美国日益注重本国钢铝等重工业的保护与回归可见端倪。随着去产能任务的提前完成，河北省经济发展的战略重点应适时进行调整，应大力解决传统产业的生产外部性成本如高耗能、高污染等，致力于传统产业拓展更宽广、更深远的市场空间。

1. 推动传统支柱产业链条、产业网络的壮大

以产业链延伸为主线，引导传统支柱产业的重点企业从点式发

展向链条式发展、网络式发展转变，向关键环节和高附加值环节延伸和拓展。充分利用"互联网+"、物联网、电子信息等新技术，催生新产品、新领域和新业态。在承接产业转移中，瞄准产业链、产业网的薄弱环节及空白点，找准与传统支柱产业对接的切入点，引进能够与传统支柱产业对接的高端企业或项目，带动传统支柱产业更新改造。

2. 建立传统产业与新兴产业的战略联盟

通过促进传统支柱型产业和战略新兴产业的融合发展、协调发展，推动传统支柱型产业向高端发展，实现从规模扩张向效益领先的转变。鼓励"两化融合"下传统产业与新兴产业在技术研发、市场开发上相互合作，组成新兴产业与传统产业的战略联盟，推广具有新旧融合性质的经济发展模式，使传统支柱型产业插上跨越式发展的翅膀。

3. 鼓励"四新"经济与传统产业高度融合

传统产业的龙头企业在发展"四新"进程中，要勇于尝试，勇于探索，为行业内其他企业做好引领示范。同行企业、关联性企业合作建立综合的生产性服务平台，加快前沿科技成果的产业化进程。加强产业联盟、行业协会等组织在发展"四新"经济中的协调推动作用，建立集成式创新模式，让创新成果成为传统支柱型产业实现转型升级的引擎。

（二）强化高端引领：将高新技术产业链的整体提质和连贯完整作为战略选择

高新技术产业具有高投入、高风险的特点，为提高河北省高新技术产业的投入产出效益,加强高新技术产业链的合作式创新不失为明智之举。

1. 培育科技创新生态系统

一是根据河北省产业发展所处的阶段和国内外大环境确定高新技术产业发展的总体战略与配套规划;二是提升和优化河北省高新技术产业发展的要素供给能力和基础要素条件,包括大学和研究机构、高科技企业、互联网及科技平台建设等;三是加强高新技术产业发展各支撑要素的建设,包括政府的支持、对外开放的推进、知识产权的保护、教育体系的完善等。

2. 整合产业链创新主体

通过产业链创新主体的协同合作,构建具有区域竞争力和发展潜能的产业联盟,为河北省高新技术产业的发展创造条件。由企业、高校、科研部门、政府、科技中介和市场共同组成创新联合体,使各成员单位分工协作、各司其职,充分发挥他们的创新积极性。完善促进科技创新的生产服务体系,形成激励创新的网络化格局,提高河北省各产业,尤其是主导产业的硬科技应用水平和产业创新能力。

3. 建立技术研发资源共享机制

由政府、大型企业或社会团体机构,建立对公众开放的科研设备、仪器及文献资料等科研资源的共享平台,将需求概率较高的技术研发设施放在平台上进行统一管理、养护和开放使用。同时,政府安排财政专项资金对运转过程中产生的费用进行补贴和资助,也可从享受平台服务后产生收益的研发项目中获得一些补偿。

（三）优化宏观环境：加强对提高河北省实体经济发展质量的整体谋划和机制完善

1. 制定《河北省实体经济高质量发展评价指标体系及战略部署》

高质量发展需要一套全新的指标体系、核算体系和绩效评价体系，使河北省实体经济高质量发展思路清晰、步骤有序、目标一致，明晰发展思路与方向，开展相关研究工作，与国内外高质量发展评价指标相契合。国家统计局正在制定一整套适合高质量发展的指标体系，河北省可加强这方面的研究和探索，小范围进行试点。分行业尤其是针对河北省的支柱性产业，对标国内外先进生产能力与水平，找差距、查原因、出对策。

2. 调整河北省"百强企业""民营百强企业"的评选导向

评选依据从过去以"营业收入"排名变为以"创新能力""管理能力""经营效率"等进行排名，可以采用单一指标或综合指标进行排名，定期评选"河北省创新型百强企业""最具成长性高科技企业""管理创新百强企业"等，明确指标体系及评选办法，对上榜企业给予具有一定激励强度的物质奖励，从创新投入、创新产出、创新绩效、创新管理等方面进行企业创新发展水平评价，力求真正把河北省各个行业创新的龙头骨干企业评选出来，充分发挥创新型企业的示范引领作用。

3. 加强河北省重点产业研究机构的建设

构筑全省性的产业技术研究架构，建立省级产业技术研究总院和各行业的专业研究院，形成"总院＋专业研究院"结构，总院对各行业产业研究院起到指导作用，主要负责专业研究机构的布局与管理、融合技术的合作研发、重大项目的组织、产业技术发展战略研究、创新资源和成果的集聚、技术转移与投融资服务等，着力打通科技成果向现实生产力转化的渠道，为产业发展持续提供技术支持。充分利用河北省各级各类产业研究院的资源，在管理体制、资金保障、人才引进等方面为各种所有制的研究机构提供宽松环境及激励机制。

（四）提升辅助能力：提高河北省生产性服务业发展的质量和水平

1. 力促生产性服务业紧跟产业发展需要

推动金融机构服务举措与实体经济精准对接，规范互联网金融，将专业金融机构的经营理念拉回到为实体经济服务的正确轨道上来；提高生产性服务业的专业化水平，鼓励大型企业的生产辅助部门从企业分离出来，为中小企业和整个行业服务，加快经营性事业单位进行公司化改革的步伐，使高级专业人才和专业设备最大限度地实现人尽其才、物尽其用，在战略咨询、人才引进、研发设计、市场推广等方面构筑高水准的生产性服务实体；加快实施河北省生产性服务体系建设提升工程，为全省实体经济发展，尤其是制造业水平的提高创造条件。

2. 加大政府对生产性服务业的扶持力度

在财政预算中列出专项资金，采取直接奖励、贷款贴息和阶段性补助等多种方式，针对生产性服务业中的关键领域、瓶颈和短板增加资金投入，发挥财政资金的撬动作用。从强化财政资金的使用效能出发，使政府资金更多地投向普惠层面，从侧重于支持单个项目的研发,向建设辅助平台、壮大人才队伍和夯实科研基础方面倾斜,营造更加浓厚的研发氛围。结合税收制度改革,针对生产性服务业发展的需要,制定更精准的税收优惠政策。基于该领域具有第三产业"轻资产"的特点,可比照高新技术企业的扶持措施,将高新技术企业享受的税收优惠政策惠及生产性服务业领域。

3. 改革生产性服务业的监督管理机制

鉴于生产性服务业具有智力投入较多、经营方式多变、盈利模式多样、牵涉部门众多的特点,应着力创新对生产性服务的监督管理方式。首先,尝试建立各部门联合监管模式,使各机构立足本部门的职责范围,加强部门之间的沟通协调,加强监督管理工作中的资源互通、执法互助、监管互认,达到综合监管的效果。其次,探索建立社会多元化监管模式,政府单方面的监督管理不可避免地会出现漏洞,产生监管盲区,发动社会各方面的力量是"补漏洞、除盲区"的有效方法,有利于构筑政府指导、多方参与、分工协作、机动灵活的生产性服务业监管网络。

4. 本着开放的理念推进生产性服务业的发展

随着对外开放广度、深度的拓展,第三产业逐步成为河北省引进外资的热门领域,这将扭转第三产业,尤其是生产性服务业在全国发展滞后的局面,提高生产性服务业发展的速度与质量。一是从政策上优化投资环境,尽快列出负面清单,熟悉国际规则。二是确定引进外资的重点领域,谋划好实施步骤。三是加快本土生产性服务业引进外资的步伐,以此实现技术、管理的全面提升。

参考文献

黄群慧：《从三个层面提高实体经济供给质量》，《经济日报》2018年2月22日。

钱凯：《促进我国实体经济发展的观点综述》，《经济研究参考》2012年第71期。

司建楠：《遏制"脱实向虚"多措并举提高实体经济供给质量》，《中国工业报》2017年4月13日。

刘雅婷：《河北省振兴实体经济之我见》，《合作经济与科技》2018年第5期。

鲍仁：《国家统计局：我国实体经济质量效益稳步提升》，《期货日报》2018年4月10日。

许光建、吴珊：《如何看待当前实体经济的发展》，《价格理论与实践》2017年第3期。

赵晓雷、李永盛、张祥建：《上海发展实体经济的"短板"分析及对策》，《科学发展》2018年第3期。

B.11
实施精准招商 推动河北省利用外资高质量发展

宋东升[*]

摘　要： 本文从实施"精准招商"策略与利用外资高质量发展的大背景出发，全方位解读"精准招商"策略的基本内涵，提出以"精准招商"推动利用外资高质量发展的总体思路：一是精准锁定高质量外资的招商对象，即知名跨国公司、细分领域龙头企业、高科技、高成长性的科技企业；二是精准把握高质量外资的招商手段，即坚持和强化"环境招商"主基调；三是精准优化高质量外资的招商环境，即精准提升产业环境、精准打造平台环境、精准优化营商环境、精准提供政策环境和精准升级生活环境；四是精准构建高质量外资的招商机制，即科学界定政府招商与市场招商行为的边界和适当借鉴企业化运行机制；五是精准建设高质量外资的招商队伍。

关键词： 精准招商　高质量外资　高质量发展

---

[*] 宋东升，河北省社会科学院经济所研究员。

实施精准招商 推动河北省利用外资高质量发展

一 引言

近年来，为应对全球招商引资激烈竞争的新形势和适应我国经济发展的新常态，我国更加注重外资招商对稳增长的重要作用，并在开放发展理念下将利用外资同促进创新、转变发展方式、新旧动能转换、提升在全球价值链的地位、提高发展质量结合起来，在国家层面更是将外资招商首次提升到国家战略的高度，并密集出台扩大对外开放、积极利用外资的重量级政策文件。在提升外资招商地位的同时，我国外资招商策略也在相应升级，"精准招商"开始成为各地外资投资促进工作的新策略与新趋势。"精准招商"就是科学招商、务实招商、高效招商，是不同于粗放招商、盲目招商等传统招商方式的现代投资促进策略，其内涵就是通过对招商工作各环节的科学设计提升招商效益。

我国经济已步入高质量发展的新时代，利用外资也正处于转型升级的新阶段。高质量发展需要高质量外资，要以推动利用外资高质量发展助力经济高质量发展。在此大背景下，实现"精准招商"策略与推动利用外资高质量发展的有机结合自然是新时代我国利用外资的必由之路。从国家层面来看，2017年末召开的全国商务工作会议对推动我国利用外资高质量发展进行了战略部署。从河北省情况来看，2018年的政府工作报告将"强力实施精准招商"作为"加快形成新时代我省全面开放新格局"的三大重点任务之一，确立了"精准招商"在新时代河北省对外开放工作中的重要地位。

河北省要充分利用京津冀协同发展、雄安新区、"一带一路"、冬奥会、自贸区等多重重大战略机遇中助力提升利用外资质量的积极因素，以提升利用外资质量与水平、促进新旧动能转换为导向，将"精准招商"作为新时代河北省投资促进工作的基本策略，精准推动河北省利用外资的高质量发展。

二 对"精准招商"的全方位解读

任何事物的运行都是有规律的，招商引资工作也有其内在规律。国内外对招商引资一般规律的认识是在工作策略的不断试错或完善中获取的，符合招商引资内在规律的招商工作策略可称为招商经验。"精准招商"并不是一个经济学概念，而是一个集成国内外招商经验的具有中国特色的工作策略表述。招商引资是一个工作系统，涵盖项目选择、对象锁定、机制构建、队伍建设、环境优化等多方面、多环节的内容，对"精准招商"的解读自然也是多维的、全方位的。

（一）招商理念精准化

招商理念是招商引资工作的主线和灵魂。世界银行将"招商引资"（投资促进）定义为"各国政府试图吸引外商直接投资所进行的一系列营销活动"，明确指出外资招商虽是提供特定公共产品的政府行为，但又不是一般的政府行政事务工作，而是在政府主导下引入市场要素的特定国家或区域投资环境的营销行为，是一种"特殊产品"的市场营销活动。

国际上一些成熟的外资招商策略无不得益于"市场营销"理念的支撑，即用统一的市场营销理念设计外资招商策略总体框架和实施路径，全环节、全过程地指导外资招商工作，广泛应用机会分析、市场细分、市场定位、营销组织等市场营销理论，充分借鉴广告、推介会、展销展览、厂商研究、一对一直接营销、售后服务（项目运营后的投资者服务）等一般产品的市场营销手段，真正把外资招商作为一项特殊产品的专业营销活动来运作，以精准理念统领外资招商工作。

（二）招商对象精准化

招商对象是招商工作的方向和目标，锁定招商对象对实现精准招商具有决定性影响。锁定招商对象实质上是营销理论中的市场细分在招商领域的应用与延伸，国际上一般称之为"投资者定向"，即只针对某些经筛选后的一定范围内的潜在投资者进行招商，精准吸引最适合自身优势条件和投资需求的外商。

"投资者定向"招商依托自身优势，增强了招商的针对性和实效性，且可集中招商资源，提高招商效率和效益，在国际上得到了广泛的认同和应用。从国际招商实践来看，大多数国家都根据本国经济发展需要和当地产业优势，将招商对象锁定为特定的产业、特定的投资国，甚至是至特定的外商个体。

确定招商项目是"投资者定向"的前提和基础，即精准确定符合自身发展优势或发展需求的目标产业。这些目标产业也是招商对象中首先要锁定的特定产业。而后就要确定这些目标产业是哪些国家的优势产业，即锁定特定的投资国。最后确定

这些国家的这些产业领域内有影响力的外商，即锁定特定的外商个体。

（三）招商手段精准化

从国际招商实践来看，外资招商主要依靠整体投资环境或综合招商环境，包括政治环境、经济环境、产业环境、法律环境、政策环境等，招商优惠政策或政策环境只是其中一个辅助的、非决定性要素，单一的"政策招商"吸引力有限甚至毫无效果，"环境招商"是主要招商手段。同时，招商政策吸引力是建立在综合招商环境竞争力基础上的，以综合环境为依托的政策招商才会有明显效力，在其他招商要素条件大致相同的前提下才能将"政策招商"作为主要招商手段。

以税收优惠为核心的投资鼓励措施是许多发展中国家外资招商的重要手段，但几十年来国际资本主要流入税率较高、优惠较少的发达国家，发达国家之间的相互投资一直是国际投资的主体，有不少优惠政策的发展中国家整体上反而不如发达国家对外资有吸引力。此外，外商投资优惠政策是一个容易被不同国家复制的政策手段，这样又会大大降低外商投资优惠政策的内在效力。

（四）招商机制精准化

既然外资招商是一种"特殊产品"的营销活动，招商机构就不是一般的政府行政管理部门，而是一种积极进取、讲究投入产出的特殊的市场营销组织，与此相对应的招商机制自然也是政府和市场融合的"半官半民"的工作机制。

从国际经验来看，为顺应招商工作的营销属性、激发招商活力、提高招商成效，许多国家的招商工作机制都创造性地吸纳了市场化元素，构建了政府和市场精准融合的招商机制。从内部管理来看，政府招商机构虽然通常在政府架构之中，但注重借鉴企业化的运行机制，决策机制、激励约束机制有较强的独立性和自主性，比如实行不同于一般公务员的市场化人员聘用、业绩考核和薪酬激励机制，关注招商成本效益等。从外部组织来看，鉴于招商引资是特殊的市场营销活动，不少内容由专业化商业组织承担更专业、更有效率，政府招商机构往往把不太适合政府承担的职能外包给专业化商业组织，如聘请著名管理咨询公司进行产业与市场研究、项目分析与包装、投资者咨询、宣传推介等。

（五）招商队伍精准化

招商最终要靠具体的人员和队伍去执行，招商人员是特殊的市场营销人员。招商引资是智力密集型活动，招商人员与外商接触最多，也最为直接，招商人员既需要专业知识水平，又需要敬业精神、进取精神、沟通能力等综合素质，招商人员水平和素质对招商成效具有重要影响，甚至直接关系招商成败。

首先要专业化、细分化，即针对重点招商产业、项目、市场组建不同的专业化、细分化的招商团组，每个招商小团组只与某一类产业、项目或市场对接；其次要复合化，即不仅要有产业/产品、经管、法律等多学科的知识结构，也要有项目分析、商务洽谈、跨文化交流等多方面的商务技能；最后是多元化，即招商队伍人员来源要多元化，不局限于政府机构，要有来自企业等非政府机构的人

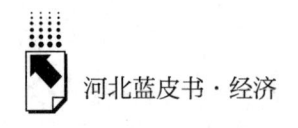

员，比如发达国家的招商机构就十分重视从私营部门聘用招商工作人员，许多招商工作人员都有在私营部门的工作背景。

三 以精准招商推动外资高质量发展

（一）精准锁定高质量外资的招商对象

"推动利用外资高质量发展"就是要将"高质量外资"作为利用外资的重心与导向。"高质量外资"是指有助于我国经济高质量发展的外资类型。从产业层面看，"高质量外资"主要存在于代表未来经济与科技发展方向的战略性新兴产业领域；从企业层面或外商个体来看，"高质量外资"则涵盖新兴产业、传统产业等所有产业领域内的优质外资企业，由于产业基础、资源禀赋，尤其是发展阶段的差异性，一些区域对传统产业内高质量外资的招商会更有成效。

在推动利用外资高质量发展中，河北省首先要根据自身的产业发展导向，将新一代信息产业、生物医药健康、人工智能与智能装备、新能源与智能电网、新材料、高端装备制造、节能环保等战略性新兴产业以及现代物流、金融科技、工业设计、文化创意等现代服务业作为利用高质量外资的重点产业领域。其次，河北省的基础原材料、机电、食品、纺织服装等传统产业虽不是利用高质量外资的重点产业，但这些领域里市场地位突出、税收和就业贡献巨大，尤其是能带来转型升级效应的优质外资企业也是值得吸引的高质量外资。具体而言，河北省利用高质量外资的招商对象包括以下几类企业。

一是世界500强企业和知名跨国公司。世界500强企业和知名跨国公司不仅能带来高质量的单体龙头项目，更重要的是这些单体龙头项目能带来众多相关配套企业的入驻，从而在当地快速形成特定产业集聚和集群式发展。因此，这类外资的招商出发点并非项目招商思维，而是一个项目带来一个产业的产业招商思维。在吸引跨国公司龙头项目入驻进而造就一个新产业方面，重庆对惠普笔记本电脑项目的产业招商案例堪称经典。重庆本来没有笔记本电脑产业基础，既没有整机生产企业，也没有与之配套的零部件生产企业，跨国公司在我国的笔记本电脑生产基地都在上海、苏州、福建、广东等东部沿海省市。在看到一些跨国公司生产性项目开始呈现从东部沿海向中西部内陆地区梯度转移的趋势后，重庆运用了整机龙头项目和众多配套零部件项目协同互动整合招商的新思维，不是单体项目招商而是以单体龙头项目为主导同时吸引相关配套项目的产业主题招商，也可称为产业链或产业集群式招商，由此"无中生有"地打造了我国最大的笔记本电脑生产基地，除整机生产项目外，还有上千家配套零部件厂商入驻。单体项目也不局限于生产经营性项目，跨国公司地区总部或功能性机构同样也在单体项目之列。

二是细分领域龙头企业——"隐形冠军"。"隐形冠军"一般是指在某个细分领域全球市场地位突出且具有核心竞争力的中小企业，由于其产品大多为零部件或原材料等中间产品，因此这些企业除业内人士外一般不为公众所知。近年来，随着我国对外资项目认识的深化和细化及经济的转型升级，对细分领域的龙头企业或

"隐形冠军"的招商开始引起各地的重视,沿海一些区位优势明显的中小城市已开始形成外资"隐形冠军"项目的集聚,比如江苏太仓就因成功吸引了不少德资"隐形冠军"项目而被总结为利用外资的"太仓模式"。细分领域的龙头企业或"隐形冠军"虽然规模和知名度不如知名跨国公司,但其技术含量、工艺水平及市场份额在某个细分领域一般处于全球前列或领先地位,有长期稳固的市场地位和可持续经营的强劲实力,也是高质量外资的重要组成部分。

三是高科技、高成长性的科技企业。近年来,在新一轮工业革命、强劲的国内市场需求和我国经济转型升级的大背景下,我国利用外资的结构正在发生积极变化,突出表现为高技术产业利用外资增速较快,高技术外资项目开始成为我国利用高质量外资的新生力量。对高技术、高成长性外资科技企业招商更需拓展思路,在对具体的生产经营性项目招商之外,还要注重对境外研发机构等技术要素的"技术招商",以及对海外高科技领军人才及团队的"人才招商",尤其是海外高科技领军人才及团队通过创新创业能高起点创立高科技、高成长性科技企业。

从河北省不同区域"投资者定向"招商的角度来看,为提高河北省各地针对高质量外资招商的精准性,河北省各地须立足自身优势,细化招商思路,精准锁定与自身优势条件相匹配的招商对象,力戒只看自身需求不看自身条件的粗放招商或模仿追随的同质化招商。综合环境优势明显、产业基础较强或区位、资源优势突出的地区(大城市、省会城市及其周边县市等)在对高质量外资招商上最有竞争力;各项优势条件不突出的地区也可因地制宜,努力挖掘和推介在一些细分领域不广为人知的独特亮点，精准对接在这些细分领域的高质量外资，在利用高质量外资尤其是传统产业领域的高质量外资方面也可有所作为，比如河北省隆尧县就曾依托仅有的一个具有行业影响力的企业（华龙食品）吸引到了日本日清公司的投资。

（二）精准把握高质量外资的招商手段

近年来，为应对发达国家再工业化、鼓励制造业回归的新形势、新挑战，2017年我国专门出台了积极利用外资的文件《国务院关于扩大对外开放积极利用外资若干措施的通知》（以下简称《通知》），明确提出"允许地方政府在法定权限范围内制定出台招商引资优惠政策"，这是国家在清理招商优惠政策两年后又重提"政策招商"，因此备受关注、各有解读。事实上，对这一政策工具的重新启用自然是为应对国家层面招商引资的政策竞争，并非旨在让国内各地回归拼土地、拼税收等自相竞争的"政策招商"老路。但在具体实施中，地方政府最关注的主要还是如何应对国内引资竞争，因而很容易将其作为区域新一轮利用外资的重要招商手段，从而重新萌发"拼政策"的冲动，一些综合环境优势不突出的区域更容易偏向"政策招商"，从而冲淡多年来国内各地业已确立的"环境招商"主基调。针对《通知》，河北省也出台了《关于落实国务院扩大对外开放积极利用外资若干措施的意见》，按照《通知》指示精神并结合河北省实际出台了一些相关优惠政策，新一轮"政策招商"手段已初见雏形。

为确保新形势下招商手段的精准性，河北省必须遵循规律、保持定力，处理好新形势下"环境招商"与"政策招商"的关系。一方面，要继续坚持"环境招商"主基调，"政策招商"仍作为辅助手段，这不仅因为综合投资环境对招商的决定性作用，也因为在我国外资政策日趋规范的大背景下，地方政府"拼政策"的空间已很小，各地的"政策招商"更应是共同服务于新形势下国家层面引资竞争战略的需要。另一方面，河北省在制定出台优惠政策的同时更要努力改善综合投资环境，综合环境越有"气场"，优惠政策越有"引力"，综合环境改善成效越大，优惠政策越能"锦上添花"。高质量外资对产业发展支撑要素和投资贸易便利化有更高的要求，需要更好的综合投资环境与之相匹配，这样"环境招商"的重要性将更为凸显，而与之相对应的"政策招商"的效力将进一步减弱，所以利用外资高质量发展更要强化"环境招商"。

（三）精准优化高质量外资的招商环境

高质量外资要求高水平的招商环境或投资环境，外资招商要全面对接高质量外资的投资环境需求，针对高质量外资对投资环境的关注点精准优化投资环境。与传统外资相比，高质量外资对投资环境的要求更高、更为细化和系统，因而精准优化高质量外资的投资环境宜遵循"高端化"、"精细化"和"系统化"思路。"高端化"就是提升投资环境诸要素的质量，比如提供高端高新产业人才，打造高层次承载平台，营造与国际规则接轨的营商环境、高品质的国际化生活环境等。"精细化"就是深入细致地分析高质量外资对投资环境要素的各项需求，通过当地投资环境与外商环境需求的逐项对照发现短板、精准优化，着力弥补制约高质量外资的"环境短板"，补上缺位的环境要素，强化弱项的环境要素。"系统化"就是重视投资环境诸要素在塑造环境竞争力上的关联性，关注某些要素"缺项"或"弱项"对整体投资环境的影响，从整体上系统优化投资环境，形成投资环境的综合竞争优势，打造有利于形成高质量外资根植性的投资环境生态。精准优化高质量外资的招商环境具体包括以下几个方面的内容。

一是精准提升产业环境。高质量外资一般都有较高的技术含量，对产业配套条件尤其是高级人才和专门技能人才有较高的要求。因此，各地在吸引高质量外资中特别重视精准供给和提升产业人才要素，尤其是江浙一些知名开发区将当地丰富的高级人才资源和充裕的产业技能人才作为产业环境竞争力的重要支撑，其中江苏太仓等地更是参照德国模式建立了双元制职业教育体系，为入驻太仓的高质量德资企业提供了坚实的产业人力资源保障。河北省的综合环境不仅对高级人才缺乏吸引力，且以传统产业为重心的产业结构也不利于与高质量外资相匹配的产业技能人才的生成与储备。在精准提升产业环境方面，河北省必须更加关注如何吸引与培养高质量外资所需要的高级人才和专门技能人才。

二是精准打造平台环境。开发区（园区）是我国利用外资的主要平台载体，国家级开发区更是高质量外资项目的聚集地。近年来，河北省开发区改革与创新发展虽有一定成效，但在不少方面尤其是体制机制上与江浙等先进省份的开发区相比尚有明显差距。在吸引高质量外资的区域竞争中，河北省要着力弥补体制机制短板，进一步激发各类开发区（园区）尤其是国家级开发区的发展活力，通过改革与完善体制机制精准打造开发区（园区）平台环境。同时，河北省要顺应近年来我国利用外资载体进一步细化和精准化的新趋势，着力打造国际产业合作园这一高质量外资承载平台。目前，河北省各地虽然也设立了一些国别园区，如中瑞（张家口）中小企业国际合作园、邯郸经济开发区欧美工业园、中日（冀州）复合材料产业园、邢台开发区中欧工业园等，但这些国别园区尚未形成高质量外资的规模化进驻和集聚化发展，亟须进行高端化、精细化和系统化打造，以形成能真正吸引和集聚特定国家高质量外资的综合环境平台。

三是精准优化营商环境。我国不少地方都将法治化、便利化、国际化的营商环境作为优化营商环境的目标，高质量外资自然需要与国际高标准对标的法治化、便利化、国际化的营商环境。目前，自贸区是我国探索打造法治化、便利化、国际化的营商环境的先行者，也是我国高水平法治化、便利化、国际化的营商环境的示范区。我国各地优化营商环境大多是复制推广现有自贸区的制度创新成果，后起自贸区的创新探索也是在复制推广其他先行自贸区成熟经验基础上进行的。河北省优化营商环境也借鉴了现有自贸区的经验，尤其是借京津冀协同发展之力较借鉴天津自贸区的经验更方便，且天津自贸区作为服务于京津冀的开放平台，其制度创新成果也是优先在京津冀区域内复制推广。值得关注的是，2018年下发的《河北雄安新区规划纲要》提出了"支持以雄安新区为核心设立中国（河北）自由贸易试验区"的重大举措，这样河北省就不再局限于复制推广其他自贸区的经验，而是要独立设立自贸区，从而由优化营商环境的跟随者变为新的先行者或探索者，使河北省在精准优化营商环境以吸引高质量外资方面获得更多的主动性。

四是精准提供政策环境。吸引高质量外资更需要综合环境竞争力，但这并非完全否定政策环境的作用，在其他条件相差不大的前提下，精准的优惠政策也会有其效力。在各地争相聚焦吸引高质量外资的背景下，河北省在优化提升其他投资环境要素的同时，也要注意精准提供吸引高质量外资的政策环境，包括税收与土地优惠、产业基金引导乃至资金补助等一整套综合性政策，对产业带动力强、科技含量高、就业创造明显的高质量外资项目要通过"一事一议"方式量身定制具有区域竞争力的优惠政策，对战略性新兴产业领域的重大外资项目更要出台集成性的重磅政策，最大限度地发挥各项财税、金融和土地等支持政策的综合效应。

五是精准升级生活环境。生活环境也是投资环境的组成部分。高质量外资不仅意味着高质量的项目，也会带来更多高级人才的入驻，这样自然要求当地能有更适宜的生活环境，包括国际学校、国际医院、国际社区等高品质的生活服务设施以至国际化的城市环境。目前，我国一线城市的生活环境自然能与高质量外资相匹配，一些位于前列的二线城市和一线城市周边的卫星城也在积极打造或优化国际化的生活环境。河北省城市发展落后，既没有规模又缺乏品位，尚未形成对高质量外资有吸引力的城市生活环境。为吸引高质量外资进驻，河北省必须将升级生活环境作为提升环境竞争力的一项重要内容，全面审视和梳理生活环境的方方面面，查找短板，关注细节，追求精致，精准建设和优化相关生活服务设施。

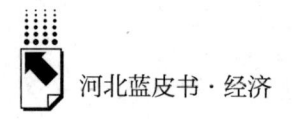

（四）精准构建高质量外资的招商机制

河北省外资招商虽然早已有政府购买服务的委托招商、中介招商等市场化方式，但在整体设计上尚需明晰政府职能与市场职能的具体边界，清晰界定哪些部分是政府行为、哪些部分应交给市场。要在政府主导之下引入一些企业化、市场化元素，创新和完善招商机制，实现政府主导招商与市场化招商的精准结合，构建现代投资促进机制，为招商引资工作提供机制保障。一方面，要科学界定政府招商与市场招商行为的边界，将不适合政府承担的一些职能放手外包给更有效率的专业咨询公司等商业组织，视不同情况在特定招商环节或整个流程上与专业服务机构合作，如对于投洽会等地方标志性的大型招商活动，政府也可充分借助外部专业资源的市场化服务。另一方面，在内部管理上可适当借鉴企业化运行机制，尤其是一线招商机构不能照搬一般行政管理制度，要设计富有活力的不定级别、不定编制的"雇员制"人事和薪酬制度，考核与奖励制度以招商绩效为导向，根据招商绩效高薪回报一线招商人员，对重大招商项目更要设置特别奖励，通过有效的激励机制充分调动一线招商人员的工作积极性、主动性与创造性。

在构建政府主导招商与市场化招商精准结合的现代投资促进机制的基础上，还要顺应利用外资高质量发展的要求建立专门的高质量外资考核体系，在考核机制上引导外资招商重心转向高质量外资，同时，在市场化委托招商方面，应选择专业素养更高的委托招商代理机构，比如，济南近年来就针对吸引优质外资推出了全球招商合伙人行动计划，与德勤、普华永道等世界知名的专业咨询机构建立合作伙伴关系，大大提升了市场化委托招商的国际化、专业化水平。

（五）精准建设高质量外资的招商队伍

近年来，河北省虽然也越来越重视专业化、细分化的小团组招商队伍的主体地位，积极组织和支持小团组招商活动，但对小团组招商队伍建设还没有予以特别关注并进行专门部署与推动，小团组招商队伍建设一直是一个薄弱环节。

在外资招商工作中，河北省要将招商队伍建设作为一个专门问题来予以关注与推进，针对招商队伍建设进行专门部署，顺应外资招商工作的能力要求，精准建设专业化、细分化、复合化、国际化的招商团组。为此，要针对河北省外资招商队伍建设制定出台专门的指导意见，明确与细化招商队伍的组建原则与具体思路，包括招商队伍的建设导向、知识与技能要求、能力建设等，以提升招商队伍的专业水平和整体素质，为河北省外资招商工作提供高水准的队伍保障。

顺应利用外资高质量发展要求的招商队伍建设要重点把握好两个方面。一是为选定的高质量外资项目量身打造专业化的高质量外资定向招商团组，将精准建设高质量外资招商团组作为外资招商队伍建设的重点。二是要按照高质量外资招商的要求，强化招商队伍能力建设，针对高质量外资项目建立专业水准更高的国际化招商队伍，尤其要注意吸收有海外教育和工作背景、熟悉国际商务习惯和能够跨文化交流的国际化人才。

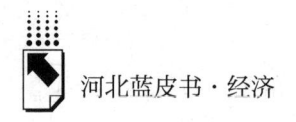

参考文献

何曼青：《利用外资 40 年：特点、趋势与建议》，《中国外资》2018 第 21 期。

周海琴、李瑞琴：《新时期提升中国利用外资水平与质量的建议》，《国际经济合作》2018 年第 9 期。

陈炳才：《新形势下我国利用外资重点问题与对策》，《全球化》2018 年第 1 期。

林侃：《福建实施精准招商》，《中国外资》2016 年第 10 期。

肖前：《积极有效利用外资　推动经济优质发展》，《国际经济合作》2018 年第 1 期。

桑百川：《积极有效利用外资　推动经济高质量发展》，《中国外资》2018 年第 7 期。

B.12
高质量发展背景下河北省主要经济指标对比分析与前景展望

邹玲芳[*]

摘　要： 我国经济发展已进入由高速增长转向高质量发展阶段。推动河北经济高质量发展，是保持经济持续健康发展的必然要求。河北、四川作为发展阶段相似的省份，其经济发展既具有一定的共性，又各具特色，两省的经济发展动态及推进经济高速增长转向高质量发展的相关思路和举措值得关注。本文通过对比河北和四川的主要经济指标，分析近几年两省经济发展进程，寻找河北省经济发展的差距，探索新旧动能的转换途径。一是加大投资力度，培育新动能；二是坚持创新驱动，推进转型升级；三是推进区域协调发展，加快产业融合。

关键词： 高质量发展　经济发展指标　新旧动能转换

---

[*] 邹玲芳，河北省社会科学院经济所副研究员。

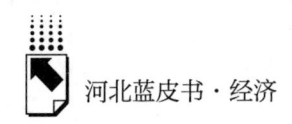

十九大报告指出我国经济已由高速增长阶段转向高质量发展阶段，正处在转变发展方式、优化经济结构、转换增长动力的关键时期。如何转换传统发展方式，促进产业结构调整，培育好、用好新动能，实现经济高质量发展，是河北目前面对的挑战。"十二五"时期，河北省和四川省经济和社会发展进程不断加快，形成各具特色的经济发展模式，又具有稳中求进、协调发展的共同特点。本文通过对河北、四川两省的主要经济指标及发展的差距问题进行对比分析，为河北推进高质量发展提供重要启示和经验。

一 河北省与四川省主要经济指标对比分析

（一）经济总体发展水平

1. 经济规模水平

"十二五"期间，河北省经济保持平稳增长。2012年，河北实现地区生产总值26575.0亿元，同比增长9.6%。2017年，河北生产总值达到35964.0亿元，同比增长6.7%。2013~2016年，河北生产总值年均增长7.1%，经济增长速度与全国基本保持同步。

2012年，四川省实现地区生产总值23849.8亿元，同比增长12.6%。2017年达到36980.2亿元，同比增长8.1%。2013~2016年，四川生产总值年均增长8.5%，经济增长速度始终高于全国平均水平（见图1）。

河北省的经济总量在全国的排名有所下降，由2010年的第6位逐步降到2017年的第8位。经济增长速度由2011年的11.3%降

高质量发展背景下河北省主要经济指标对比分析与前景展望

至2017年的6.7%。同时期，四川的经济总量保持在全国第6位，经济增长速度由2011年的15.0%降至2017年的8.1%，但每年的增速都高于河北的增速。从经济发展的规模看，两省的差距在持续扩大。

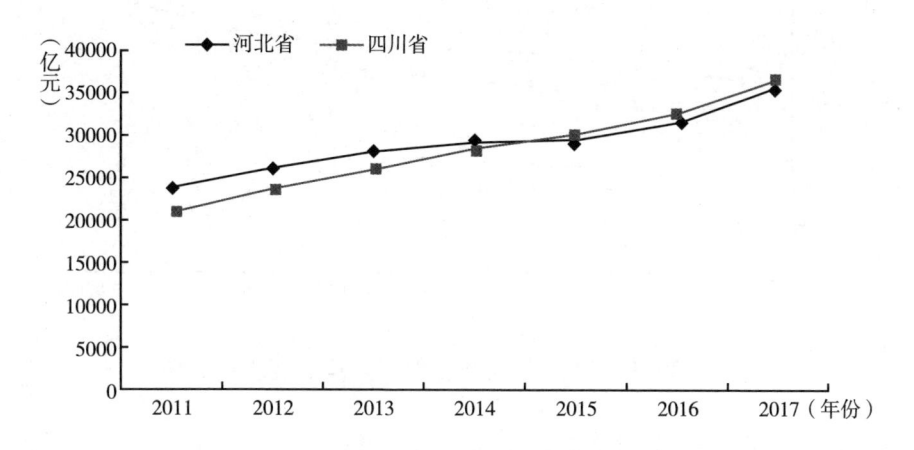

图1 2011~2017年河北、四川地区生产总值

资料来源：河北省和四川省统计局，下同。

2016年，河北的人均地区生产总值达到42736元，较2012年增加6152元。2013~2016年，全省人均地区生产总值年均增速达到6.4%。2017年，河北的人均地区生产总值为47985元，在全国排名第17位。

四川的人均地区生产总值在2016年达到39695元，实现较快增长，较2012年增加10087元。2013~2016年，全省人均地区生产总值年均增长8.0%。2017年，四川的人均地区生产总值为44651元，在全国排名第22位。

从经济发展水平看，虽然河北的人均地区生产总值领先于四川，但四川处于追赶的态势，二者差距正在逐步缩小。二者人均地区生产总值的差距从2012年的6976元缩小到2017年的3334元（见图2）。

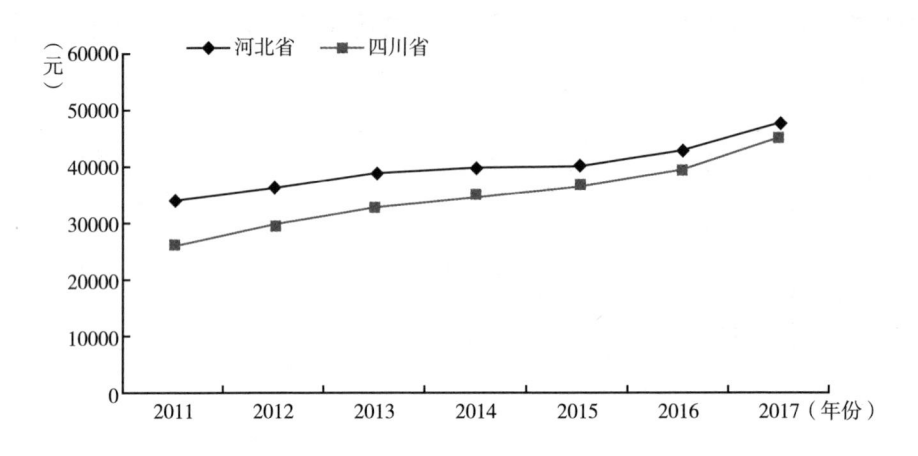

图2　2011～2017年河北、四川人均地区生产总值

2. 财政收入水平

2012年河北一般公共预算收入为2084.2亿元，比上年增长19.9%。税收收入为1560.6亿元，同比增长15.7%。河北一般公共预算收入在2017年实现3233.3亿元，同比增长13.5%。税收收入2199.0亿元，同比增长10.2%。2012年河北税收收入占一般公共预算收入的比重为74.9%，2017年为68%。

2012年四川一般公共预算收入达到2421.3亿元，同比增长18.4%。其中税收收入为1537.0亿元，同比增长30.2%。四川一般公共预算收入在2017年实现3579.8亿元，比上年增长9.5%（见图3）。其中税收收入为2430.0亿元，同比增长10.7%。2012年四川税收收入占一般公共预算收入的比重为63.5%，2017年达到67.9%。

从税收占比看，2012年河北财政收入质量优于四川，2016年两省基本持平。

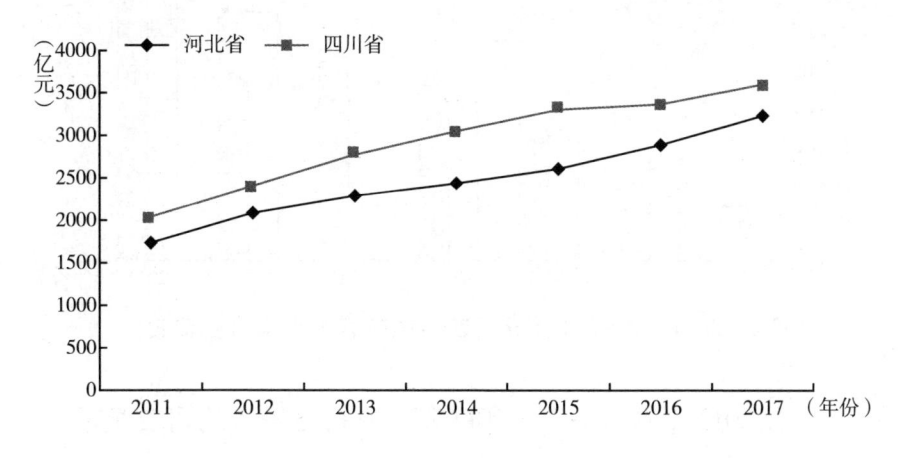

图3 2011~2017年河北、四川的一般公共预算收入

3. 居民收入结构

从城镇居民人均可支配收入看，河北居民收入增长较快。2012年，全年城镇居民人均可支配收入达20543元，比上年增长12.3%。2016年，城镇居民人均可支配收入为28249元，比2012年增长37.5%，年均增长8.3%。2017年，城镇居民人均可支配收入为30548元，突破3万元大关。

2012年，四川全年城镇居民人均可支配收入为20307元，同比增长13.5%。2016年城镇居民人均可支配收入为28335元，2012~2016年年均增长8.7%；2017年，城镇居民人均可支配收入为30727元，与河北同年突破收入3万元大关（见图4）。

2012年河北农村居民人均可支配收入同比增长13.5%，收入达到8081元。2016年，农村居民人均可支配收入达到11919元，比2012年增长47.5%，年均增长10.2%。2016年河北城乡居民收入倍差

河北蓝皮书·经济

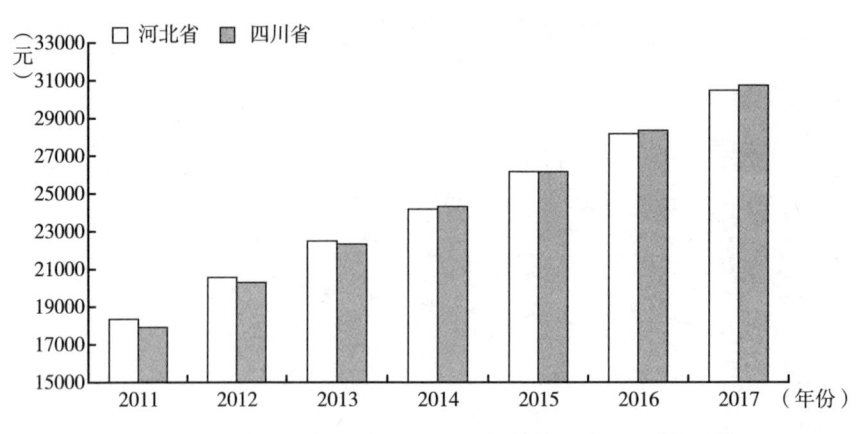

图4 2011~2017年河北、四川城镇居民人均可支配收入

为2.37，比2012年减少0.17。2017年，农村居民人均可支配收入为12881元。2014年，河北农村居民人均可支配收入突破万元大关。

2012年，四川农村居民人均可支配收入为7001.4元，同比增长14.2%。2016年农村居民人均可支配收入为11203元，2012~2016年年均增长12.4%。2016年四川城乡居民收入倍差为2.53，比2012年减少0.37。2017年，农村居民人均可支配收入为12227元。2015年，四川农村居民可支配收入突破万元大关（见图5）。

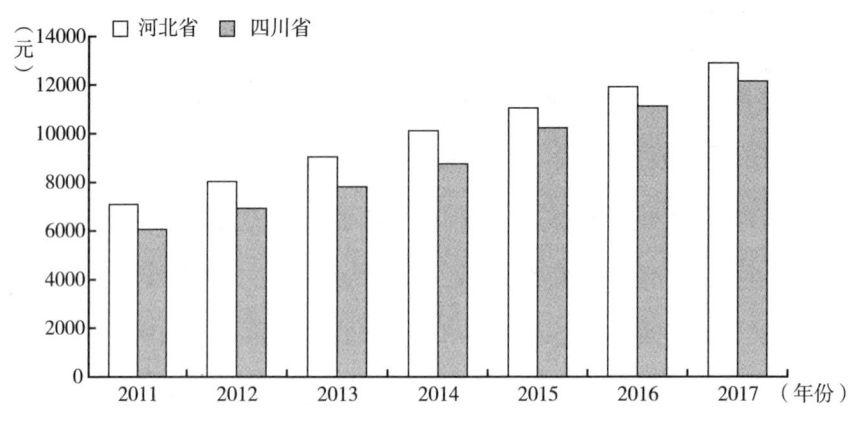

图5 2011~2017年河北、四川农村居民人均可支配收入

210

（二）经济结构变动趋势

1. 产业结构

2011年，河北第一、第二、第三产业增加值分别达到2905.7亿元、13098.1亿元和8224.4亿元，同比分别增长4.2%、13.4%和10.5%。三次产业结构的比重是12∶54.1∶33.9。2017年，河北的第一、第二、第三产业增加值分别实现3507.9亿元、17416.5亿元和15039.6亿元，同比分别增长了3.9%、3.4%和11.3%。三次产业结构的比重是9.8∶48.4∶41.8。其中，第二产业的比重比2011年下降5.7个百分点；产业结构沿"三二一"方向发展的进程明显加快。2016年，河北第三产业增加值比重为41.7%，对经济增长的贡献率为59.1%，经济增长跨入由服务业拉动为主的新时代。

四川第一、第二、第三产业增加值在2011年分别达到2983.5亿元、11027.9亿元和7015.3亿元，同比分别增长4.5%、20.7%和10.9%。三次产业结构的比重是14.2∶52.4∶33.4。四川第一、第二、第三产业增加值在2017年分别实现4282.8亿元、14294.0亿元和18403.4亿元，同比分别增长3.8%、7.5%和9.8%。三次产业结构的比重是11.6∶38.7∶49.7。其中，第二产业的比重比2011年下降13.7个百分点。产业结构调整为"三二一"型。2016年，四川第三产业增加值比重为45.4%，对经济增长的贡献率为51.5%，四川的经济结构发生变化，经济实现由工业主导向工业与服务业主导并重转变。

总体上看，两省产业结构调整发展的趋势相近。但河北第二产业占主导地位。四川第三产业增加值的占比提升较快，服务业发展

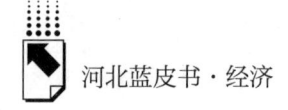

有一定优势。

2. 工业规模

工业规模稳中有进。2012年,河北实现全部工业增加值12511.6亿元,其中规模以上的工业增加值实现11069.6亿元。二者的增速分别是11.8%和13.4%。2016年全部工业增加值达到13194.4亿元,比上年增长4.6%。规模以上工业增加值达到11663.8亿元,同比增长4.8%;比2012年增长26.5%,年均增长6.1%。

值得注意的是,河北规模以上工业增加值增速出现下滑,由2012年的13.4%下滑到2015年的4.4%。2016年,河北工业经济主要指标实现增长,规模以上工业增加值超过万亿元。其中,装备制造业增加值占规模以上工业比重超过钢铁工业0.5个百分点,达到26.0%,与2012年相比提高了7.5个百分点。这也标志着河北的工业经济进入由装备制造业引领的新阶段。

2012年,四川全部工业增加值达到10800.5亿元,同比增长15.6%。规模以上工业增加值增长16.1%。2013~2016年,四川工业增加值增速保持了11.2%、8.7%、7.2%和7.6%的增长,年均增速达到8.7%。2016年,全省实现工业增加值11569.8亿元,比上年增长7.6%。全年规模以上工业增加值增长7.9%(见图6)。

河北工业基础雄厚,工业规模大。随着过剩产能化解、大气污染治理的力度不断加大,其传统优势产业受到较大冲击。在这种局面下,河北经济实现稳增长,持续发力促转型,工业经济呈现稳中向好的态势。2013~2016年,在全国各省份工业经济普遍回落的背景下,四川工业依然保持中高速增长,年均增长8.7%,高于全国平均增速2.2个百分点。

图6 2011~2017年河北、四川全部工业增加值

两省工业发展的行业结构各有侧重。河北工业以资本、技术和能耗密集型为支柱。工业七大支柱产业包括钢铁工业、装备制造业、石化工业、纺织业、食品工业、建材工业、医药制造业。2016年，七大支柱行业实现工业增加值10046.7亿元，比2012年增长28.5%。高新技术产业发展加快，全省高新技术产业增加值在2016达到2147.5亿元，年均增速达14.3%。其中，高端技术装备制造增加值占高新技术产业的比重达46.9%，主要集中在新材料、电子信息和生物等领域。

四川工业以技术、资源优势行业为主导。四川工业的七大优势产业包括酒饮料、农副食品、医药、电子信息、汽车制造及水力发电、天然气等清洁能源产业。2016年四川七大优势产业占工业增加值的72.5%，比2012年提高11个百分点。高技术产业发展较快，2016年高技术产业产值占规模以上工业总产值的13.5%，年均增长11.0%，增速比同期规模以上工业高1.9个百分点。其中，高端成长型产业产值年均增速达到15%以上。

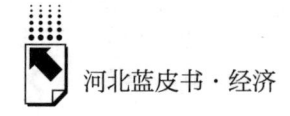

3. 民营经济

2011年，河北民营经济实现增加值15276.0亿元，比上年增长12.8%；占全省生产总值的比重达63.1%。全省民营经济增加值在2015年首次突破2万亿元。2017年，实现民营经济增加值24406.4亿元，比上年增长7.0%；占全省生产总值的比重为67.9%。

2011年，四川民营经济实现增加值12143.6亿元，比上年增长17.8%；占全省生产总值的比重达57.8%。全省民营经济增加值在2015年突破1.6万亿元。2017年，民营经济增加值实现20738.9亿元，占全省生产总值的比重为56.1%（见图7）。

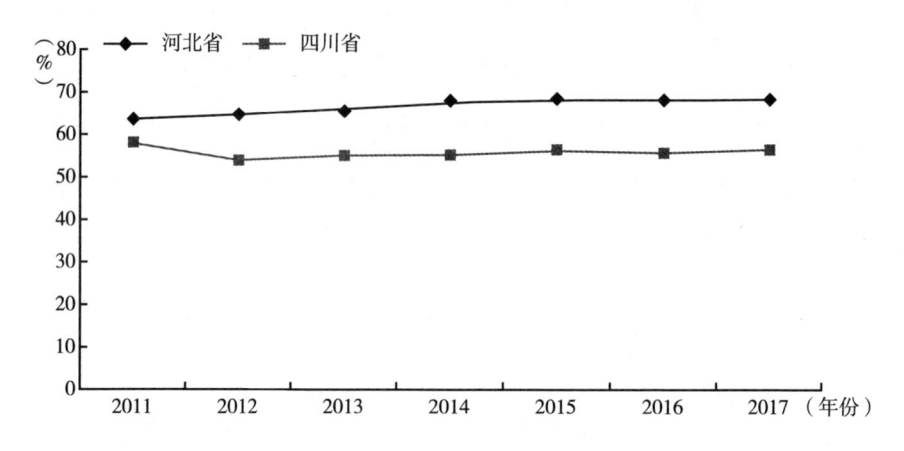

图7 2011~2017年河北、四川民营经济占地区生产总值比重

（三）经济发展速度

1. 固定资产投资

2012年，河北全社会固定资产投资完成19661.3亿元，比上年

增长20.0%。其中，固定资产投资（不含农户，下同）完成19104.6亿元，同比增长21.1%。2016全社会固定资产投资完成31750.0亿元，比上年增长7.8%。其中，固定资产投资完成31340.1亿元，同比增长8.4%。从投资对经济增长的贡献看，2016年河北全省固定资本形成率为57.8%，对经济增长的贡献率达49.5%。

四川的全社会固定资产投资在2012年达到18038.9亿元，比上年增长了19.3%。2016年全社会固定资产投资完成29126.0亿元，比上年增长12.1%。其中，固定资产投资完成28229.8亿元，同比增长13.1%。2016年，四川的全省固定资本形成率为47.8%，对经济增长的贡献率为46.3%。

2011~2017年，河北、四川两省的投资结构有所不同，河北的固定资产投资规模一直高于四川省，但可以看到二者的差距正在缩小。四川的固定资产投资增长速度要高于河北（见图8）。

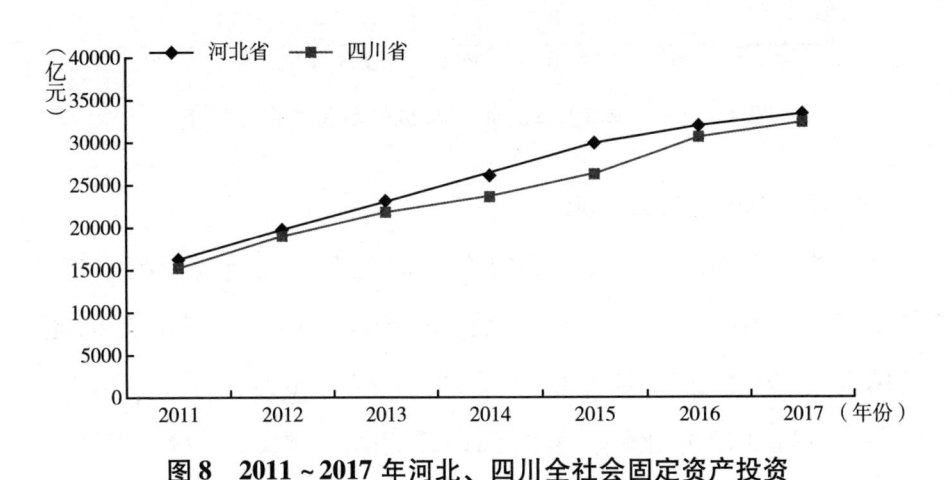

图8 2011~2017年河北、四川全社会固定资产投资

民间固定资产投资保持稳定增长。2012，河北全年民间固定资产投资实现14717.2亿元，同比增长27.5%；占全省固定资产投资

的74.9%,同比提高3.9个百分点。2016年民间固定资产投资实现24034.7亿元,同比增长5.6%。2017年民间固定资产投资实现25577.0亿元,增长6.4%。

2012年,四川全年民间固定资产投资实现9644亿元(见图9),比上年增长20.4%,增速比全社会固定资产投资高1.1个百分点。2013~2016年四川民间固定资产投资年均增长11.0%,占比超过全部投资的一半。

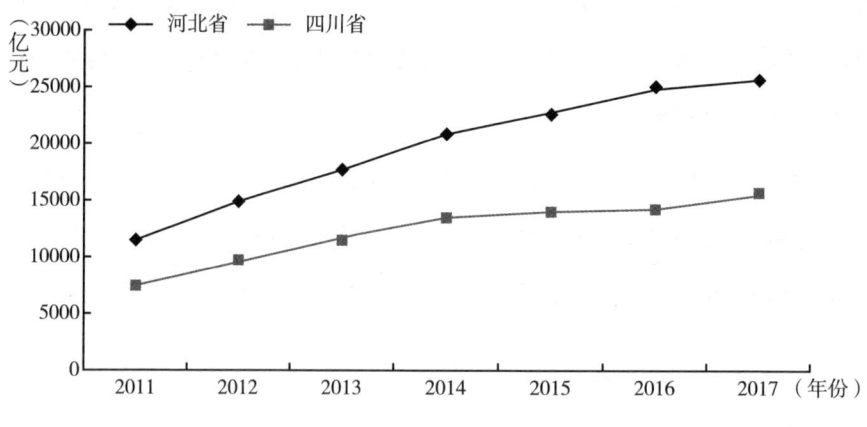

图9 2011~2017年河北、四川民间固定资产投资

2. 社会消费品零售总额

消费品市场较快增长。2012年,河北全省社会消费品零售总额实现9154.0亿元,比上年增长15.5%。2013年突破万亿元。2016年社会消费品零售总额实现14364.7亿元,比上年增长10.6%。与2012年比较,增加5210.7亿元,增长56.9%,年均增长11.6%。2016年,最终消费支出对全省经济增长的贡献率达到60.5%,超过投资需求。河北的经济增长由过去主要依靠固定资产投资带动经济增长,正逐步向投资、消费共同提升转变。

高质量发展背景下河北省主要经济指标对比分析与前景展望

四川社会消费品零售总额 2012 年达到 9622 亿元,2013 年达到 1.1 万亿元,突破万亿元大关。2016 年达到 15501.9 亿元,比上年增长 11.7%。2013~2016 年均增长 12.8%(见图 10)。

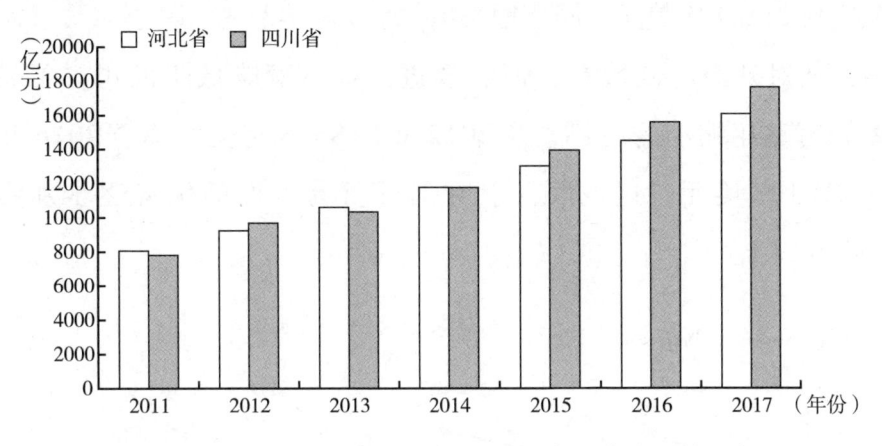

图 10 2011~2017 年河北、四川社会消费品零售总额

在消费领域,河北的社会消费品零售总额略低于四川,但二者差距有扩大的趋势,从 2012 年的 468 亿元增至 2016 年的 1137.2 亿元。

3. 对外经济

2012 年,河北省进出口总额完成 505.5 亿美元,比上年下降 5.7%。其中,出口总额完成 296.0 亿美元,同比增长 3.6%;进口总额完成 209.5 亿美元,同比下降 16.3%。2016 年,河北全省进出口总额完成 466.2 亿美元,比上年下降 3.7%。其中,出口总额完成 305.8 亿美元,比 2012 年增长 3.3%。进口总额完成 160.4 亿美元,比 2012 年下降 8.0%。贸易方式逐步优化,一般贸易出口比重有所上升,由 2012 年的 84.1% 上升到 2016 年的 91.1%。

2012年，四川的进出口总额比上年增长了23.9%，达到591.3亿美元。2016年的进出口总额是493.3亿美元，比上年下降3.6%。其中，出口额完成279.5亿美元，同比下降15.6%；进口额完成213.9亿美元，同比增长18.2%。

从对外经济领域看，河北省进出口总额略低于四川，二者差距有逐年缩小的趋势，从2012年的85.8亿美元降至2016年的27.1亿美元，这说明河北在对外贸易方面的优势逐步加强（见图11）。

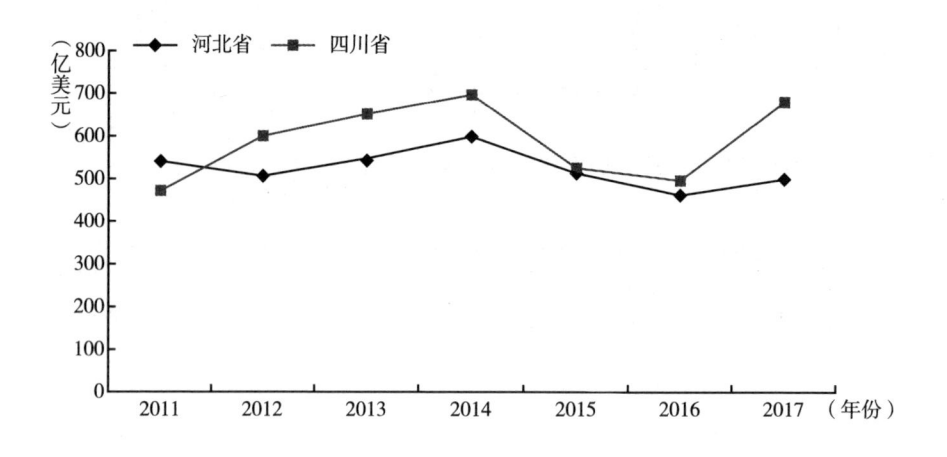

图11　2011~2017年河北、四川进出口总额

受外部经济影响，河北利用外资总额起伏不是很大，2012年实际利用外资总额达到60.3亿美元，2016年实际利用外资总额是81.5亿美元，同比分别增长35.2%和26.7%。2013~2016年，全省实际利用外资累计达292.0亿美元，年均增长7.8%。

四川实际利用外资总额在2012达到105.5亿美元，2016年达到85.5亿美元，比上年下降18.1%（见图12）。

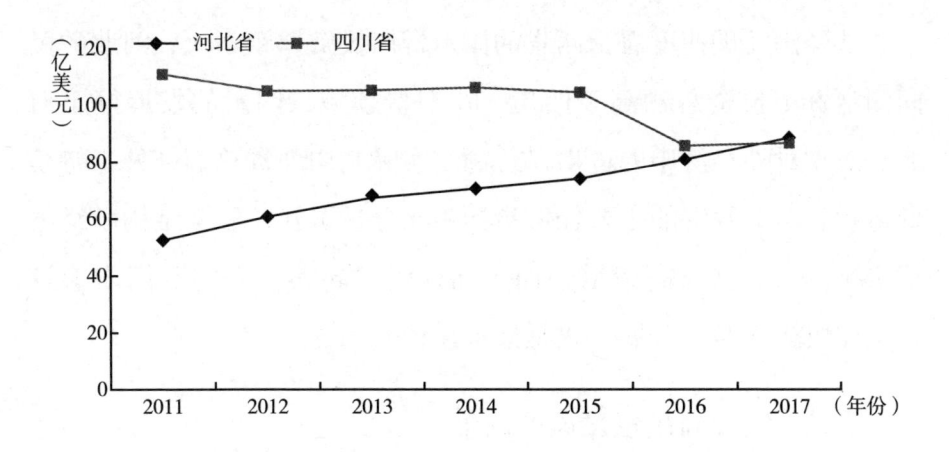

图12　2011～2017年河北、四川实际利用外资总额

二　河北省主要经济指标对比分析的结论与启示

（一）基本结论

根据河北、四川两省的主要经济指标对比分析可以得出以下结论：从经济总体发展水平看，河北生产总值在2015年被四川超过，2016年被湖北赶超。2018上半年，两省的地区生产总值依然保持差距，四川生产总值达到1.833万亿元；河北生产总值达到1.66万亿元。2011～2017年，四川地方财政收入水平高于河北，河北人均地区生产总值、农村居民人均可支配收入略高于四川。

从经济结构看，河北的产业结构第二、第三产业的差距较大，四川的产业结构相对均衡。河北民营经济占地区生产总值比重高于同时期的四川，民营经济的推进要快于四川。

从经济发展速度看，两省的固定资产投资差距不大，河北的民间固定资产投资总额高于四川。在消费领域，四川的发展好于河北。两省对外经济中的进出口总额、实际利用外资总额都处于持续低迷状态。由两省的主要经济指标对比分析可知，经济结构已经出现变化，经济已由高速增长向中高速增长转换，而实现高质量发展、加快转变经济发展方式是根本途径。

（二）实现高质量发展的启示

1. 加快新旧动能转换，推进新产业加速成长

首先是新产业加速成长。2016年，四川高技术制造业实现主营业务收入5994亿元，比2012年增长51.3%，年均增长10.9%；全省高新技术产业实现总产值1.65万亿元，是2012年的2.1倍，年均增长19.8%。认定高新技术企业3134家、国家级和省级高新技术产业园区11家。其次是新业态、新模式蓬勃发展。2016年，新增市场主体74万户。电商与特色产业融合发展，实现新的突破。有6家电商年销售额均超亿元，其网上零售平台共实现交易额36.9亿元。最后是研发经费投入规模大。四川的研发经费投入总量在2016年达到561.4亿元，研发经费投入强度达到1.72%。与四川相比，河北的科技创新能力还有提升的空间。2016年，河北投入的研发经费为383.4亿元，投入强度达到1.20%。

2. 以重大项目为带动，投资规模扩大

四川以重大项目为带动，以促进投资、稳定经济增长为发展方向，加大项目谋划储备，加快项目开工建设，推进重点项目落地实施，对经济快速发展起到了重要的支撑作用。2013~2016年，四川的

全社会固定资产投资总额保持两位数增长，投资规模近10万亿元。对第三产业的投资规模达到6.7万亿元，有效改善了投资结构。

3. 提升首位城市经济，区域经济协同发展

在区域发展中，成都是不可忽视的首位城市，具有较强的区域辐射带动能力。2017年成都地区生产总值达到13889.39亿元，在中国城市生产总值排名中位列第9。四川以成都首位城市经济优势为带动，推动市州区域经济发展。2016年，四川经济总量达到千亿元以上市州个数达到15个。四川的城市竞争力对经济发展的贡献率远高于河北城市。而河北没有特大城市，城市生产总值超过千亿元的只有石家庄、保定和唐山，河北城市的辐射带动能力还需要进一步增强。

三 前景展望

（一）加大投资力度，培育新动能

加大有效投资力度，破除无效供给，是满足当前发展需求、改善供给能力、培育新动能的重要途径。坚持以推进重点建设项目为基础，积极投资能推进产业转型升级、提升企业的质量和效益的重点建设领域。在培育新动能方面，加大对新技术、新产业、新产品的扶持力度，为经济增长提供新动力。

（二）坚持创新驱动，推进转型升级

产业的转型升级和结构优化是推进新旧动能转换，实现经济从高速增长向高质量发展转变的重要环节。坚持创新驱动释放新动能，推进转型升级。一是加快研发经费的投入，建设多层次科技创

新平台，推进万众创业创新。二是加快新兴产业发展。实施"互联网+"行动，推进物联网、云计算等经济新业态发展。大力支持高新技术产业、战略性新兴产业、现代服务业发展，引导企业加大研发投入，增强自主创新能力。

（三）推进区域协同发展，加快产业融合

以《京津冀协同发展规划纲要》和相关战略协议为基础，坚持优势互补、互利共赢，强化功能定位，加快产业融合。加快产业转型升级试验区建设，用好京津产业布局调整和产业链重构的机遇，发展"大智移云"等战略性新兴产业。以城乡统筹示范区建设为契机，进一步拓展各中心城市规模和发展空间，提升城市竞争力。有序推进雄安新区规划建设，注重高起点规划、高标准建设。有力推进冬奥会筹办进程，加快体育、文化旅游、节能环保等产业融合发展。

参考文献

河北省人民政府：《河北经济年鉴2017》，中国统计出版社，2017。
四川省人民政府：《四川经济年鉴2017》，中国统计出版社，2017。
李云霞：《河北省与湖北省经济发展比较分析》，《河北企业》2018年第1期。
杜云波：《湘鄂两省经济发展比较分析》，《数据》2012年第3期。
《河北省委省政府印发〈关于全面推动高质量发展的决定〉》，"河北新闻网"百家号，https://baijiahao.baidu.com/s?id=15885317901372246 96&wfr=spider&for=pc，2018年1月3日。

区域特色篇

Regional Characteristics Reports

B.13
以三大战略为动力，加快形成河北省区域协调发展新格局

严文杰[*]

摘 要： 本文从学理上探讨了区域协调发展与高质量发展的内涵，并结合河北省实际，对其进行深化和丰富。基于河北省高质量发展面临的不利形势，提出河北省以三大战略为动力，加快形成河北省区域协调与高质量发展新格局的"四个既要"战略：既要实施"三大战

---

[*] 严文杰，河北省社会科学院经济研究所助理研究员、博士，主要研究方向为预期理论、京津冀协同发展。

略"对接京津提升自己，又要巧用"三大战略"吸引全国投资发展自己；既要加快承接京津产业转移，又要谋划未来产业；既要推进城镇化建设，又要推动乡村振兴；既要加强"硬件"协调，又要加强"软件"协调。

关键词： 三大战略　区域协调　高质量发展

党的十九大报告指出我国经济已由高速增长阶段转向高质量发展阶段。这同样符合河北省的经济发展阶段。加快河北省高质量发展，包括加快区域高质量协调发展，是摆在河北省面前的一项重要课题。近年来，河北省一直致力于实施"三大战略"，这给河北省高质量发展提供了动力。如何进一步发挥"三大战略"的动力，加快形成河北省区域协调与高质量发展新格局，值得理论界和实践部门探讨。

一　区域协调发展与高质量发展的内涵

（一）区域协调发展的主要内容

党的十九大报告提出了"七大战略"，其中一个就是区域协调发展战略。随着全球产业分工与合作的加强，区域协调发展的内涵不断深化，其外延也在不断丰富。笔者认为，区域协调发展的实质是加强对区域欠发达地区的开发，具体内容包括四个方面：基础设施协调、政策协调、产业协调、人均GDP协调。

一是基础设施协调。所谓基础设施协调，是指一个区域内公路、铁路、大桥、港口、通信、信息、能源等基础设施实现互联互通，推动基础设施均衡发展。基础设施协调发展是区域协调发展的"硬件"。二是政策协调。政策协调是区域协调发展的"软件"，是指区域内定位协调、利益协调及政策法规协调。三是产业协调。产业协调是区域协调发展中较难实现的一个，产业协调的关键是"分工与合作"。四是人均地区生产总值协调。人均地区生产总值协调是衡量区域经济协调发展的一个重要指标，它要求区域内各地区人均地区生产总值不能相差太大，如果相差太大，则意味着地区经济发展水平和人民生活水平相差很大，不可能实现区域协调发展。

（二）高质量发展的主要内涵

按照党的十九大报告所述，高质量发展的内涵主要包括三个方面：转变发展方式、优化经济结构、转化增长动力。其中，转变发展方式是经济高质量发展的核心，优化经济结构是经济高质量发展的关键，转化增长动力是经济高质量发展的保障。笔者认为，由于河北省目前仍处于工业化中期阶段，且经济增长速度长期低于全国平均水平，河北省高质量发展的内涵除上述三个方面外，还应该包括保持经济增长。

保持经济增长是河北省经济高质量发展的基础。一是保持经济快速增长。这是当前河北省经济高质量发展区别于其他省份的一个显著差异，是河北省经济高质量发展的特色内涵。河北省要在加快经济转型升级中保持经济中高速增长，使经济增速保持在7.5%~8.5%的合理区间，长期高于全国平均水平，在全国力争中上游。二是保持经济高质量增长。要深入贯彻新发展理念，加快经济增长主要依靠过去的要素驱动向依靠创新驱动转变，使经济增长更多地依靠科技进步。三是保持经济持续增长。除加快传统产业转型升级外，要积极培育发展高新技术产业和未来产业，保持产业的可持续性，确保未来经济增速保持在7.5%~8.5%。

（三）以三大战略为动力，加快形成河北省区域协调与高质量发展新格局的要义

如上文所述，区域协调发展的实质是加强对区域欠发达地区的开发，本属于高质量发展的范畴。在河北省2018年政府工作报告中，河北省明确了高质量发展的外延，其中一个就是高质量协调发展。河北省区域协调发展，即高质量协调发展，属于高质量发展的范畴。从这个角度讲，以三大战略为动力，加快形成河北省区域协调与高质量发展新格局的要义是以推进京津冀协同发展、规划建设雄安新区和筹办北京冬奥会"三大战略"为动力，加快推动河北省高质量发展，从而形成河北省区域协调与高质量发展新格局。这种新格局，其落脚点是高质量发展的新格局。

以三大战略为动力，加快形成河北省区域协调发展新格局

二 河北省高质量发展面临的不利形势

（一）与全国多数省份一样，河北省区域协调发展水平较低

从上述定义的区域协调四个方面看，河北省实现区域协调发展任重道远。一是冀西北与冀中南、冀东地区还未形成快捷、高效、方便的铁路客运通道，不利于城市间的互联互通。二是区域政策缺乏协调性，甚至存在"政策冲突"现象。比如，近年来河北省不少地区在承接北京非首都功能时，各地为争夺同一个项目，彼此不断出台更优惠的土地、税收政策，其结果是北京宁愿将有些项目放到政策并不优惠、空间距离更远的长三角和珠三角地区。这种欠协调和彼此相互冲突的政策不仅没有承接到产业、招来企业，还破坏了河北省的营商环境。三是区域内产业协调性较低，产业同构现象明显。根据对河北省11个设区市产业分工指数平均值的粗略测算，河北省各城市产业分工度较低，产业同构化现象明显，各市普遍重视黑色金属冶炼和压延加工、非金属矿物制造、化学原料和化学制品等产业的发展。在产业合作方面，京津冀协同发展推行四年以来，虽然产业协同发展有所增强，但更多的是与北京方面的合作，省内城市间共同推进的合作园区较少。四是区域内人均地区生产总值的相对差距略微缩小，但差距仍然较大，且有更多的城市低于全国平均水平。在河北省11个设区市中，2006年人均地区生产总值低于全国平均水平的城市有6个，但到了2016年上升至8个。很显然，相对全国平均水平，目前河北省的欠发达地区越来越多，这导致区域间人均地区生产总值的差距仍然较大。

（二）经济总量排名一降再降，已跌至全国第八位

2000年以来，河北省生产总值在全国各省份中长期位居第六，但经济进入新常态以来，河北省生产总值排名持续下滑。先是2015年被四川超越，排名下滑到第七位；2016年又被湖北超越，排名继续下滑，位居全国第八；2017年，成功守住全国第八位，不过与排名第九位的湖南相差不大；2018年，河北生产总值排名下滑到全国第九，被湖南超越，与四川、湖北的差距越来越大。值得注意的是，河北生产总值与河南的差距由2000年的48.7亿元增至2018年的12046亿元。

（三）经济增速始终在低位徘徊，长期低于全国平均水平

经济进入新常态以来，河北省经济增速下滑态势明显，经济下行压力较大。近几年，河北省经济增速不仅低于全国前八位省份，且长期低于全国平均水平，仅在2016年略高于全国0.1个百分点，其余年份均低于全国平均增速，经济增速在全国各省份中处于下游。

（四）高新技术产业产值占比较小，且投资增速持续下降

2017年，河北省高新技术产业增加值占规模以上工业的比重为18.4%，不仅低于经济强省江苏（42.7%）、浙江（40.1%）和山东（35.0%），也低于近年来经济总量超越河北的四川、湖北。更不利的是，2014年以来河北省高新技术产业投资增速持续下降，2017年增速为5.3%，是近十年的最低增速。

（五）品牌影响力较弱，河北产品向河北品牌转变任重而道远

从近期世界品牌实验室发布的2018年《中国500最具价值品牌》报告看，河北共有9个品牌入选，品牌数量在全国位居第十，与北京（94个）、广东（90个）等品牌强省（市）差距十分明显。在河北9个入选品牌中，排名最高的长城排第135位，而9个品牌的总价值仅有1643.68亿元，相当于腾讯品牌价值的40.0%、海尔的46.9%、华为的51.1%。可见，目前河北省品牌价值较小，推动河北制造向河北创造、河北产品向河北品牌转变任务艰巨。

（六）能源使用效率较低，迈向经济集约型增长任重而道远

虽然近年来河北省能源使用效率逐步提高，但总体而言还维持在较低水平。以每万元地区生产总值所消费的能源总量（万元地区生产总值能耗）为例，目前河北省约为0.9吨标准煤，全国为0.6吨左右，广东、浙江、江苏等经济强省则为0.42吨左右。

三 以三大战略为动力，加快形成河北省区域协调与高质量发展新格局的思路与对策

（一）既要实施"三大战略"对接京津提升自己，又要巧用"三大战略"吸引全国投资发展自己

1. 在实施"三大战略"对接京津中提升河北经济发展水平

实施"三大战略"对接京津提升自己，是指河北省要通过积

极参与京津冀协同发展、规划建设雄安新区、筹办北京冬奥会来加快提升河北省经济发展水平。在参与京津冀协同发展过程中，通过承接京津产业转移来壮大产业经济，建设经济强省；通过对接京津交通来完善河北省的综合交通网络；通过京津横向财政支持从而加大河北省生态修复和保护力度，更好建设美丽河北；等等。在规划建设雄安新区方面，一方面通过集中承接北京非首都功能带动雄安新区及周边地区经济发展，做大河北省经济总量；另一方面通过加快河北省环首都经济圈、保定市的发展，更好地促进河北省区域协调发展。在筹办北京冬奥会方面，规划建设的京张高铁，有利于进一步释放河北省的高铁网络优势，加快冀西北与冀中南、冀东地区形成快捷、高效、方便的铁路客运通道；规划的冰雪及相关产业，不仅能带动张家口的经济社会发展，而且能刺激河北省文旅产业的发展。张家口筹办北京冬奥会，还能加快张承地区发展，有利于推动河北省形成高质量协调发展的新格局。

2. 巧用"三大战略"吸引珠三角、长三角等先进地区投资，壮大实体经济

河北省仅实施"三大战略"来提升自己还不够，必须解放思想，既要紧盯"京津"提升自己，又要跳出"京津"发展自己。跳出"京津"发展自己就需要巧用"三大战略"吸引全国先进地区来河北投资。也就是说，河北省除了要实施"三大战略"，还要借用"三大战略"的"热度"吸引全国各地的力量来发展自己。比如，河北省不仅是京津冀的河北省，还是华北地区的河北省，在实施"三大战略"背景下，河北省在华北地区有比较

明显的战略优势，是华北地区企业投资的"热土"。河北省可通过雄安新区这块"金字招牌"吸引长三角、珠三角等先进地区及海外的企业投资建厂，发展实体经济。毕竟一些全国型的大企业、大集团需要在华北地区布局，而目前河北省手握"三大战略"，土地、劳动力具有要素成本优势，又毗邻京津，区位优势明显，还有企业都向往投资的雄安新区。可见，目前河北省在吸引全国企业在华北地区投资具有一定的优势。同时，巧用"三大战略"还能进一步提升河北省的形象，放大自身的优势，在承接京津产业转移中占据更加有利的位置。但现实是河北省一些政策部门的思维局限于京津，只盯着京津的产业转移，一些地方把承接京津产业转移的条件一降再降，甚至不惜给予对方一切条件相互争抢产业项目，其结果是严重破坏了河北省的营商环境。因此，河北省亟须巧用"三大战略"来发展自己。

总体而言，河北省既要通过实施"三大战略"来提升自己的经济水平，又要巧用"三大战略"吸引外来投资，只有双管齐下，才能最大限度发挥"三大战略"的动力优势。

（二）既要加快承接京津产业转移，又要谋划未来产业

1. 河北省高质量发展需要高质量承接京津产业转移

近年来，河北省唐山曹妃甸新区、张北云计算产业基地等地区大量承接了京津产业转移，涉及汽车、医药、纺织、家具、冰雪装备制造、大数据等产业。目前来看，在产业承接过程中存在"杂散乱""捡到篮里都是菜"等一系列问题。河北省经济要高质量发展，就离不开高质量承接京津产业转移。一是加快承接速度。除雄安新区要集中承接北京非首都功能外，河北省其他地方也要加快承接产业的速度。这就要求河北省梳理自身优势，明确自身功能定位和产业规划，做好承接京津产业转移的顶层设计，制定并出台产业承接清单，加强京津冀产业转移承接重点平台建设，集中力量做好承接京津产业转移，避免打"持久战"和"消耗战"。二是重点解决承接并发展壮大1~2个产业的问题，如电子信息、汽车。目前，河北省已有承接产业转移负面清单，但需要与前期拟定的产业规划对接，重点承接并培育壮大1~2个产业。河北省目前至少承接了京津八大类产业，但承接太杂、布局太乱，承接后缺乏后续精细管理和发展意识，从而导致没有一个产业能形成较大体量。这就需要在重点承接有一定体量、符合河北省远期产业规划的产业的基础上，进一步把1~2个产业做大做强，如在这1~2个产业基础上，可承接全国甚至全球同类产业，吸引长三角和珠三角地区的大企业、大集团投资建厂，从而形成有一定影响力的产业集群。三是不能为了承接京津产业转移而无底线地降低条件，出台破坏河北省营商环境、抑制可持续发展的优惠政策。

2. 谋划发展1~2个处于全国甚至全球产业链和价值链高端的未来产业

从2000年以来我国主要地区产业发展历程看，凡是抓住了电子信息产业和汽车产业这两类"黄金产业"的地区，大多数是领跑的先进地区，比如沿海城市，以及中西部的重庆、成都、武汉、郑州、西安。客观地说，河北省大部分地区错过了前一轮电子信息产业和汽车产业发展的黄金时期。笔者认为，以人工智能为代表的新一代信息技术、新材料等产业将是未来要重点抓住的产业，谁抓住了这类产业，谁就能占据全国甚至全球产业链和价值链的高端，谁就能领先。河北省已错过前一轮"黄金产业"，后一轮不可再错过。因此，河北省发展产业经济，不能仅盯着京津产业转移，还要谋划未来产业。目前，在《河北省科技创新三年行动计划（2018—2020）》和《河北省战略性新兴产业发展三年行动计划（2018—2020）》中，这类未来产业都有所涉及，但关键是选取1~2个产业有计划、持续性地培育和发展。

（三）既要推进城镇化建设，又要推动乡村振兴

1. 加强城乡互动，推动全域城镇化

河北省城乡发展，一方面面临城镇化低于全国平均水平的窘境，城镇化建设滞后，另一方面面临城乡发展差距较大的难题。在实施乡村振兴战略大背景下，笔者认为河北省可探索推行全域城镇化，这样既可加快河北省城镇化建设，又可推动乡村振兴。所谓全域城镇化，不是将一个地区的全域变成城市，也不是将区域农村人口全部向城市中心集中而孤立地发展城市，它是全域谋划新城建设，推进全域城乡一体化、全域农业产业化和现代化、全域村镇社区化，真正让农民变成市民。目前，大连、成都等地全域城镇化建设已走在全国前列，河北省完全可借鉴和学习。具体而言分三步走：第一步，前期借鉴大连、成都全域城镇化建设经验，在石家庄一些农村地区就推进全域城镇化进行试点，打造全省全域城镇化建设示范区；第二步，待时机成熟，系统总结石家庄全域城镇化建设示范区建设经验和教训，在石家庄范围内推广；第三步，在全省范围内进一步

推广。

2.加快发展乡村旅游

加快发展乡村旅游,是加快城乡互动的一大途径,能够在乡村振兴中推进全域城镇化,在推进全域城镇化过程中实施乡村振兴。河北省可借鉴成都乡村旅游开发模式和经验更好地发展乡村旅游。如成都郫都区战旗村在发展乡村旅游方面,实行前店后坊模式,"乡村十八坊"开坊,包括郫县豆瓣、唐昌布鞋、蜀绣在内的多项非物质文化遗产传统技艺入驻,游客在这里可体验郫县豆瓣加工、榨油、蜀绣刺绣、布鞋制作等多项传统民俗工艺。仅2018年1~5月,该村就接待游客30万人次。再如成都崇州桤泉小镇,每年一个月的赏菜籽花,也能吸引大量游客来这里消费。河北省有很多传统民俗工艺和乡村景点,更有京津冀庞大的消费群体,可借鉴成都一些乡村旅游开发模式和经验,在乡村旅游发展模式方面进行升级,争取进一步做大做强乡村旅游。

(四)既要加强"硬件"协调,又要加强"软件"协调

1.加快冀西北与冀中南、冀东地区形成快捷、高效、方便的铁路客运通道

要加强区域"硬件"协调,就必须进一步加快交通等基础设施的互联互通。河北省要进一步优化轨道网、公路网、港口群、机场群的布局。目前,河北省还有2个设区市(张家口市、承德市)没有开通高铁;尚义县、赤城县等少数县没有开通高速公路;保定、廊坊、沧州、衡水、邢台等5市没有开通民用机场;沿海地区的港口吞吐能力为11亿吨左右,还需要进一步提升。未来,要尽

快实现"市市通高铁、县县通高速、市市有机场、市市通道连港口"的目标，加快建成高效安全、快速便捷、绿色低碳的现代化综合交通运输体系。

2. 增强区域经济社会发展政策的协调性

在区域"软件"协调建设方面，目前河北省区域政策协调要着重解决河北省各城市京津冀产业承接平台优惠政策的协调问题。河北省相关部门要做好对京津冀产业承接平台政策的顶层设计，如产业承接优惠政策的总体把握，不同产业、不同项目承接政策的差异性和对优惠政策空间的合理限定等。产业承接所在地地方政府要在全省京津冀产业承接平台政策的顶层设计框架内，根据地区实际情况制定更加灵活的优惠政策，要避免区域内为了承接同一产业、拿到某个项目而制定没有底线、不讲原则的破坏河北省营商环境的政策措施。对于跨区域承接的产业集群，各地区相关部门要加强合作，避免不同地区出现差异较大的优惠政策，避免被产业转移方"各个击破"，避免出现区域合作中的"道德风险"。此外，在人才政策、社保政策、税收政策等方面也要加强区域协作。

参考文献

马克思：《资本论》（第一卷），人民出版社，1975。

陈钊等：《以战略性新兴产业引领西部地区制造业转型升级研究》，西南财经大学出版社，2018。

《河北经济年鉴》（2017），中国统计出版社，2017。

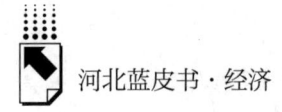

严红、葛子靖、何三峰：《新时代成都平原经济区产业协调发展研究》，《四川行政学院学报》2018年第4期。

于洪平：《大连全域城市化的内涵及对策》，《大连海事大学学报》（社会科学版）2011年第6期。

王颖、孙平军、李诚固、刘航、周嘉：《2003年以来东北地区城乡协调发展的时空演化》，《经济地理》2018年第7期。

B.14 关于对秦皇岛市抚宁区撤县设区后经济发展的战略思考

李会霞*

摘　要： 2015年7月，抚宁撤县设区，标志着抚宁进入了全新的历史时代，开启了以"区"为治的新纪元。由县改区，本质是区域功能和性质的转变，即由一般发展区域上升为先进观念、先进生产力的生发地，同时要求抚宁尽快完成自身跨越，并发挥辐射带动周边地区发展的导向与动力作用。本研究深入分析了抚宁撤县设区后的现实基础和面临的发展形势，同时站在长远、战略、全局的高度，指出未来全区转型发展、跨越赶超的发展思路、发展方向和重大举措。

关键词： 抚宁　撤县设区　转型发展

抚宁位于秦皇岛市中心地带，南临渤海，北靠燕山，长城在北部环绕，东部及北部分别与海港区、北戴河区、青龙满族自治

---

* 李会霞，河北省社会科学院经济所副研究员。

县接壤,西与昌黎、卢龙两县相邻。2015年7月,撤销抚宁县,设立秦皇岛市抚宁区。抚宁撤县改区,是省市两级党委和政府顺应城市发展规律和秦皇岛市经济社会发展要求,立足全局、着眼长远做出的重大战略决策,标志着抚宁进入了全新的历史时代,开启了以"区"为治的新纪元。由县改区,本质是区域功能和性质的转变,即由一般发展区域上升为先进观念、先进生产力的生发地,同时要求抚宁尽快完成自身跨越,并发挥辐射带动周边地区发展的导向与动力作用。这既是抚宁发展的重大历史机遇、重大历史节点,也是对抚宁党政领导、各级干部和所有创业团队、劳动者个体眼光、能力和奋斗精神的严峻考验。抚宁撤县设区、区划调整,其发展背景、地位、功能和要求都发生了新的重大变化,未来发展必须适应这些变化,站在长远、战略、全局的高度,精准确定全区的发展思路、发展方向和发展举措。

一 现实基础

客观认识与把握自身的区域特点和发展基础,是推进抚宁撤县设区跨越发展的基础。

(一)鲜明的区域特点

1. 寒暖的地理界限

抚宁地处长城沿线,是我国暖温带和寒温带的地理界线,属暖温带半湿润大陆性季风型气候,四季分明、光照充足、雨量充沛,年均气温10.2摄氏度,年均无霜期177天,年均日照2745

小时，年均降雨量730.7毫米。长城是重要的种植业区界线，长城以北属于一年一熟作物种植区，长城以南属于两年三熟作物种植区。

2. 阶梯的地貌形态

抚宁地势北高南低，地质构造复杂，各地质年代地层出露广泛，发育齐全。地势北高南低，北部峰峦叠嶂，峡谷纵横，中部丘陵起伏，南部平坦，从北到南呈山地、丘陵、平原、海岸滩涂阶梯状分布，延伸到海。是中国唯一同时拥有山、河、湖、海、长城的城区。

3. 丰富的自然资源

抚宁土地空间、河库湿地、有林草地、海岸沙滩、矿产资源及海洋生物等资源丰富。已探明的金属矿产有金、银、铜、铅锌、铁等8种，非金属矿产有硫、磷、烟煤、无烟煤、水晶、玛瑙、耐火黏土等18种。物产资源丰富多样，主要有苹果、板栗、核桃等多种干鲜果品，虾、海蜇、梭鱼、梭子蟹、各种贝类等海产品资源，尤以京东板栗闻名遐迩，中南部素有"稻米之乡"美誉。自然资源种类丰富，组合条件好，开发潜力大。

4. 良好的生态本底

抚宁山青、水秀、天蓝、地绿，生态本底优良。境内的山场、河流、水库、森林、草地、农田、海岸等生态系统状态良好。山区为生态涵养区，森林覆盖率高，空气清新，是秦皇岛重要的碳汇源，森林覆盖率达58.80%。洋河水库流域为重要水源涵养区，水量充沛，水质优良。平原为林粮果牧主产区，污染控制严格，整体区域的环境容量和空间承载能力明显优于其他城区。

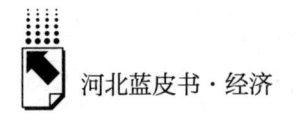

（二）突出的潜在优势

1. 优越的交通区位

抚宁地处关内外运输通道地区，扼华北与东北交通咽喉，是重要的跨区域运输通道和综合运输枢纽。抚宁所在区域历来为京畿东大门，交通地位突出，境内集中了八条关内外运输通道，包括京沈高铁、大秦铁路、京山铁路、京沈高速、津秦高速、沿海高速、102国道和205国道，道路等级高、运量大、功能全，具有明显的东西向交通优势。

2. 丰富的文化底蕴

抚宁区地处汉蒙交接、陆海交融的区域。开发历史久，历史遗存多，形成汉蒙（满）文化、长城文化、红色文化、民俗文化、宗教文化相互交融区域文化优势，文化内涵丰富，文化底蕴深厚，具有极强的地方文化特色。抚宁吹歌闻名中华，被列入国家非物质文化遗产名录，太平鼓、抬皇杠、绣花鞋、剪纸、老皮影、民歌曲谱等非物质文化遗产丰厚灿烂。

3. 坚实的农业基础

多元的地貌类型，悠久的开发历史，创造了抚宁农耕时期的第一次繁荣，形成众多农业区域名片和优势品牌。抚宁是中国著名的板栗之乡、国家重要的玉米制种基地，以及传统的畜禽产品生产基地。近年来，抚宁立足资源禀赋，推进农业"四化"建设，创造了许多农业发展名片，先后被评为"国家级生猪标准化示范区""全国生猪调出大县""中国蔬菜之乡""中国番茄之乡""河北省豆角之乡"等，是河北省蔬菜产业示范县、生猪标准化示范县。

4. 潜在的后发优势

抚宁环抱秦皇岛，位于秦皇岛市中心地带，是秦皇岛最大的主城区，地处东北、华北、环渤海三大经济区交会处，属京津冀协同发展的前沿区，环渤海地区合作发展的核心区，国家沿海地区发展战略实施的重点区，关内外、海陆和首都北京三大综合交通运输网的交接区，土地资源丰富、多重机遇叠加、投资潜力广阔，在技术和项目引进及落地方面有巨大的潜在优势，是环渤海地区最具发展潜力的城区之一。

（三）明显的发展短板

1. 断链的区域经济

第二、第三产业是增强区域经济综合实力和竞争力的关键因素，抚宁区划调整后，将杜庄工业聚集区、南戴河旅游度假区、深河工业区和驻操营、石门寨建材集聚区，统一划归海港区，从而将第二、第三产业集中的东部绝大部分乡镇与抚宁分割开来，切断了区域东部与西部工业已形成的产业链，工业企业所剩无几，第二产业被削弱，后续经济增长乏力，已经成为制约区域经济发展的明显短板。

2. 弱小的中心城区

由于抚宁长期实施近城近海发展战略，把主要力量集中投入南戴河和东部工业区域，县城规模一直较小，发展相对滞后，辐射带动能力较弱，没有形成集聚效应和规模经济。区划调整后的城区面积、城区人口、城区经济等指标，均列全市或全省后位，短期内影响发挥城区的核心与龙头带动作用，同时很难承担起转移农村剩余

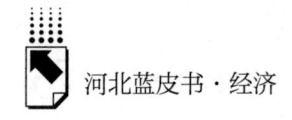

劳动力的重任，成为制约全区工业化、现代化和城市化的短板。

3. 低档的产业结构

抚宁区行政区划调整后，产业结构发生了巨大变化，由原有"三二一"型产业结构变为"三一二"型产业结构，农业虽然比重最大，但由于基础设施薄弱，产业化程度较低，增长空间受限；而第二产业比重又明显降低，只有26%左右，分别低于全省、全市平均水平22.3个和9.6个百分点（2015年），即使未来一段时间保持高速增长，因其比重过低，也很难拉动经济增长。在推进新型工业发展进程中，特别是在当前经济下行压力持续加大、新增长点难以形成的大背景下，低档产业结构已成为阻碍区域经济发展的明显短板。

4. 外流的生产要素

经过多年发展，抚宁已经初步形成金属压延、轻工食品、玻璃及玻璃制品等支柱产业，以及石油化工、新能源利用等新兴产业，集聚了一部分高质量技术、人才和劳动力，行政区划调整后，原有产业、企业、人才和高质量劳动力，包括部分创业机构全部划出，生产要素切割外流，使全区经济发展受到限制。

二 面临形势

（一）难得的历史机遇

1. 难得的协同机遇

国家实施京津冀协同发展战略，旨在疏解北京城市人口和产业,推进三地交通一体化、生态一体化,促进产业对接融合和转移,推动产业转型升级;重构城市和区域功能,培育京津周边城镇,优化京津冀城市布局,促进要素加快流动,为地处京津周边的抚宁加快发展、应势勃发、转型升级创造了难得历史机遇。

2. 率先的发展机遇

抚宁地处具有重要国际影响力的京津冀城市群和战略增长极,又处于具有巨大发展潜力的环渤海经济圈和率先发展的东部沿海区。国家制定并组织实施了新的《沿海率先发展规划》《环渤海地区合作发展纲要》,打造沿海经济隆起带,实施发展重心战略东移,加大开放区建设力度,培育沿海经济增长极,强化港口和通道带动功能,实施一系列扩大开放政策,处于沿海地区的抚宁迎来了前所未有的机遇。

3. 先行的试点机遇

为促进秦皇岛市的发展,国家和省市先后批准秦皇岛市为国家低碳城市试点市、新型城市化综合配套改革试点市、国家现代服务业和旅游综合改革双试点城市、全国养老服务业综合改革试点城市,河北省将抚宁区批准为农村扩权制度改革试点区、首批农村产权交易平台建设试点区,众多改革和发展领域的先行先试,为抚宁区以改革促发展创造了优越的条件。

4. 创新的发展机遇

中共中央设立雄安新区,在河北省内建设一座国际一流创新城市,集聚一大批具有国际竞争力的创新机构和国有企业总部,形成具有时代特色的技术创新增长极,不仅给河北保廊地区带来千载难逢的创新发展机遇,也对全省特别是沿海地区的创新发展产生不可估量的影响。与此同时，秦皇岛是国家批准的第一批创新城市、智慧城市建设试点示范市，秦皇岛将全面创新与京津、雄安新区科技合作模式，拓展科技合作渠道，引进优质创新资源，为抚宁的创新发展创造了难得的机遇和条件。

5. 全新的行政区划

撤县设区区划调整，纳入中心城区规划建设盘子，对抚宁强化基础设施建设，提升公共服务水平，推动创新要素集聚，加快城镇化和工业化步伐，增强经济实力和发展后劲，提高人民生活水平、生活质量和经济收入等，具有重大和长远的战略意义，为抚宁实现跨越提供了千载难逢的历史机遇。

（二）严峻的发展挑战

1. 新型城市化发展面临挑战

抚宁城区长期作为县城区，规模小、实力弱、基础差、首位度低，经济发展水平与秦皇岛市区存在较大差距，在聚人气、汇商气、增财气等方面竞争能力相对较弱，推动城市化发展的内生动力不足，外部动力也相当匮乏，未来抚宁新型城市化建设面临严峻挑战。

2. 新型工业化面临挑战

抚宁的第二、第三产业绝大部分集中在临近市区周边区域，行政区划调整将产业密集的深河、杜庄、南戴河划归市区，削弱了抚宁产业的实力和活力，榆关镇部分区域转交开发区托管，进一步降低了产业层次、拉大了差距。当前，留给抚宁区的产业层次较低、市场空间较小、竞争能力较弱。相对海港区、山海关区和北戴河区，偏小的经济总量、偏弱的经济实力、不足的增长后劲，导致抚宁工业化发展面临严峻挑战。

3. 海陆互动发展面临挑战

抚宁区属于典型的过境通道主导的道路格局，东西关内外过境交通线路多、级别高、功能全，而支撑本区域发展的南北向海陆交通基础十分薄弱，线路少、级别低、功能弱，开发呈现规模效应的南戴河旅游区，又划给了北戴河区，从而导致抚宁靠海没有发展空间，发展海陆互动型经济面临严峻挑战。

4. 新增长点培育面临挑战

长期以来，抚宁经济增长主要靠投资拉动，增长动力单一，内生发展动力不足。区划调整后，抚宁经济实力特别是工业实力被削弱，加之当前中国经济进入新常态，经济下行压力逐渐增大，整体投资增长后劲不足，多重困难和挑战相互交织，抚宁未来经济发展的新增长点培育面临严峻挑战。

5. 资源环境约束带来挑战

抚宁所在的京津冀地区，人口密度大，产业集中度高，高耗能、高排放产业多，区域性大气污染严重，节能减排任务艰巨，面临资源约束突出、环境压力加大的严峻挑战，对抚宁未来产业发展，特别是一般性产业发展将构成明显的约束，在一定程度上弱化了全区的发展势头。

三 发展重点

抚宁撤县设区、区划调整，其发展背景、地位、功能和要求都发生了新的重大变化，未来发展必须适应这些变化，站在长远、战略、全局的高度，精准确定全区的发展方向。依据河北省、秦皇岛市对抚宁的要求和发展实际，未来抚宁发展方向和重点包括以下几个方面。

（一）狠抓第一要务不动摇，全力构筑抚宁发展新支撑

以开放的视野、创新的思维，以供给侧结构性改革为动力，以项目园区建设为突破，以营商环境优化为保障，着力培育壮大新的产业支撑，全力推动抚宁经济转型升级、实现二次振兴。

1. 全力打造六大战略支撑产业

（1）区园对接，做大做强智能制造产业。依托抚宁区发展装备制造业的"空间、区位、交通和环境"四大比较优势，以推动抚宁与秦皇岛市经济技术开发区全方位合作为着力点和突破口，全面加强人才、技术、投资、用地和项目的对接合作。全方位推进京抚在智能装备制造领域的对接，承接转移项目，开展技术联合协作。站在以产促城、以城引产、产城互动的全局高度，全面加强智能装备产业新城建设。推进智能制造技术领域的合作，建设技术孵化平台，培育装备制造科技企业，形成抚宁新的智能制造产业增长点。从交通、医疗、食品、能源、环保材料、部件和装备入手，引进战略投资和项目，培育抚宁智能装备产业特色。

（2）产业融合，发展壮大生命健康产业。依托背山临海、气候宜人、绿色农业、文化旅游等资源产业优势，加快推动包括三次产业在内的生命健康产业大发展。推进抚宁与北京医疗机构、康养机构、医疗器械制造、医疗服务企业集团的全方位合作，引进战略投资，开发健康产业园，打造生命健康产业增长点。加强与市开发

区在生命健康产业项目、医疗康养技术开发、健身休疗服务领域的对接和延伸，形成抚宁新的产业发展平台。实施"医疗卫生服务+"战略，促进抚宁旅游与康养、生态与健身、疗养与服务等产业融合，开发关联互动生命健康产业发展新模式。

（3）上下延伸，推动食品生物产业升级。立足做大做强玉米、蔬菜和果品三大特色农业，促进农业增值和农民增收，推动农产品加工制造业的大发展。站在涉农产业发展的全局高度，推进农产品和加工制品的再增值和再增效，落实河北省生物产业基地和秦皇岛现代食品产业基地战略实施落地。适应酿造工程、细胞工程、酶工程和转基因工程新技术革命的形势，促进抚宁农产品加工制造再上台阶，将抚宁农产品和传统食品加工优势，转变为生物基材料、生物农业和生物能源优势，实现抚宁农业再攀高峰。

（4）铸造特色，大力发展节能环保产业。依托京津先进技术及经济技术开发区节能环保产业基础，抢抓京津大气治理、垃圾处理需求迫切、市场巨大的机遇，紧紧围绕清洁生产、循环经济、能源双控、水气环境治理四大关键领域，做大做强节能和新能源、城市矿产和垃圾回收利用、大气和污水处理材料及装备三大急需产业，建设环渤海节能环保基地。

（5）承接转移，促进数据信息产业大发展。以经济开发区为载体，重点围绕大数据应用、新一代物联网技术、移动互联网等领域，吸引物联网、大数据、网络信息安全等企业向开发区集聚，适时推动海量数据存储（备份）、数据运算、数据分析等新兴信息服务产业发展。

（6）因地制宜，做大做强文化旅游产业。充分依托海滨、长城、山地、田园、空气、红酒等资源优势，全面推动"旅游+"战略的实施，构建以旅游为平台的复合型旅游产业结构，通过跨产业融合、跨行业整合，拉长产业链条，拓展产业空间。推动"旅游+乡村"带动第一产业提价值，推动"旅游+工业"促进第二产业快转型，促进"旅游+X"促进经济调结构，真正使全域旅游"落地开花"。

2. 努力构筑经济开发新格局

抚宁区国土阶梯形和枣核状的空间特点，决定了全区经济开发重心在中部丘陵盆地区。通道型的交通运输网络和既有的经济开发基础，决定了全区点线面的产业空间布局。充分考虑国土的特点和生产力布局的基础，确定全区要集中建设"一极两廊三片区"的经济开发格局和产业空间布局体系。

一是做大做强城区一大产业增长极。抚宁城区，是全区的政治、文化、交通和管理服务中心。在抚宁县域发展时期，强调贴近城市中心区，对接城市经济技术开发区，把产业开发的重心集中放在深河和南戴河两个区域，弱化了城区的优先发展，影响城区的经济中心地位和产业集聚能力。在新的历史发展时期，必须吸取历史的教训，把抚宁城区放在经济发展的中心地位和产业开发的先行区域，努力把抚宁城区开发建设成为带动全区和影响全市发展全局的重要经济中心区和产业增长极，承担起集聚创新要素，引领全区创新发展；布局战略新兴产业，带动全区转型升级；集中全区人口和特色企业，提升城区影响力；扩大开放合作空间领域，增强全区发展活力等功能。摒弃传统的县域经济发展方式和建设大县城的发展思路，着眼把城区开发建设成为秦皇岛市一流规模、一流能力、一流水平和一流地位的经济强区。

二是培育壮大两大产业走廊。区域经济发展对以交通为主的基础设施和以空间为主的战略资源的依赖性，决定了在全区经济发展和产业布局优化过程中，必须把产业开发的重点，集中放在区位条件优越、交通运输方便、战略资源密集和镇域经济条件较好的通道地区。综合分析城区以外的经济发展和产业布局条件，确定未来一个时期，要全力打造以102国道为主的东西向和以洋河为主的南北向两大产业走廊。102国道和京沈高速，地处全区中部，贯穿城区、茶棚、田各庄、榆关等城镇，抚宁经济开发区和秦皇岛经济开发区两大产业园区，是对全区经济发展和产业布局有重大影响的骨干运输通道，有实施产城互动、园产互动和内外对接的优越条件。未来一个时期，要把城区以外的产业开发布局重点，放在102国道和京沈高速直接影响带动的区域，打造影响和带动全区经济发展及优化空间布局的一大串珠状新兴产业走廊。将全区着力培育的智能制造、食品生物、生命健康、节能环保等产业项目，集中布局在两个东西运输通道沿线区域。洋河和261省道，是贯通全区深山、浅山、丘陵、盆地、平原和沿海六大自然区域的主要南北运输和供水的通道，在促进全区南北经济开发、产业布局、"四化"融合发展中，发挥着不可替代的作用。未来一个时期，要着力推进"一河"（洋河）、"一路"（261省道）的整体改造和功能提升，大幅度提升"一河一路"对全区经济发展的带动能力，形成全区南北经济融合和均衡发展的良好局面。要提高整治和开发的起点，将全区现代农业、农产品加工、文化旅游和其他现代服务业重点建设项目，集中布局在"一河一路"沿线的城镇和特色小镇，逐步形成一条具有抚宁特色的南北经济走廊和产业密集带。

三是努力构建三个产业片区。抚宁区北部是生态和水源功能突出的山区，中部是城镇、工业和农业功能集中的丘陵和盆地区，南部和沿海是农业和文化旅游功能突出的平原地区。在调整和重构经济发展格局和产业空间布局过程中，着力突出区域的主体功能，体现区域的产业地位，努力构建生态和绿色产业主导型的北部片区，加工制造业、现代工业和城郊农业主导型的中部片区，规模种植业和文化娱乐业主导型的南部片区。包括生态观光旅游、鲜活产品生产、绿色食品加工、健康养生休闲、文化服务外包在内的绿色产业，集中布局在北部地区；科技创新创业、智能加工制造、合作对接外向、现代服务外包、商务商贸流通、城郊现代农业等项目，集中布局在中部片区；国际文化交流、畜禽规模养殖、农业科技示范、优势经典产业、休闲养生健康等产业项目，集中布局在南部片区。

3. 着力培育新的发展动能

一是坚定不移狠抓项目建设。紧扣产业政策和供给侧结构性改革导向，聚集主导产业建链强链、战略性新兴产业培育、重大基础设施建设、开发区产城融合等重点领域，加强项目谋划储备，着力引进重大项目、关联项目和高新特优项目，实施一批投资超亿元、超十亿元的重大战略支撑项目，呈现高端化、大强度、多元化投资局面。重点推进际华特种防护用品产业园等在建项目投产达效，抽水蓄能电站、中加健康产业园等立区项目落地开工，谋划实施军民融合产业基地等一批重点项目，夯实跨越提升的基础。不断完善项目建设推进机制、要素保障机制，加快建设服务重点项目。

二是集中精力开展招商引资。进一步优化工作机制，建立专业招商队伍，深化专业招商、产业招商、以商招商、精准招商，突出京津冀协同发展，提升招商项目的产业契合度与成效。

三是强力推进园区建设。围绕构建与秦皇岛市开发区一体化发展格局，加快抚宁经济开发区建设进程，建立高效管理运营机制和完善规划体系，打造全市城市功能拓展核心区、市域协同发展创新区、产城融合发展示范区、承接京津产业转移领航区。发挥仁轩酒庄龙头带动作用，启动天马葡萄酒小镇等建设，打造酒旅融合的生态型、循环型特色葡萄酒产业园区。

四是强化项目园区建设保障。优化经济发展要素供给，研究制定抚宁征拆占办法，突出抓好用地储备、供地保障和占补平衡，为重点项目落地创造条件；加快园区路网建设，强化水、电、热、燃气等要素保障，优化经济发展基础环境。深化推进财税体制改革，全力抓好经济运行和税收征管。高度重视金融工作，深化"政银合作"，进一步盘活资源资产，扩大直接融资规模，有力助推重点基础设施建设。

4. 大力推进改革创新

全力优化营商环境，深化行政管理体制和商事制度改革，强化重点领域、重点环节的体制机制创新，大力推进简政放权、放管结合、优化服务，重点抓好行政审批局的建立和规范运行，提升政府服务效率；深化公共服务市场化改革，拓展政府购买服务，引导社会资本参与基础设施、公共事业投资建设和运营；鼓励企业实施产能提升、技术改造项目，帮助企业争取各类政策补助，整合各类政府资金，有力支持实体经济发展；扩大助保贷、助农贷覆盖范围，为中小企业解决融资难题。深化土地制度改革,依法推动"三权分置",提高土地流转成效。积极推进涉农综合改革,持续释放农业农村发展活力。鼓励企业通过第三方平台直接筹措资金,支持一批成长性强、发展前景好的中小微企业挂牌上市,激发民间投资潜力和活力。突出企业创新的主体地位,支持企业和高等院校、科研单位建立开发合作、优势互补、利益共享、风险同担新机制。大力推进大众创业、万众创新,推行"众创空间+孵化器+加速器"新模式,培育一批创新平台和"双创"基地。着力招才引智,开辟高层次人才服务"绿色通道",积极实施住房、教育等方面"筑巢引凤"优惠政策;重视本土人力资源开发,结合高职院校基地建设,着力培养实用型人才。

(二)狠抓"双城"创建不动摇,全力打造城乡一体示范区

抚宁区中大南北小的城镇开发空间、中高南北低的人口分布的特点,决定了抚宁区新型城镇化和城镇体系建设的重心,始终放在中部地区。综合考虑抚宁区城镇开发建设空间潜力、城镇人口分布特点、城镇发展内外交通条件和城镇发展现状,确定抚宁区要着力建设"一主三辅多星"的城镇体系和空间开发格局,强力推进主城区、三个辅中心扩容提质,统筹实施特色小镇、美丽乡村建设,全力打造"集聚发展之城""文明宜居之城"。

1. 做大提升主城区

"一主"是指抚宁主城区。骊城坐落在洋河宽谷、骊山脚下、国道两侧,既有充裕的城市开发建设空间,又有方便的城市内外交通条件,还有丰富的供水排水条件,并在长期发展过程中,积淀了

深邃的文化内涵,有建设智慧创新、田园生态、通道节点、历史文化名城的条件。要充分发挥骊城地理区位、综合交通、战略资源、历史文化和建设空间等综合优势,倾全区之力,打造具有时代特色的秦皇岛市新城区,成为抚宁区名副其实的政治中心、经济中心、交通中心、文化中心和对外交往中心,发挥骊城在全区城镇化中的主导作用。

2. 壮大三大辅中心

"三辅"是指着力建设留守营、榆关、大新寨三个辅城镇。抚宁区的留守营、榆关和大新寨镇,同为区内的人口和产业集聚中心、产品交换和流通服务中心及局部区域的要素集聚和创业中心,具有良好的城镇发展和功能提升的条件。随着撤县设区形势的变化和综合发展条件的改善,三个辅城镇展现出较强的发展活力和引力。为扩大城市化和工业化发展空间,提升全区新型城镇化和产业现代化的整体水平,必须站在区域发展的全局高度,着力推进三个镇区人口和产业集聚,着力更新三镇发展方式,着力增强三镇功能特色,努力把三个镇区开发建设成为抚宁南部、东部和北部具有小区域地方特色的现代化新城镇。

留守营镇。重点巩固提升原有经典产业,扩大镇区建设空间,改善镇区发展环境,增强镇区发展活力,努力把留守营镇建设成为区内南部的经济中心和宜居宜业城镇。

榆关镇。重点发挥区位优势,推进镇园合作,引进外部战略投资,扩大城镇建设空间,完善基础设施服务,努力把榆关建设成为区内东部的经济中心和对接三区(海港区、北戴河区、秦皇岛市经济技术开发区)的标志性城镇。

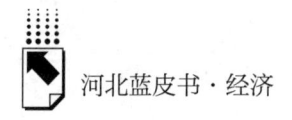

大新寨镇。瞄准北部区域经济中心、流通服务中心、旅游服务中心和农产品加工中心的建设目标,加快城镇产业开发平台、市场流通平台、旅游服务平台和文化培育平台建设步伐,开创大新寨镇发展的新时代和新局面。

3. 培育多个特色小城镇

"多星"是指培育发展一批各具特色的小镇。较大的地理空间、多元的区域类型、交叉的文化底蕴、深厚的历史积淀和巨大的城镇化发展需求,决定了在打造主城区、培育辅城镇的基础上,必须站在长远、战略、全局的高度,推进田园式乡镇驻区建设和特色小镇培育发展。要在北部山区、中部丘陵和南部平原,选择具有人口和产业集聚条件的乡镇驻地、独立企业驻区和较大规模集镇,率先进行规划和设计,增建城乡一体化基础和公共服务设施,启动人口和产业集聚平台建设,完善配套支持政策,力争每百平方公里内培育一个对农村和农业有发展带动能力的小城镇。近期,重点集中力量推进台营、茶棚、天马、田各庄四个特色小城镇建设。

(三)狠抓生态治理不动摇,全力打造绿水青山新环境

环境就是民生,青山就是美丽,蓝天就是幸福。抚宁撤县设区未来必须深入践行"生态优先"理念,不断厚植生态优势,全力打造"见山见水,记得住乡愁"的生态宜居幸福家园。

1. 实施"蓝天行动"

持续推进大气污染治理,严格落实《大气污染防治条例》,强力推进重点区域、重点行业开展压煤、降尘、减排、节能集中攻坚,坚决控制污染物排放。严格高耗能企业节能管理,认真抓好治

污减排，确保圆满完成"十三五"节能减排目标任务。

2. 实施"碧水行动"

持续抓好水环境治理，推进"河长制"常态化、制度化，深入开展戴河、洋河等重点河流环境综合整治，确保河流水质、岸线环境全面提升，实现水清、河畅、岸绿、景美。加强水源地保护，开展小流域综合治理，改善重点水源涵养区生态功能，构建水生态安全格局。

3. 实施"增绿行动"

以铁路、高速、重点公路沿线与河流两侧、旅游廊道等区域为重点，大力实施造林绿化工程，确保完成人工造林、封山育林等任务，着力打造"森林城市"。

参考文献

刘永键、刘星星：《撤县设区对县域经济发展的影响研究》，《山东纺织经济》2018年第7期。

张艺烁：《撤县设区改革的对策研究》，《农村经济与科技》2016年12期。

B.15
推动河北省全域旅游示范省高质量创建的思考与建议

张葳*

摘　要： 2016年全国旅游工作会议提出全域旅游战略以来，河北省"省—市—县"三级联创全域旅游示范区，全省各地以河北省旅游产业发展大会为主要抓手，统筹推进区域经济转型升级，基础与公共服务体系全面提升，区域资源整合不断深入，多业态产业融合创新发展。三年来，全域旅游省级统筹、市级整合、县级落实，开局良好、成效显著，但也暴露一些问题。本文在深入分析现状的基础上，坚持问题导向，提出了始终坚持以人民为中心、树立更广泛的资源观、构建以特色产业为驱动力的全域旅游、打造可持续发展的全域旅游等高质量推进全域旅游示范省创建的建议。

关键词： 全域旅游　高质量旅游　旅游示范省

---

* 张葳，河北省社会科学院旅游研究中心副研究员。

推动河北省全域旅游示范省高质量创建的思考与建议

2016年全国旅游工作会议提出全域旅游战略以来，各省市全域旅游示范区创建工作不断深入开展，河北省"省—市—县"三级联创全域旅游示范区，省级统筹、市级整合、县级落实，开局良好、成效显著。全省上下紧扣"建设旅游强省、美丽河北"总目标，以河北省旅游产业发展大会（以下简称"旅发大会"）大会为主要抓手，统筹各方发展合力，加强创新载体建设，加快新旧动能转换，促进了发展质量和效益同步提升，推进区域经济转型发展，基础与公共服务体系全面提升，区域资源整合不断深入，多业态产业融合创新发展，全社会共建共享，全省旅游业呈现全领域推进、全要素融合的良好态势。

一 党政统筹，全域旅游示范省创建工作成效显著

（一）省市县三级并进开创了全域旅游的创新发展新格局

1. 在认识上更加深刻，形成党政统筹齐抓共管的新局面

各地充分认识到全域旅游创建工作是党委和政府的主体责任，形成抓全域旅游就是抓区域协同发展、产业融合发展的一致共识。17个创建单位中有16个建立了由党政"一把手"任组长的全域旅游示范区创建工作小组或旅游工作领导小组，加强了统筹协调，明确了各部门的工作责任，强化了对工作完成情况的监督考核，形成上下同心、部门联动、全面覆盖、共同参与的强大合力。

2. 在改革上更加深化，激发了综合管理体制创新的新活力

2016年河北省旅游局更名为河北省旅游发展委员会，由省政府直属机构调整为省政府组成部门，之后全省11个设区市陆续完成"局改委"体制改革。在省市两级的推动下，17个创建县（市）全部进行了旅游行政管理体制改革，提升了规格、扩充了力量。其中，12个单位组建了旅游发展委或旅游发展局，旅游执法大队、旅游警察、旅游市场监管分局、旅游巡回法庭、旅游检察室、旅游维权服务站、乡镇旅游办公室、旅游协会等旅游组织机构也在各地纷纷成立，旅游业现代综合管理体制机制逐步建立。

3. 在规划上更加深远，树立了顶层设计多规合一的新样板

各地以协调发展、科学规划的理念引领全域旅游，截至2018年底，17个创建单位中15家已基本完成全域旅游规划的编制工作，多数创建单位制定了国家全域旅游示范区工作实施意见、工作方案和任务分解表，明确了各部门的工作和任务，在区域范围内掀起了一场从"点上发力"到"系统推进"的全域旅游革命。

平山县按照"多规合一"原则，统筹修编城乡建设、产业发展、生态保护等综合规划，编制完成《平山县全域旅游发展规划》及特色风情小镇、智慧旅游建设、景观大道设计等"1+3"规划体系，打造"一核引领、两带串联、三网覆盖、四区联动"的全域旅游发展新格局。

4. 在创建上更加深入，谱写了产业融合合力推进的新篇章

通过全域旅游创建，搭建了平台、优化了环境，引入了各类优质资本、战略投资者，实现旅游投资井喷式增长，一批批旅游项目逐步落地，一系列便民、惠民、利民措施推进实施，旅游基础设施和公共服务体系逐步完善，促进了当地面貌改变，加快了脱贫致富步伐，提高了贫困群众生活品质，推动了全面小康建设。

在阜平、涞水、涞源、易县等地，发展旅游不仅改变了村落环境与设施，也优化了农村产业结构。白洋淀景区累计带动直接就业2万余人，97%以上为当地村民。北戴河村吸引了20多家文化创意企业落户，一座座由艺术家设计的院落改造工程陆续完工，使全域旅游发展成果由全民共享，切实增强了居民获得感，提高了实际收益。

（二）各级旅发大会塑造全域旅游河北模式的实践意义

1. 推进了生态文明建设

各级旅发大会均把建设良好的生态环境融入大会规划、建设和管理的全过程，促进高品质的造林绿化，推动高标准的生态修复，催生多样化的生态旅游产品，树立生态保护与旅游发展的"双标杆"。邢台市借力旅发大会，投资4.8亿元，对50公里泜河进行综合治理，清拆沿岸违建共600余处、23.1万平方米，沿途配套休闲节点与绿道，打造泜河湿地公园，实现由"水沟变胜地"的华丽转身。

2. 引领了区域经济转型

旅发大会以供给侧结构性改革为主线，以"旅游+"为发展路径，全面实施旅游与农业、文化、体育、康养等相关产业的融合，旅游业已成为投资消费的引爆点、区域发展的新引擎。建设一批重大项目、龙头项目，培育了一批新业态、新项目，催生了一批旅游产业新区、全域旅游样板区，加快承办地绿色崛起。石家庄（鹿泉）第二届市旅发大会以山前大道为主轴，以支线为网络，构建了南部工贸游、中部运动游、北部景村互动游、城市休闲游四大精品片区，通过大力度绿化美化，布局20多个新业态项目及公共服务设施，将石家庄主城区的面积向西推进了10公里，实现了石家庄"北跨河、西进山"新格局。

3. 加快了扶贫攻坚步伐

旅发大会坚持旅游发展为了人民、发展依靠人民、发展成果由人民共享，极大增强了人民群众的获得感，真正实现"绿水青山就是金山银山"，有力推动了小康社会建设。全省有近1600个乡村积极发展乡村旅游，带动就业54万人，17万人通过旅游致富，14万名贫困群众稳定脱贫。第三届全省旅发大会期间召开全省乡村旅游发展及助推脱贫攻坚会议，向全社会发布旅游扶贫倡议书，发布河北省旅游扶贫示范乡镇、旅游扶贫示范村、旅游扶贫示范企业、旅游扶贫示范项目名单，发布重点旅游扶贫项目招商册，推出重点旅游扶贫项目90个；在全省范围内开展涉旅单位结对帮扶贫困村"百企帮百村"专项行动，安排106个涉旅单位结对帮扶168个贫困村。

4. 优化了城乡环境与公共服务体系

旅发大会通过整合政府资金、市场资本与社会力量，补短板、强基础，集中破解旅游发展瓶颈，更好地方便居民、服务游客。构建"快进慢游"交通网和"智慧智能"旅游互联网，提升"便捷乐享"旅游服务网。三年来，各地依托旅发大会平台，新建各级游客服务中心近100座，新建、改建旅游厕所664座。在持续推进旅游咨询设施、旅游厕所向城市、乡村延伸的同时，更注重服务设施的产品化、文艺范。各地共新建智慧旅游平台20个，智慧景区

150多个，智慧旅游的"个性化、自由化"特征更加鲜明。鹿泉区坚持数字城市和现实城市同步建设，由国家发改委组织专家顶层设计，引进荣盛、华为联合打造"城市大脑"，集合智慧旅游、智慧城管、智慧交通等16项功能，将景区、道路、驿站、厕所、停车场、住宿、餐饮等信息全部编入"城市大脑"，游客可个性化选择、自由化游览，实现了"一部手机游鹿泉"。

5. 保护弘扬了河北优秀文化

旅发大会推动了文化与旅游的全面融合发展，保护修缮了一批物质文化遗产，建设了一批文化景区，保护传承了一批非物质文化遗产，建设了一批非遗传承基地，复兴了一批非遗文化活动与产品，打造了一批文化演艺精品。通过深入挖掘、唤醒垄断性文化资源，提升建设了泥河湾、中华三祖、广府古城、万全右卫城、满城汉墓等一批具有世界影响力的文化遗产型景区。将广府太极拳、沧州武术、吴桥杂技、廊坊昆腔、景泰蓝、武强年画等非物质文化遗产进行了保护性开发，实现了文化可视化、体验化、艺术化、产业化四大文化繁荣路径。打造了《新中国从这里走来》《木兰秋狝大典》《大梦中山》《江湖》等十多场气势恢宏、震撼的文艺演出与150多项各类文化演艺活动……壮大了文旅产业，繁荣了文旅市场，丰富了文化生活，推动了河北文化走向全国、走向世界。

6. 叫响了区域特色品牌

旅发大会充分整合宣传资源，聚合各类媒体，对河北进行了全方位、多角度、多形式、高密度的宣传报道，叫响了"京畿福地、乐享河北"的河北旅游品牌体系，展示了河北发展环境和整体形象，为河北加快转型，实现绿色发展和跨越提升积聚了"人气"、

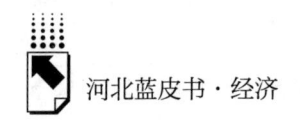

带来了"财气"、扩大了"名气"、提升了"士气"。

7. 促进了对外开放与交流合作

旅发大会搭建了对外开放交流的新平台，开拓了旅游促进交流合作、互利共赢的新局面，深化了国际交流合作，推动了区域协同发展，加强了与京津及周边省市的旅游项目合作、投资合作、交通互联，构建了招商引资大平台，通过产业链招商、景区共建招商、以商招商，旅发大会共新签约旅游等各类项目300多项，总金额达1万多亿元。

（三）质量提升系列行动为全域旅游创建奠定了优质基础

1. 标准体系建设成效显著

依据《全域旅游示范区创建工作导则》和《河北省全域旅游示范区创建工作指南（试行）》要求，河北省采取创建单位自评自查、交叉督导及重点抽查相结合的方式，对17家国家全域旅游示范区创建单位工作整体情况进行督导检查，重点从旅游体制机制、政策支撑、旅游规划、旅游交通、公共服务设施、智慧旅游、旅游环境、旅游产品体系、旅游营销宣传、旅游共建共享等方面进行督导，进一步掌握创建情况，为2018年国家旅游局验收做好准备。

2. 质量提升战略全面铺开

河北省委、省政府大力实施质量兴省战略，初步形成"放、管、治"三位一体的质量工作格局。2018年初，河北省委、省政府出台《关于开展质量提升行动加快质量强省建设的实施意见》《河北旅游质量提升行动计划（2018—2020）》，全面开展质量强旅行动计划，围绕落实质量强省战略，坚持质量第一、效益优先，将质量标准作为重要引领，融入旅游发展各个方面和全过程，着力实施旅游产品供给质量、旅游新业态质量、旅游公共服务质量、旅游行业管理质量等提升行动，推动河北旅游迈入质量时代。《河北省旅游高质量发展规划（2018—2025年）》已经河北省政府第26次常务会议审议通过。

3. 市场综合整治不断打出组合拳

认真贯彻落实国家文旅部开展旅游市场秩序综合整治行动的要求，紧盯"不合理低价游""景区园中园、票中票"等突出问题，以游客投诉为线索，以查办案件为目标，深入开展"春季行动""暑期整顿"两次全省性的市场秩序综合整治专项行动，累计出动旅游质监执法人员883人次，检查旅游企业及分支机构1138家，对违法违规企业立案17起，其中处罚10起，旅游市场环境得到有效改善。

（四）多领域的产业融合不断为全域旅游发展释放新动能

1. 产业融合发展的政策环境日益优化

河北省政府及各部门从出台政策、制定部分标准和创建平台机制等方面来推动旅游产业融合与产品创新工作，河北省旅游发展委员会全面推动旅游发展，专门出台《河北省旅游新业态新产品建设行动计划》指导在全域旅游背景下的旅游新业态发展重点和方向，河北省委宣传部坚持以"文化＋旅游"为突破点，出台《关于建立文化与旅游协调推进机制加快全省文化旅游产业融合发展的意见》。

2. "旅游＋"多轮驱动模式成为产业发展的新引擎

产业融合是全域旅游发展的动力。全省借力全域旅游创建工作，开启"旅游+文化、体育、工业、农业、康养、研学等"多轮驱动模式，全面融合、多点对接，各式各样的旅游产业小镇、综合体不断涌现，已成为推动相关产业发展的新引擎、放大器。在张家口，"旅游+文化、体育"正激情四射。草原音乐节每年吸引全国数十万人的涌向坝上，为坝上旅游注入强心剂。借力冬奥会，滑雪运动基地、滑雪装备产业园区规模初现，崇礼正在打造世界级的以冰雪运动和冰雪旅游胜地为核心的体育文化旅游产业。在鹿泉，旅游助力工业铸就世界级民族品牌。涌现了秦皇岛中保绿都心乐园、葡萄小镇、粮画小镇、石家庄农耕时代、邢台浆水苹果小镇一批特色小镇、农业公园、田园综合体、乡村庄园等新业态产品。涞水通过旅发大会创立的"景区带村，能人带户"系列旅游扶贫经验得到国务院副总理汪洋的称赞并在全国推广。衡水"周窝音乐小镇乡村旅游与旅游扶贫创客基地"被国家旅游局和国务院扶贫办共同评为"中国乡村旅游创客示范基地"，聚集了音乐文化创意小微企业上百家，从业人员达3000多人，带动周边6个村的贫困户增收致富。"旅游+工业"的新模式培育出开滦国家矿山公园、君乐宝、刘伶醉、奥润顺达等4A级景区。康养旅游发展成效显著，以岭健康城、金木国际产业园、新绎七修酒店入选第一批国家中医药健康旅游示范基地创建单位。第二届省旅发大会打造了集康养主题、山海联动、四季度假于一体的山海康养度假区。

3. "全业融合"的旅游产品新供给为全域旅游不断赋能

河北省从供给侧出发，创新驱动，借力"旅游+"，在产品上由观光、娱乐向休闲度假深度旅游延伸，重点打造了一批旅游特色小镇、文创旅游基地，建设了京西百渡、山海康养、正定古城、京西第一州、红河谷等20多个新业态集聚区,总面积达3.4万平方公里,占全省总面积的18%。产业融合促进产品创新发展,新业态调整了旅游产品供给结构,增收效益明显。君乐宝优致牧场集奶牛养殖、生态种植和农牧观光旅游融于一体,已成功入选全国首批休闲观光牧场,正在向世界级奶业智慧小镇管理模式展示与示范平台迈进。

把提升重点旅游景区品质作为推进全域旅游发展的重中之重,山海关景区顺利通过国家5A级景区景观质量评审,广府古城、白石山两家景区成功晋升为国家5A级景区,至此河北省5A级景区增至8家。充分发挥"旅游+"对产业的价值提升功能,开启"旅游+文化、体育、工业、农业、康养等"多轮驱动模式,张北草原音乐节每年吸引全国数十万人涌向坝上,崇礼正在打造世界级的以冰雪运动和冰雪旅游胜地为核心的体育文化旅游产业,君乐宝正在向世界级奶业智慧小镇管理模式展示与示范平台迈进。

4. 产业融合创新不断引爆投资热点

2017年7月,河北省旅游发展委员会发起成立了由国家开发银行、中国银行、中国建设银行、交通银行、河北银行、中信银行、光大银行、中国民生银行8家银行组成的河北旅游金融联盟,全面助力旅游项目做大做强。当前,全省有超过10个全域旅游创建示范区成立了旅游发展有限公司,作为旅游招商、融资、投资、开发的综合平台,大力推广PPP(政府与社会资本合作)模式,破解了旅游基础与公共服务投融资难题。

涞水县成立了河北野三坡旅游投资有限公司、旅游发展有限公司、美丽乡村旅游开发有限公司、旅游资源开发有限公司四个融资平台，同时引入荣盛集团、贫困地区产业发展基金有限公司等六家社会资本，为示范区创建打下了坚实基础。遵化市成立了"遵化市旅游建设公司"，重点通过PPP等融资模式加强旅游相关基础设施建设工作，与二十二冶、中铁十八局等投资开发公司谋划实施21条旅游道路建设，目前已基本完成发改立项、项目入库等手续。同时，遵化市旅游集散中心计划利用金卓颐高创业小镇场地和设施，与九次方大数据公司合作，争取政府不花一分钱、全部实现市场化运作。涉县通过创新银企对接机制帮助旅游项目融资，新增的42个项目中市场主体投资占70%，并把政府应修的路和企业修的路结合起来，解决了修建天路资金难题。武安市与上海秦森园林股份有限公司签订了战略框架协议，采用EPC（工程总承包）模式对主要旅游道路两侧可视范围内的土地集中流转，进行美化绿化，打造"花海绿廊"景观带。

二 任重道远，全域旅游是长期和系统的工作

（一）当前存在的问题

1. 对全域旅游的认知需要再升级

一是有的地方对发展全域旅游的重要意义缺乏深刻认知。全域旅游不仅是旅游发展的方式和模式，也是社会经济发展的一种方式，在空间上要打破旧的空间格局，形成一种新的发展格局；在时间上要破除旧的阻碍旅游业健康发展的体制机制，建立现代的顺应旅游业优质发展的体制机制，不断强化顶层设计。二是有的地方全

域旅游推进思路仍不清晰。全域旅游建设任务量大、持续时间长，部分地区存在求快现象，全面铺开、"摊大饼"、"撒芝麻盐"，导致重点不突出、特色不鲜明，投入效率低。

2. 体制机制改革创新需要再深入

一是推动多规合一的机制改革尚不到位，推动力度不明显。虽然绝大多数创建单位组建了旅游发展委员会，但仍不能满足旅游综合产业发展和综合执法需求，有的地方改革不深、创新不够，存在换汤不换药、换牌子不换体制、换机构不换机制的问题，党政统筹抓旅游的工作机制难落实，综合管理体制改革不到位。二是现代治理体系尚未构建，跨部门综合协调不足。旅游规划评估与实施督导机制尚未建立，跨部门综合执法实施有困难，旅游协调参与机制需要创新。

3. 旅游产品有效供给和主体创新不足

一是旅游产品有效供给不充分与人民群众日益增长的旅游需求不相适应。游客对游览项目、餐饮、住宿、购物等方面满意度不高，停留时间短、住宿率低，说明景区产品对游客的吸引力不足，景区内的产品质量、产品创新等方面缺失，迫切需要转型升级。二是主体创新不足，旅游与相关产业融合发展的产品供给质量不高。河北省目前主要有11类旅游新业态，在研学旅游、中医药康养和购物旅游等类型制定了相应标准，其他业态标准尚未完善。目前，产业简单叠加比重大，深度融合缺乏，标准缺乏无法有效引导其发展。

4. 旅游服务品质与游客满意仍有距离

一是服务标准不完善，操作性、规范性、约束性不足。整体服务水平有待提升，服务的人性化、精细化、标准化不足。二是服务质量待提升，人性化、品牌化、智能化不足，私人订制、高技术的高端服务缺失，服务产生的附加值还不高。全域旅游不是不要景点建设，发展全域旅游必须精准发力，找准核心龙头和突破口，在此基础上统筹全面发展。一些地方对自身的特色和优势挖掘不足，在旅游产品、项目、业态的策划规划和投资建设上存在简单模仿、跟风式一哄而起的现象，如近两年的玻璃栈道、滑雪场等。在同质化发展的同时存在低端化、初级化问题，造成旅游产品吸引力、竞争力不足。

（二）浙江等省份先进做法的借鉴

在规划统筹方面，浙江全省开展"大花园"建设，全省19个国家级、60个省级全域旅游示范区创建单位齐头并进，以万村千镇百城景区化推动全域旅游工作，各级政府推动一切要素向旅游产业聚焦，省—市—县出台不同层级的政策，全域旅游工作更加细化深入，永嘉县委、县政府出台了《关于促进全域旅游发展的实施意见》《促进全域旅游发展扶持办法》等，县财政每年安排旅游专项资金不少于5000万元，设立规模不低于3亿元的旅游产业基金。泰顺县提出"党委政府重视第一、保姆式服务第一、落实执行力第一"，在27个涉旅部门和所有乡镇设立旅游职能科室。河南的云台山景区，将管委会与景区捆绑在一起，一年又一年持续不断地总结经验，为景区谋发展，根植文化，以文化促管理，每一个人都有主人翁意识，凡是有利于景区发展的，管委会都努力争取政策配套，并为导游和景区管理服务人员配套激励机制。

在解决旅游用地瓶颈方面，浙江省对实施"退二进三"的厂矿企业开发乡村旅游项目，经认定后优先安排建设用地，湖州通过"点状供地"解决度假项目用地，泰顺县施行旅游项目用地先租后让、组让结合的出让方式。

在文化与旅游融合方面，浙江松阳在民宿、美食、舞台等设置了符合现代需求的公共非遗传承体验点，请村里会针线活的老人手工缝制文创产品，不仅增加了老人的收入，还让他们感受到了自己的价值，树立了文化自信。

在旅游与当地居民生活融合方面，杭州西湖"还湖于民"，并且73%的景点都实现免门票，居民与游客有机融合，让老百姓的生活常态化，让游客的旅游生活化。通过数据的跟踪发现，免掉1块钱的门票，大概带动了7块钱的综合消费，不收门票让游客游西湖慢下来，游历时间也长起来，消费多起来，极大促进了旅游经济的发展。另外，开发文化演艺、酒吧街、女装街等丰富夜游产品和夜间消费商业，让游客留下来，有更多的消费体验。

三　高质量推进全域旅游示范省创建的几点思考

（一）始终坚持以人民为中心

人是区域发展的核心要素。当前，京津冀协同发展、雄安新区、2022年冬奥会、乡村振兴、大运河文化保护传承利用等，是河北省的五大历史机遇，但河北省对机遇的把握和利用还不够全面。面对冬奥会契机，冰雪产业的规模化、人才培养、产业链塑造进展仍不明显；环京津区域旅游资源的开发还较为低端且同质化严重，连不成线，无法形成吸引力；等等。因此，必须统筹发展要素，强调人在区域发展中的核心作用，科学做好战略部署，互动共赢。

一是要从政策和行动上有"四两拨千斤"的智慧，提高对全域旅游理念在经济社会发展中重要作用的认识，加强对自身机遇的把握和理解，形成政府引导、市场运作的发展模式，加深对国家政策的全方位理解，结合自身发展情况，做好体制机制改革创新，做好机遇的借力、互动与协同，为当地旅游谋发展，实现政通"人和"。

二是调动旅游企业的热情，政府要在合理合法范围内给企业更多的"赋权"，加强旅游企业高层管理者的交流和能力建设，加强企业、政府、行业协会之间的对接，建立广泛的企业联盟，形成规模效应，促进企联"人和"。河南的云台山景区，将管委会与景区捆绑在一起，不断总结经验，为景区谋发展，根植文化，以文化促管理，每一个人都有主人翁意识，凡是有利于景区发展的，管委会都努力争取政策配套，并为导游和景区管理服务人员配套激励机制。

三是动员社会层面最广泛的力量，形成共建共享共治的全域"人和"。区域经济社会的健康发展离不开人口的优化配置，"旅游+"的核心也是促进人的发展，通过人来实现"+"，又通过"+"更好地服务人。要广泛联系相关专家学者、智库机构，为当地旅游发展出谋划策；发挥乡贤在群众中的威望，做好乡风文明、乡村治理的建设，增加旅游发展的凝聚力和内生动力；发动有成就并且愿意为家乡建设出力的海外侨胞、海归学子，为当地旅游发展带来国际经验和资金支持。

（二）树立更广泛的资源观

绿水青山是金山银山，冰天雪地也是金山银山，蓝天白云、戈壁草原、海滨沙滩、宜人的气候等，都是金山银山，只要是人民群众向往的优美环境就是旅游资源，必须保护好利用好，把资源变资产。一是做好当地资源的再调查、再认识、再整合。旅游是人们探寻文化根源、增长见识、民族文化交流的载体和手段。这就要求文化和旅游的理论研究者和创业者管理者始终要面向最大多数的人民群众的核心需求，深入广泛地研究资源禀赋和历史文化，认真透彻地把握产品定位和市场导向。

二是要打造旅游资源与目的地结合的区域品牌。从资源单体来看，杭州的西湖不是面积最大的，也不是最美的，但人们选择杭州西湖作为旅游目的地也是因为杭州是西湖、灵隐寺的古典美与现代智慧城市结合的人间天堂。贵州六盘水妥乐银杏村、兴义的乡愁集市，都是将旅游与当地居民的生活融合在一起，让当地的历史传统文化和生活气息赋予了旅游产品持久活力。

（三）要构建以特色产业为驱动力的全域旅游

一是优化产业布局。优化存量资源配置，扩大优质增量供给，不断延展旅游产业链，做好环首都休闲旅游度假圈、雄安新区旅游创新发展示范区、张承国际冰雪运动休闲胜地、燕山 - 太行山山地休闲度假区、滨海休闲度假区、坝上森林草原生态旅游区、运河风情文化旅游区、现代乡村休闲度假区等错位发展，构建全域旅游空间新格局，全面提升河北旅游的牵引力和融合力。二是做好重点景区的升级和周边资源整合，在做精品、出亮点上下功夫。比如博物馆纪念馆类景区要做好"互联网＋"的融合创新，加强研学、体验项目和展陈手段的创新及解说大纲的创新，要针对不同的游客群体设置不同层次的解说词导游词。

二是特色的培育。首先是文化特色，做好产品文化的再挖掘、再创新、再融合。河北省有灿烂多彩的非遗文化，但目前来看，文化资源与旅游的融合度还不够，对市场消费者的真正需求缺乏深层和前瞻性的考虑，许多非遗文化应有的影响力和价值还没有发挥出来，解说大纲亟待创新和提升，文创旅游商品的开发情况也不理想。其次是特色产业与特色小镇，浙江的西湖云栖小镇，海宁皮革时尚小镇、袜子小镇等，每一个都是特色产业为支撑，绝不是简单的旅游地产和美食一条街。乡村旅游不是一定要建旅游设施，基础农业做精细了同样是风景，要积极探索生态农业、循环农业、立体农业等。

三是精品的打造。由市场驱动旅游产业精品化品质化发展。首先，加快打造一批国家级、省级精品旅游度假区。以生态型、文化型、国际化为原则，先行先试，打造区域地标，率先形成以"大旅游"为核心，金融服务、智慧健康、高新技术、文化创意为支撑的"1＋4"现代产业格局。其次，打造精品民宿，树立行业标杆，以市场需求倒逼民宿的创新发展和各项服务提升，打造原汁原味的原乡文化，并融合现代艺术元素。再次，打造几条精品线路。以度假区、精品景区为核心节点，打造坝上草原、山地、滨海、长城文化等特色精品主题线路，以及环京津地区的特色高端休闲旅游环线，将散落的旅游产品串联成线。

（四）要打造可持续发展的全域旅游

一是要以片区为单位做好顶层设计，明确具体路线，标准引领，构建现代治理体系，做好产政融合。首先，不摆样子、不乱折腾，全域旅游示范区的创建绝不是形象工程、面子工程，而是提升地方整体区域经济环境的重要抓手，政府要有一盘棋认识，把好关引好路，构建系统的能够有效指引全域旅游各项工作的标准体系。其次，理性开发、灵活经营，要科学评估该地是否具备强劲的旅游产业发展潜力，并非每个地方都具备发展全域旅游的可行性、必要性，如非要把具备制造业优势的工业园区打造成全域旅游示范区，便极有可能影响工业生产和未来工业的发展。最后，破立并举、简政放权，加强政府的服务意识，切实解决企业在建设、运营、发展等各个阶段的行政审批、融资服务、要素保障等方面的突出问题。

二是以市场为导向做好产业融合。借助市场的力量实现基础设施、生态环境、服务的自主提升。全域旅游不是遍地建景区、遍地落项目，有资源禀赋的、有特色产业的片区可以发展旅游，政府要有一盘棋思维，做好平衡，适度留白，为未来的发展预留空间。加大旅游与农业、林业、工业、商贸、金融、文化、体育、医药等产业的融合力度，形成综合新产能。维护好资源的稀缺性和特色化，要认识到同质化只会有单点、竞争和分流，错位的才能连线、聚集和共赢。以张家口为例，崇礼滑雪产品、赤城温泉产品、蔚县文化民俗、沽源湿地草原，要从整体"一盘棋"的高度来科学布局，将资源特色化规模化错位发展，而不是县县建雪场、村村同质化产品大集会。

三是以乡村振兴为目标做强产村融合。乡村振兴是一项重大历史任务，其重点是产业振兴，必须因地制宜找产业，积极发展休闲农业和乡村旅游，提升乡村生态环境，实施硬化、绿化、亮化、美化、净化工程，推进城乡环卫一体化，在项目推进、产品优化、产业融合创新上"一年接着一年干"，以旅强农、以旅富农，壮大村集体经济，避免散沙式发展。

参考文献

王衍用：《全域旅游需要全新思维》，《旅游学刊》2016年第31期。

石培华：《新时代旅游理论创新的路径模式——兼论全域旅游的科学原理与理论体系》，《南开管理评论》2018年第2期。

B.16 互联网助推河北省特色产业高质量发展

陈 胜 武韶瑜*

摘 要： 特色产业是河北省产业经济的重要组成部分，是带动区域经济增长的中坚力量。与互联网、大数据、人工智能深度融合，重新整合行业资源发展新模式、新业态，实现跨越式进步，是河北省特色产业高质量发展的必然之路。本文在深入分析河北省特色产业高质量发展面临问题的基础上，通过清河县羊绒产业与互联网融合发展的成功案例，说明了互联网在推进河北省特色产业转型升级、提质增效中的作用，最后提出河北省特色产业借助互联网转型升级、高质量发展的对策建议。

关键词： 高质量发展 特色产业 互联网

一 河北省特色产业发展概况

（一）河北省特色产业发展概况

1995年12月，河北省首次提出"特色产业"的概念并对特

---

* 陈胜，河北省社会科学院旅游研究中心助理研究员；武韶瑜，河北省社会科学院旅游研究中心。

色产业的特征进行了详细的诠释。发展特色产业是河北省确定的重要经济发展战略之一，长期以来有效推动了全省县域经济发展。2018年河北省政府在《关于加快推进工业转型升级建设现代化工业体系的指导意见》指出加快推进全省工业转型升级，构建现代化工业体系和制造强省的发展目标，打造出"一核、四区、多集群"的差异化产业发展新格局，力争到2020年培育上百个主营业务收入超百亿元的产业集群。其中"多集群"即打造一批有竞争力的特色产业集群，河北省大部分特色产业是依托当地的市场、资源等经济优势发展起来的，生产经营集中、生产规模大，在当地形成围绕主导产品生产经营的技术、运输、信息等一系列社会化服务体系，具有广泛的群众参与性，长期以来，对促进县域经济发展具有重要意义，早已成为河北省经济发展中的一大亮点和关键一环。

河北省特色产业经过20多年的发展，涌现了一大批规模特色产业集群：清河羊绒产业、白沟箱包产业、平乡童车产业、安平丝网产业、安国中药产业、宁津电线电缆产业、定州体育用品产业、永年标准件产业等。河北特色产业现已覆盖钢铁、装备制造、印刷包装、纺织、建材、文体美术、化工医药、食品等46个行业门类和全省13个市区。目前，全省拥有产业集群企业20.8万个。其中2个产业营业收入超过1000亿元，7个产业营业收入超过500亿元，73个产业营业收入超过100亿元，157个产业营业收入超过50亿元，324个产业营业收入超过10亿元，367个产业营业收入超过5亿元。实现增加值6851.2亿元，实缴税671.4亿元。

（二）与互联网融合是河北省特色产业实现高质量发展的必然趋势

从目前发展情况看，河北省特色产业大多以中小企业为依托，"小打小闹"、"多而不精"、产品结构层次较低、缺乏创新能力，大都处于产业价值链低端环节。随着国内原材料、劳动力、土地等生产要素成本不断攀升，产品更新换代的加快及人们消费需求多元化的形成，河北省特色产业的成本和价格优势逐渐丧失，发展遇到瓶颈，面临巨大挑战。多方因素促使河北省特色产业必须尽快进行产业结构调整，实现产业转型升级和高质量发展。与此同时，我国在互联网、大数据方面高速发展，取得了举世瞩目的成就，是我国经济发展的重要动力，为传统产业创新发展提供了新技术和新机遇。互联网创新了商业模式，可以重塑产业价值链，对企业进行再造式的变革，是河北省特色产业高质量发展的新技术和新动能。

《中国互联网＋指数报告（2018）》统计显示，我国2017年的数字经济体量为26.70万亿元，同比增长17.24%，数字经济占GDP的32.28%。十九大报告提出推动实体经济与大数据、人工智能、互联网深度融合，在绿色低碳、创新引领、人力资本服务、共享经济、高端消费、现代供应链等领域挖掘和培育新的增长点，形成经济发展新动能。与互联网、大数据等新经济融合，是新时代河北省县域特色产业实现产品品质化、企业柔性化、产业升级换代、走向高质量和可持续发展的必然趋势。

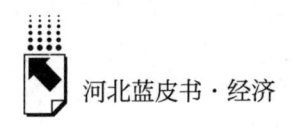

二 河北省特色产业高质量发展面临的问题

(一)河北省特色产业的互联网应用不足

尽管国家和河北省政府大力推进"互联网+"行动计划,但是河北省特色产业与互联网的融合程度在各地区之间存在较大差异。河北省小部分特色产业已经与互联网逐步走向深度融合,而"互联网+"对河北省一部分地区的政府和企业来说,还是新手段、新领域和新课题。影响河北省产业互联网应用的原因主要有四点。一是对互联网认识不足,把互联网定义为一种营销平台和方式,认识不到互联网对企业的影响是全方位的,直接影响企业架构、管理模式、生产体系等,关系企业的整个价值链,对企业是再造式的变革。二是当地互联网经济发展动力不足,互联网和实体产业融合需要物流、仓储、美工等互联网产业体系的支撑,河北省互联网经济整体发展水平不高,与实体产业融合受到制约。三是资金不足,企业与互联网融合发展是一项系统的综合工程,引进新技术、新设备对现有流程进行改造,需要大量的时间和大量的试错成本投入,整个过程中投入资金量持续追高,中小企业资金实力不足,不敢轻易尝试。四是企业推进"互联网+"需要大量既懂互联网又懂企业经营管理的复合型人才和知识结构合理、眼界开阔的高端人才,人才短缺是产业互联网化的一大瓶颈。

(二)河北省特色产业整体层次不高

河北省特色产业大多是依赖当地自然资源发展的,进入产业的门槛较低。从企业角度来看，河北省特色产业集群内部单体规模较小，存在很多家族式的微型企业，并且同类企业"扎堆"、市场细分不足，不仅生产经营效益低，而且缺乏市场竞争力。企业之间竞争激烈，生产的产品同质化严重，只能依靠低价来抢夺市场份额，行业的利润不断被压缩，有些企业甚至对生态环境造成了一定破坏。从行业角度来看，河北省特色产业集群主要集中在钢铁、食品、纺织服装、建材、化工等传统产业，大体上处于产业价值链"微笑曲线"低端的生产制造环节且产业链较短，缺乏研发和营销环节，产品深加工程度不足。产业集群内资源整合能力弱，企业之间缺乏合作和专业化分工，产业配套体系、产业间协作能力和新兴产业发展不足等都成为特色产业转型升级和高质量发展的阻碍。

（三）河北省特色产业创新动力不足

河北省特色产业创新动力不足，多数企业缺乏原始创新。由于创新的风险比较大，河北省特色产业大都处于产业价值链的中低端环节，或者在关键技术上受制约，或者在基础材料上被限制，企业进行创新面临低收益、高成本、低水平并存的局面，企业的转换成本和沉没成本较高，"后发优势"无法弥补"后发劣势"，因而创新对利润的贡献有限。另外，企业知识产权意识淡薄，政府对知识产权保护、监管力度不够，创新成果很容易被"抄袭"，相应的创新收益也难以显现，甚至可能出现"劣币驱逐良币"的现象。有学者对37.8万家规模以上工业企业进行的调查显示，未参与创新活动的企业平均利润率为6.09%，参与创新活动的企业平均利润率仅为6.28%。14.6%的企业家认为创新对企业"不起作用"，这一比重在一些传统行业更高。加上创新投入的收益显现一般较为滞后，集群内企业缺乏资金实力，进一步制约了企业创新的内生动力，进而影响河北省特色产业依靠创新动力提质增效、高质量发展。

（四）河北省特色产业品牌建设不足

品牌建设不强，是河北省特色产业高质量发展的一大短板。集群内知名品牌较少，中国驰名商标产品更是缺乏，品牌对产业的引领作用没有得到充分发挥。对于众多中小企业，传统的依靠上规模、铺摊子、粗放型的经营方式难以应对我国当前消费结构全面升级、动能转换、经济结构调整、提质增效的市场大趋势。集群内存在部分企业在产品质量、环保、信用安全等方面钻空子的情况，面对当前提质增效的大趋势，具有被市场淘汰的危险。品牌建设不足，严重影响产业的附加值水平。例如，清河县自产的羊绒衫一件只卖1000多元，而原料来自清河的爱马仕普通羊绒围巾却能卖到几万元的高价，由于缺乏具有足够影响力的品牌，河北省的特色产业往往只挣了一个"加工费"。

三 成功案例——清河县羊绒产业借力互联网实现高质量发展

清河县隶属于河北省邢台市，地处河北省中南部，县域面积502平方公里，辖6个镇322个行政村。改革开放前，清河县曾是河北省内最贫困的县之一。改革开放40年来，清河县发生了翻天覆地的变化，在羊绒、汽车及零部件等产业的带动下，县域经济迅速增长,一跃成为河北省的经济强县。2017年全县财政收入达12.3亿元,是1993年的49.2倍,地区生产总值为157.9亿元。现今,清河县是"中国羊绒之都",是全国最大的羊绒纺纱基地和全国最大的羊绒制品网络销售基地,位居全国电子商务百佳县第九,"专业市场+电子商务"的"清河模式"被认定为全国电子商务发展三大模式之一。

(一)互联网拉动清河县羊绒产业产值跳跃式增长

清河县羊绒产业的主体是众多中小民营企业。一方面,在传统商务模式中,这些羊绒企业在产品知名度、市场影响力、营销能力、信息获取能力、供应链管理应用能力等方面远远比不上大企业,在销售上只能针对大企业遗留的市场空间。另一方面,从服装行业的角度来看,大部分企业由于成本、管理等问题的限制,不可能大范围铺设实体店。清河县不属于大中型城市,互联网经济发展以前由于地域限制,羊绒批发市场辐射半径和产业的市场吸引力有限,产品销路窄曾是清河羊绒产业发展的一大瓶颈。以阿里巴巴、京东为代表的互联网企业在我国异军突起,创新了商业模式,为小企业提供了一个平等、开放的市场竞争平台,企业规模的大小不再决定其市场开拓能力。借助互联网,尤其是第三方电子商务平台,中小企业和大企业面对的是同样的市场,凭借各自的产品优势进行竞争,企业不受地域限制,产品可以随时销往全国各地,甚至是全球。

2007年清河县开始涉足电子商务,村民刘玉国开始经营淘宝店,在三年时间内带动了整个村的网店创建,并由此传遍周边村落。"墨迹效应"逐步带动整个清河县电子商务的发展。据笔者走访调查，清河县在2008年开设的淘宝店铺数量很少，产品挂到网上就有收入，到2011年全县已有15亿元的电子商务交易额，2014年网店达到2.3万家，说明2009~2010年清河县电子商务处于井喷期。综合国家电子商务发展情况，可以推测出清河县电子商务在2010年才达到一定的规模。2002~2009年清河县羊绒产业产值以年均不到5亿元的速度增长，2010年该县电子商务的崛起扩大了清河县羊绒产业的销售市场，直接拉动羊绒业产值实现了42.5亿元的跳跃式增长。2011年清河羊绒产业以初加工产品为主，深加工产品的销售额占羊绒产业销售总额的比例只有10%。随着网络平台竞争加剧，价格变得透明，低技术含量、同质化严重的产品只有压低价格才能在网络平台上保持销量，逼迫企业加大技术投入向深加工发展。目前，羊绒产业深加工产品销售额占整个羊绒产业比例上升到65%，清河羊绒产业顺利实现了从初加工向深加工的转型升级。

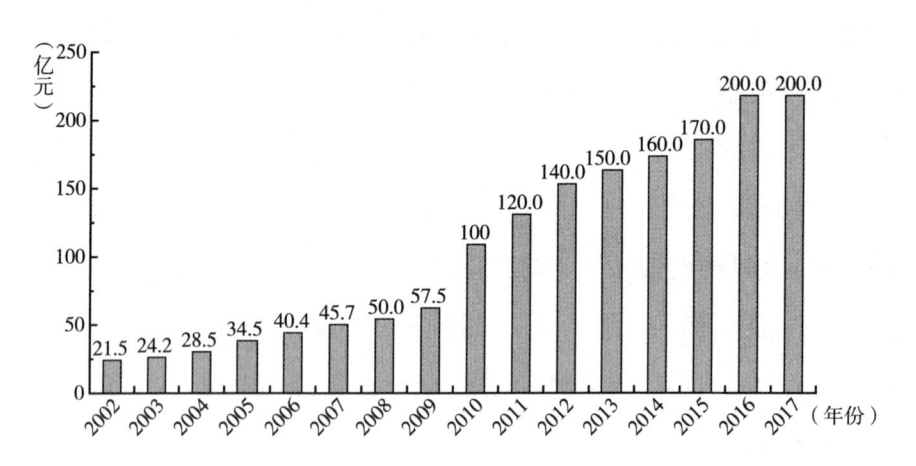

图1　清河县羊绒产业产值

资料来源：清河县政府工作报告。

（二）互联网推进清河羊绒产业链向"微笑曲线"两端延伸

一是促进产品向品牌化发展。互联网平台增加了企业和产品的透明度，消费者可以依据上下游客户的交易记录和用户评价来判断企业的信用和产品的品质。这些记录成为企业和产品的网络名片而被各方普遍看重。同时，互联网以其跨越时空、便捷快速等特点，使生产企业以极低的成本建立遍及全球的营销网络，树立自身的品牌影响力成为可能。与此同时，企业也逐渐认识到信用和品牌建设的重要性，唯有提升产品品质才能在网络经济下生存。清河羊绒产业借力互联网的销售体系，快速形成原始资本积累，加大设计和研发投入。在市场压力、资本积累、政府大力扶持、互联网推动和企业对产业的认识水平提升等多方因素推动下，清河羊绒企业纷纷走向自主品牌建设，产业不断由初加工向设计研发、市场营销和品牌建设转变。现今，清河羊绒领域出现了衣尚等一批享誉行业内外的知名品牌，北国娇、雪绒兔、鄂古龙等15个品牌荣获"中国服装成长型品牌"，另有宏业、贝龙、多维康等10个品牌被评为"河北省著名商标"；依托互联网平台，清河县还涌现了酷美娇、雪昆奴、嘻嘻羊、尚奴娇等一大批"网络品牌"，具有广泛的知名度。

二是互联网转变企业组织构架，企业向扁平化、虚拟化转变。在传统经济模式下，由于较高的外部交易成本，产业价值链上的企业主要做"加法"："缺什么补什么"。没有厂房就建厂房，没有仓储就建仓储，没有渠道就建设渠道等，每一个环节都需要投入，企业变的"沉重笨拙"，面对市场形势变化，生产工艺升级成本压力大，转弯调头困难。产品从生产者传到消费者手中，成本不断累加，产品价格居高不下。产业链上的各个环节被企业重复累加，并且企业对很多环节并不擅长，产业内的资源没有得到合理的分配，造成了较大的价值损耗。互联网打破了企业内部各部门之间的界限和企业间的界限，具有强大的资源整合能力，促使产业围绕最终产品对整个产业链进行优化组合，创新上下游企业之间的供求关系，整合分散的企业形成合力，使企业摆脱了对大厂房、机器设备等实体设施的过度依赖，企业逐步走向扁平化和虚拟化。

三是互联网使中小企业实现价值链的延伸。以清河新创电子商务有限公司为例，该公司是20余家遭遇发展瓶颈、单打独斗的夫妻店主抱团取暖、谋求自救的尝试。分工聚焦，发挥合力，共同打造一个品牌，公司内形成一个小的产业链，从研发、原料加工、生产纱线、染色、纺织、制衣、销售、售后、物流全部打通，各自经营自己擅长的环节，最后产品依靠电子商务平台进行销售。经营初期，为摆脱同质化竞争，新创将产品风格定位为文艺范，在视觉定位上加入民族风，走小众化路线，从大众产品中脱离出来。在淘宝试运营期间设计了11款产品，客户回评率很高，并且引起淘宝总部的关注，今日好店等开始主动联系新创，无偿帮助店铺推荐。半年生产的一万多件羊绒衫，很快只剩下几件样品。在试运营阶段，仅一家店铺就实现了1000多万元的营业收入。互联网促进产业分工，把现有资源重新进行分配、组合，每个企业都专攻自己的优势领域，优化资源配置效率，加速了产品的市场化及产业化的进程，降低产业链上的库存，互联网让产业链小而全成为可能。整个链条上增加了研发和营销环节，以消费者为导向环环相扣，实现了企业价值链的延伸和市场响应能力的提升。

（三）满足消费者高品质需求

一是电子商务对消费市场具有极大的拉动作用。电子商务让大众可以在日益加快的生活节奏中利用零碎时间足不出户购买商品，并且能够满足逐渐细化的需求层次。在互联网平台上，每个人都可以找到适合自己的消费区域，极大地释放了居民的消费潜力，直接拉动羊绒产业发展。麦肯锡对中国266个城市的数据进行测算得出，通过网络零售消费的每100元当中，大约有61元属于替代性消费，即消费从线下转移到了线上，而另外的39元是互联网新商业模式带来的新增消费。2017年我国网络零售总额达67100亿元，同比增长30%，消费者迅速向网上迁移。总体上，互联网对消费升级的刺激才刚进入繁荣阶段，未来可升级和待探索的领域依旧广阔。

二是互联网在消费升级中的核心作用在于改变了人们的消费方式。网络购物快捷便利、扩大商品和服务的可选品类、降低消费成本等是吸引用户的优势。电子商务平台为消费者带来更多的产品、更多的样式和更多的功能，消费者可以借助网络平台在全球范围内搜寻想要的产品，在更大的范围内"货比三家"选择更优的产品和更优的价格。随着产品种类的不断丰富和生活水平的提高，在服装市场上普通的大众产品已经难以满足消费者的需求。消费者通过追求品质化和个性化的产品来展现自我、体现消费者的品位和个人价值等。在网络平台的推动下，消费者从"量的消费"逐渐转向"质的消费"，对产品的设计、品质和服务的要求不断提升。产品供应方式由原来的"以产定销"向"以销定产"转变，互联网为企业定制化生产提供了可能，并且定制化销售已成为热门营销模式之一。

三是互联网在生产商和消费者之间搭建了无缝的沟通桥梁，促使清河羊绒企业及时把握消费者动态，使新创公司避开大众化制品的竞争，小众化路线成为可能，极大地丰富了清河羊绒制品的品类。消费者不再是被动地接受产品，而是可以主动表达自己的意见，对好的产品给予支持，对不满意的地方表达自己的看法。同时，消费者可以借助网络平台参与产品的设计和创新。互联网平台使消费者和生产者能够快速、便捷、有效地沟通；生产商可以借助消费者对自己产品的回馈和对同类产品的评价对现有产品进行改进；在产品设计研发时，可以和消费者沟通，将消费者的意见加入产品的设计，消费者也可以向商家提出自己的要求，无形中参与企业的设计和研发。

四 借力互联网推进河北省特色产业高质量发展的对策

（一）推进河北省特色产业与互联网深度融合

一是政府应当加强宣传引导，利用新闻媒体、专题活动大力宣传与互联网融合发展对产业的影响和国内典型的成功案例，提升企业的认识水平。二是创建特色产业互联网平台，支持和鼓励当地特色产业、信息技术服务企业和互联网企业发挥各自优势，合力创建高水准的产业互联网平台,通过平台整合产业上下游资源,提升产业竞争力和影响力。三是组织开展培训,请相关专家和商界精英为集群内企业定期开展培训,重点针对企业与互联网融合的益处、过程、方法、注意事项等进行详细讲解,对企业进行指导,减少试错成本。四是搭建行业交流平台,创建企业合作交流的网络和实际平台,如定期举办企业家经验交流会,组织企业家相互认识、交流经验、建立感情,为各方开展合作打下基础,在产业内形成知识外溢效应。五是加大资金支持力度,为企业创建多种融资渠道,并对引入互联网技术的企业给予税收减免的优惠,对融合成功、提质增效的企业给予奖励。六是改进人才引育机制。政府联合淘宝大学、互联网企业创办培训机构,免费在当地开展电子商务、产业互联网应用等培训,鼓励当地待就业人员、企业职工和对互联网经济感兴趣的本地人参加培训,创建互联网经济氛围,长期培育互联网人才;推进企业和高校的合作交流,为大学生提供实习岗位,增进相互往来,争取大学生毕业能留在当地发展;对产业和互联网的相关人才给予住房、社保等各方面的多种补贴,吸引人才并留住人才。

(二)培育产业互联网生态

一是推进网络升级和提速降费。网络建设是产业互联网发展的基础。督促三大运营商在企业网络专线方面降低资费、提高速度,降低企业网络应用成本。二是推进县域数据的统计管理,支持建立行业数据中心,增强政府、行业、企业间资源共享、数据开放及业务协同,为河北省特色产业与互联网更好地融合发展、创新联动提供数据支撑。三是推进"互联网+"政务改革，提升政府公共服务水平。"互联网+"政务是深化行政审批制度改革和全面落实简政放权的必然趋势，让数据多跑路，让企业少跑腿，切实为企业提供良好的营商环境。同时要处理好政府和市场的关系，政府发挥好经济服务者的角色，产业需要什么提供什么，为产业高质量发展扫清障碍，坚持市场的主导作用，不可过多干预。四是引进和培育VR、摄影、营销推广、美工、培训、代运营、设计、物流仓储等互联网经济支撑体系，发展产业互联网平台商和服务商等企业，培育县域互联网生态系统，生态系统内的产业要素越多，效率越高，成本越低，所产生的正外部性越大，甚至可以衍生新兴产业。五是通过财政税收制度鼓励互联网企业的创建和引进，对特色产业内积极开展互联网化项目的企业给予政策优惠和补助，设置奖励标准，对发展到一定层级的企业给予奖励。六是健全信用监督管理和信用约束机制，逐步推进互联网可信交易环境建设，提高网络交易者的诚信意识和服务水平，保护网络经营者和消费者的合法权益。

（三）通过互联网推进企业品牌建设和创新发展

一是推进"双创"平台、虚拟孵化器和众创空间等孵化基地建设，学习福建安溪的"茶"产业与众创空间融合创新的路径，众创空间通过孵化茶叶机器研发、软件开发、茶叶食品深加工技术等企业，帮助安溪的"茶"产业走出自身创新能力不足的困境。二是推进共享经济、网络化协同发展等新模式，鼓励上下游企业间、同行业间，甚至是跨地区企业间开展合作，解决单个企业的技术问题，如清河的企业研发团队可以在北京甚至是国外，通过互联网形成合力，创新发展模式。三是推进共享科研。政府牵头联合高校、科研机构等创建专门服务当地特色产业的技术研究院，研发新工艺、新技术，引进内外先进技术在产业内进行推广应用，推进科研机构成果转换，弥补企业科研实力不足，解决特色产业各阶段的共性技术问题。四是创建当地的知识产权保护机制，防止企业创新被快速模仿；建立信用评级体系，通过互联网统计企业的信用数据，加强对企业有序竞争的管理。五是鼓励企业创建互联网品牌，政府通过产业互联网平台加大本地品牌宣传力度，对于发展前景好、产品质量优的龙头企业，政府可采取背书的形式帮助其创建品牌和扩大影响力。六是通过财政支持、税收减免，引导社会资金流入，建立银行与企业的对接平台，利用互联网金融等多途径协助企业解决资金问题。

参考文献

文玉春：《我国产业创新的模式与路径选择研究》，《经济问题》2017年第1期。

马化腾等：《数字经济：中国创新增长新动能》，中信出版社，2017。

周映平：《摒弃传统　顺势而为——河北省清河县农村电商案例》，《湖南农业》2018年第3期。

雷尚君、李勇坚：《推动互联网、大数据、人工智能和实体经济深度融合》，《经济研究参考》2018年第8期。

王如玉、梁琦、李广乾：《虚拟集聚：新一代信息技术与实体经济深度融合的空间组织新形态》，《管理世界》2018年第2期。

王玉珏：《河北省产业投资结构现状分析及优化建议》，《当代经济》2018年第2期。

社会科学文献出版社　**皮书系列**

❖ 皮书起源 ❖

"皮书"起源于十七、十八世纪的英国，主要指官方或社会组织正式发表的重要文件或报告，多以"白皮书"命名。在中国，"皮书"这一概念被社会广泛接受，并被成功运作、发展成为一种全新的出版形态，则源于中国社会科学院社会科学文献出版社。

❖ 皮书定义 ❖

皮书是对中国与世界发展状况和热点问题进行年度监测，以专业的角度、专家的视野和实证研究方法，针对某一领域或区域现状与发展态势展开分析和预测，具备原创性、实证性、专业性、连续性、前沿性、时效性等特点的公开出版物，由一系列权威研究报告组成。

❖ 皮书作者 ❖

皮书系列的作者以中国社会科学院、著名高校、地方社会科学院的研究人员为主，多为国内一流研究机构的权威专家学者，他们的看法和观点代表了学界对中国与世界的现实和未来最高水平的解读与分析。

❖ 皮书荣誉 ❖

皮书系列已成为社会科学文献出版社的著名图书品牌和中国社会科学院的知名学术品牌。2016年，皮书系列正式列入"十三五"国家重点出版规划项目；2013~2019年，重点皮书列入中国社会科学院承担的国家哲学社会科学创新工程项目；2019年,64种院外皮书使用"中国社会科学院创新工程学术出版项目"标识。

中国皮书网

（网址：www.pishu.cn）

发布皮书研创资讯，传播皮书精彩内容
引领皮书出版潮流，打造皮书服务平台

栏目设置

关于皮书：何谓皮书、皮书分类、皮书大事记、皮书荣誉、
皮书出版第一人、皮书编辑部

最新资讯：通知公告、新闻动态、媒体聚焦、网站专题、视频直播、下载专区

皮书研创：皮书规范、皮书选题、皮书出版、皮书研究、研创团队

皮书评奖评价：指标体系、皮书评价、皮书评奖

互动专区：皮书说、社科数托邦、皮书微博、留言板

所获荣誉

2008年、2011年，中国皮书网均在全国新闻出版业网站荣誉评选中获得"最具商业价值网站"称号；

2012年，获得"出版业网站百强"称号。

网库合一

2014年，中国皮书网与皮书数据库端口合一，实现资源共享。

权威报告·一手数据·特色资源

皮书数据库
ANNUAL REPORT(YEARBOOK) DATABASE

当代中国经济与社会发展高端智库平台

所获荣誉

- 2016年，入选"'十三五'国家重点电子出版物出版规划骨干工程"
- 2015年，荣获"搜索中国正能量 点赞2015""创新中国科技创新奖"
- 2013年，荣获"中国出版政府奖·网络出版物奖"提名奖
- 连续多年荣获中国数字出版博览会"数字出版·优秀品牌"奖

成为会员

通过网址www.pishu.com.cn访问皮书数据库网站或下载皮书数据库APP，进行手机号码验证或邮箱验证即可成为皮书数据库会员。

会员福利

- 已注册用户购书后可免费获赠100元皮书数据库充值卡。刮开充值卡涂层获取充值密码，登录并进入"会员中心"—"在线充值"—"充值卡充值"，充值成功即可购买和查看数据库内容。
- 会员福利最终解释权归社会科学文献出版社所有。

卡号：345953768656
密码：

数据库服务热线：400-008-6695
数据库服务QQ：2475522410
数据库服务邮箱：database@ssap.cn
图书销售热线：010-59367070/7028
图书服务QQ：1265056568
图书服务邮箱：duzhe@ssap.cn

S 基本子库
SUB DATABASE

中国社会发展数据库（下设12个子库）

全面整合国内外中国社会发展研究成果，汇聚独家统计数据、深度分析报告，涉及社会、人口、政治、教育、法律等12个领域，为了解中国社会发展动态、跟踪社会核心热点、分析社会发展趋势提供一站式资源搜索和数据分析与挖掘服务。

中国经济发展数据库（下设12个子库）

基于"皮书系列"中涉及中国经济发展的研究资料构建，内容涵盖宏观经济、农业经济、工业经济、产业经济等12个重点经济领域，为实时掌控经济运行态势、把握经济发展规律、洞察经济形势、进行经济决策提供参考和依据。

中国行业发展数据库（下设17个子库）

以中国国民经济行业分类为依据，覆盖金融业、旅游、医疗卫生、交通运输、能源矿产等100多个行业，跟踪分析国民经济相关行业市场运行状况和政策导向，汇集行业发展前沿资讯，为投资、从业及各种经济决策提供理论基础和实践指导。

中国区域发展数据库（下设6个子库）

对中国特定区域内的经济、社会、文化等领域现状与发展情况进行深度分析和预测，研究层级至县及县以下行政区，涉及地区、区域经济体、城市、农村等不同维度。为地方经济社会宏观态势研究、发展经验研究、案例分析提供数据服务。

中国文化传媒数据库（下设18个子库）

汇聚文化传媒领域专家观点、热点资讯，梳理国内外中国文化发展相关学术研究成果、一手统计数据，涵盖文化产业、新闻传播、电影娱乐、文学艺术、群众文化等18个重点研究领域。为文化传媒研究提供相关数据、研究报告和综合分析服务。

世界经济与国际关系数据库（下设6个子库）

立足"皮书系列"世界经济、国际关系相关学术资源，整合世界经济、国际政治、世界文化与科技、全球性问题、国际组织与国际法、区域研究6大领域研究成果，为世界经济与国际关系研究提供全方位数据分析，为决策和形势研判提供参考。

法律声明

"皮书系列"（含蓝皮书、绿皮书、黄皮书）之品牌由社会科学文献出版社最早使用并持续至今，现已被中国图书市场所熟知。"皮书系列"的相关商标已在中华人民共和国国家工商行政管理总局商标局注册，如LOGO（ ）、皮书、Pishu、经济蓝皮书、社会蓝皮书等。"皮书系列"图书的注册商标专用权及封面设计、版式设计的著作权均为社会科学文献出版社所有。未经社会科学文献出版社书面授权许可，任何使用与"皮书系列"图书注册商标、封面设计、版式设计相同或者近似的文字、图形或其组合的行为均系侵权行为。

经作者授权，本书的专有出版权及信息网络传播权等为社会科学文献出版社享有。未经社会科学文献出版社书面授权许可，任何就本书内容的复制、发行或以数字形式进行网络传播的行为均系侵权行为。

社会科学文献出版社将通过法律途径追究上述侵权行为的法律责任，维护自身合法权益。

欢迎社会各界人士对侵犯社会科学文献出版社上述权利的侵权行为进行举报。电话：010-59367121，电子邮箱：fawubu@ssap.cn。

社会科学文献出版社